Marie Theres Kroetz-Relin

IF PIGS COULD FLY

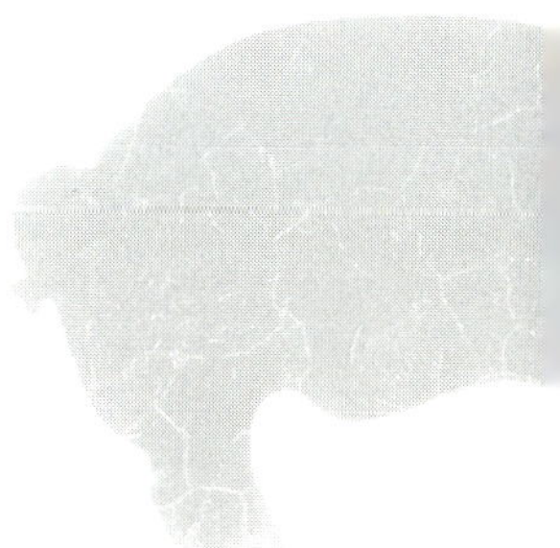

Marie Theres Kroetz-Relin (Hg.)

IF PIGS COULD FLY

Die Hausfrauenrevolution

In Zusammenarbeit mit
Anja Quattlender

Kabel by Piper

ISBN 3-8225-0657-5

Gesetzt aus der Scala
Umschlaggestaltung: Büro Jorge Schmidt, München
Umschlagkonzeption: Dorothee Rosemeier-Griesbeck
Umschlagabbildung: Gregor Toerzs *(oben)*;
»Pig image« from an original photograph in »Street Graphics New York« by Barry Dawson, published by Thames & Hudson (London/New York) 2003 *(unten)*
Gesamtherstellung: Kösel, Krugzell
Printed in Germany

www.kabel-verlag.de

Inhalt

Definition Mutter

Aufbruch ins Ich

Denken mit den Eierstöcken

Der echolose Raum

Schlusslicht

Vorab

Marie Theres Kroetz-Relin

If pigs could fly ...

> *»Liebe Frau, ich war schon mal ein fliegendes Schwein, habe aber inzwischen meine Flügel verlegt (wie so vieles) und kann sie nicht mehr finden. Drum freue ich mich um so mehr, wenn ich mit einem meiner vielen leeren Tage Dein schönes Buch füllen helfen kann, und wünsche dir bei allen deinen Flugaktionen toitoitoi. Dein Mann« (Franz Xaver Kroetz)*

Hausfrauenrevolution.

Ein Schwein als Logo.

If pigs could fly – ein Buch über die Einsamkeit.

Und das Ganze auch noch mit einem Augenzwinkern.

Wie kommt frau auf derart absurde Ideen? Das alles passt doch hinten und vorne nicht zusammen. Oder vielleicht doch?

Ich werde es Ihnen sagen: Lachen bewirkt, dass es passt.

Nun verstehen Sie sicher gar nichts mehr. Aber ist es nicht so? Humor ist, wenn man trotzdem lacht, gerade auch über sich selbst. Wenn man die subjektive Perspektive verlässt und objektiv auf das Hausfrauendasein herabschielt.

Dabei gäbe es angesichts des Gesellschaftsbildes der Hausfrau sicher nichts zu lachen, im Gegenteil: 22 Millionen Hausfrauen in

Deutschland, davon 15 Millionen »Nur-Hausfrauen«, bringen täglich als Multitalent die Ehefrau, Mutter, Geliebte, Muse, Putzfrau, Köchin, Seelsorgerin, Krankenschwester, Gärtnerin, Chauffeurin, Familienfeier-Veranstalterin, Erzieherin, Sekretärin, Ernährungsexpertin, Psychiaterin, Inneneinrichterin, Pädagogin, Vermittlungsagentin, Buchhalterin, Improvisationstalent, Lehrkraft unter einen Hut! Ihre mütterlichen Führungsqualitäten zeichnen sich durch hohe Flexibilität, Geduld, Verständnis, Zeit im richtigen Moment und viel Liebe aus.

Aber die Zukunftsaussichten für eine »Managerin zum Nulltarif« sind trotzdem mager: 24-Stunden-Tag, kaum Freizeit, kein Gehalt, dürftige Altersvorsorgen und die beruflichen Wiedereinstiegs-Chancen gleich Null.

Und die Politiker? Die reden viel und tun wenig. Sie nennen unsere Kinder das »Humankapital« und machen sich lieber Sorgen über die Kinderlosigkeit, statt die Kinderarmut zu bekämpfen. Ein grauenhafter Gedanke, wenn man bedenkt, dass jetzt schon etwa jedes zehnte Kind in Deutschland unter die Armutsgrenze fällt und vielleicht 150 Euro pro Monat zum Leben zur Verfügung hat.

Kritik übt und verträgt man am besten, wenn sie in ein Lächeln verpackt ist. Große Komiker haben das oft bewiesen.

Aber ich wollte Ihnen ja erzählen, wie ich zur Hausfrauenrevolution gekommen bin:

Es muss im Oktober 2001 gewesen sein.

Mein Mann und ich lagen im Bett und waren ausnahmsweise sehr lustig aufgelegt. Ich schilderte ihm in bunten Farben meinen Arbeits-, pardon, Hausfrauen-Alltag als Mutter von »nur« drei Kindern und meine bitteren Zukunftsaussichten. Und wir lachten herzlich über meine lustigen Geschichten von meiner Hetzerei durch den Tag und den manchmal vergeblichen Versuchen, meine vielen Berufe miteinander zu vereinen.

»Wo bleibt unsere gesellschaftliche Anerkennung?«, fragte ich ihn. »Putze ich als Schauspielerin im Film realistisch das Klo, schmeißt man mir die Goldene Kamera nach, im wahren Leben dagegen ist diese Schweinearbeit eine Selbstverständlichkeit. Das ist ungerecht!«

»Bei mir geht's dir aber doch nicht schlecht!«, unterbrach er mich.

»Aber auch nicht gut!«, antwortete ich frech, mit einem Augenzwinkern.

»Stell dir mal vor«, begann ich erneut, »1993 haben sich doch tatsächlich Männer hingesetzt, um auf der UN-Weltmenschenrechtskonferenz in Wien schriftlich zu bestätigen: Frauen sind auch Menschen!«

»Das war ein Fehler!«, sagte er trocken und grinste.

»Die Hausfrau als Mensch haben die bestimmt nicht gemeint! Aber wir Frauen sind auch selbst schuld, verstehst du? Was unternehmen wir denn dagegen? Kapitulieren vor unserem Spiegelbild, vereinsamen am Herd und halten die Schnauze. Nicht mal das Wort Hausfrau trauen wir uns aussprechen –«

»Stimmt, aber das interessiert doch kein Schwein!«

»Sag ich doch, dass ich eine arme Sau bin. Schweine und Hausfrauen haben übrigens viel gemeinsam: beide werden unterschätzt, sind intelligent, sehr reinlich und müssen trotzdem in einem Saustall leben. Beide geraten in Gefangenschaft unter Stress, sind ein Synonym für das Glück, aber auch für viel Negatives. Selbst im Sprachgebrauch passen alle Redewendungen übers Schwein auch auf die Hausfrau ...«

»Jetzt krieg ich Hunger. Was essen wir morgen?«, fragte er.

»Italienischen Schweinebraten! Was sonst?«, lachte ich, genoss das verbale Ping-Pong und meine Phantasie ging mit mir durch.

»Hey, du nimmst mich ja gar nicht ernst. Aber warte! Das hab ich nicht alles umsonst gemacht. Ich befinde mich seit 15 Jahren im Ausbildungscamp – so wie ... äh, wie Che Guevara –«

Ich sah mich sofort lebhaft als Che Guevara der Hausfrauen durch den Dschungel des Alltags kriechen, mit Kopftuch und Stern, nein Schwein, im Militäranzug und Schrubber im Gürtel, als Waffe meinen scharfen Verstand und einen Putzlappen, um kämpferisch das verstaubte Bild der Hausfrau aufzupolieren.

»Ich starte eine Hausfrauenrevolution!«, beendete ich meinen kühnen Gedankengang und fragte ihn, »Weißt du was If pigs could fly bedeutet?«

»Wenn Schweine fliegen könnten.«

»Nein, ich meine sinngemäß.«

»Die Sau rauslassen!«

»Nein, es bedeutet das Unmögliche möglich machen! Du wirst schon sehen. Und irgendwann gibt es dann eine Homepage die sich www.hausfrauenrevolution.com nennt und –«

Meine Phantasie war jetzt wirklich nicht mehr zu stoppen, denn zu diesem Zeitpunkt hatte ich weder die geringste Ahnung von Computern noch vom Internet und das www war so weit entfernt wie das Nirvana.

»Also doch die Sau rauslassen! Aber jetzt bin ich müde. Träum mal schön weiter. Gut Nacht«, sagte er und drückte mir einen Kuss auf die Lippen.

»Ja, die auch!«, dachte ich, schloss die Augen und machte mich auf in Richtung Hausfrauenrevolution.

Es war ein weiter Weg bis zum Anfang. Aber der Weg ist das Ziel – nicht nur ins Nirvana.

Lisa Fitz

Die Sau rauslassen

Kennen Sie den Spruch »die Sau rauslassen«?

Des is so ein dummer Spruch, unter dem jeder etwas andres versteht.

Des heißt »einen draufmachen, randalieren, abtanzen, Orgien, Exzesse, schlägern, Partys«.

Was verstehen Sie zum Beispiel unter »die Sau rauslassen«?

Die Sau wird aber erfahrungsgemäß erst ab circa sechs Halben herausgelassen. Vorher bleibt sie drin. – Nüchtern wird selten eine Sau herausgelassen. Das liegt am Anstand und an der erziehungsbedingten Hemmung und an unsrer Tradition eines gewissen speziell deutschen obrigkeitsstaatlichen Gehorsams. Das ist ja auch in Ordnung – Ordnung muss sein. Diese Ordnung wiederum kann aber auch die Brutstätte für Amok sein und deswegen muss eben ab und zu die Sau herausgelassen werden.

Meistens wird die Sau am Stammtisch herausgelassen. Da springt sie dann einmal im Kreis und ist spätestens zu Hause bei der Mama wieder drin. Also eher eine Zirkusnummer als ein Befreiungsakt. Ein kurzer Auslauf sozusagen, den die Sau da hat. Ich denk mir deswegen auch immer, dass »Freistaat Bayern« eigentlich kein zutreffender Begriff ist. Angemessener wäre: »Freigehege Bayern«. So wie die Wildschweine im Forstenrieder Park.

Wer jetzt die Sau zum Beispiel so gut wie gar nie herauslasst – ist die Frau – auch nach sechs Halben nicht, weil die ja meistens der Mann trinkt. Dabei war die Wildsau in der Zeit des Matriarchats – und das hat immerhin mehrere hunderttausend Jahre gedauert – heiliges Symbol für weibliche Gottheiten, weibliche Fruchtbarkeit, weibliche Sexualität und weibliche Aggressivität. Die zornige, vor Wut schäumende Wildsau trampelt alles nieder, was ihr in den Weg kommt. Und wehe dem, der ihrem Wutanfall ausgesetzt ist. Und nicht die Frau war dem Mann auf irgendwas neidig, schon gar nicht auf irgendeinen Körperteil, sondern der Mann hat sich mit der Zeit stark gefürchtet vor der Wildsau in der Frau – und damit sie sie nicht mehr rauslassen kann, hat er sich gesagt: »das Gscheitste ist, mir machen jetzt ein Patriarchat, dann ist eine Ruh!« Und dann hat man die weibliche Wildsau und alle weiblichen Gottheiten entthront, hat auf selbigen männliche Gottheiten gesetzt – die Weiber aus allen angeblich heiligen Schriften entfernt und gesagt, der Liebe Gott ist ein Mann. So einfach geht das. Das ist strategisch total okay; strategisch cool. Und so ist die heilige Wildsau zum domestizierten Hausschwein geworden.

Jetzt is des aber so: Weil alles, was in der ganzen Menschheitsgeschichte war, ja auch noch in uns ist – muss diese heilige Wildsau auch noch irgendwo sein – und da ist jetzt nur die Frage, wie man die auch ohne sechs Halbe zum Schäumen kriegt, ohne dass sich der Mann gleich wieder fürchten muss und Kriege veranstalten, damit er Erfolgserlebnisse hat und keine Potenzangst. Und keine Ohnmachtsgefühle vor der angeblich alles verschlingenden Urmutter. Wir haben noch nie irgendwen verschlungen – in hunderttausend Jahren Menschheitsgeschichte nicht.

Die Bestimmung des Mannes ist – schon rein biologisch gesehen – äh – in einer größeren Sache um dieser neuen Sache willen aufzugehen. Und dieses Größere san mir! Jawohl! Wenn was Neues entstehen soll, muss der Mann die Frau nicht entmachten, sondern befruchten. In jeder Beziehung. Für was wär er denn sonst da? Sonst stürzt er ab – mitsamt seine sechs Halbe. Wo waren wir? Bei der Sau, richtig.

Und die Frau jetzt, wenn sie endlich mal aufwacht aus ihrem hausschweinhaften Dornröschen-Kalium-Koma und die innere heilige Wildsau aktiviert und herauslasst, indem sie zum Beispiel einem testosteronlastigen Kriegstreiber täglich seine Grenzen setzt, dann könnte die Erde noch eine Weile die Sau herauslassen.

Ansonsten haben wir das letzte Schwein gehabt!

Einsamkeit?
Ein Samen keimt!

Marie Theres Kroetz-Relin

Knast im Hirn

»Machst Dich nützlich, dann bemerkt man Dich nicht.«
Franz Xaver Kroetz

Tagebucheintrag am 1. Januar 2002
Geliebtes Tagebuch – nein, ich hab dich nicht vergessen, nein, nie ... aber diese guten Tage waren so rein, so gut, sie haben mich so aufatmen lassen, dass ich sie in schriftlicher Form nicht mehr festhalten wollte. Ich war so frei von jeder Angst, war nach vielen Jahren in einem seelischem Gefängnis endlich wieder bei mir selbst angelangt, ich war einfach glücklich.

Sie war unglaublich schön diese Zeit, in der ich ich selbst war, auf der Suche nach meinem Ich, nach meinen Begabungen und wissend, dass ich noch eine Aufgabe zu erfüllen habe.

Ich kämpfte darum wie eine Löwin, diesen guten Zustand ewig zu halten. Aber ich kapitulierte vor mir selbst, ich habe verloren. Ich brauche neue Kraft, aber ich weiß nicht mehr, woher ich sie nehmen soll. Ich weiß nur, dass ich dankbar bin, wieder einmal an den Wurzeln meines Ichs angekommen zu sein. Ich habe dabei erfahren, dass ich irgendwann mein Ziel auch erreiche, wenn ich mich erst entschließe, meinen schwierigen Weg weiterzugehen.

Dieser Zustand des Glücks hat die Tiefen meiner Seele erreicht, hat mich die Liebe erfahren lassen, hat mir Welten eröffnet.

Auch wenn für mich derzeit alles schwarz aussieht, so hatte ich es doch schon mit meinen Händen erfasst. Und wenn alles noch so aussichtslos ist: ich weiß, dass ich einen Zustand, den ich einmal erlebt und angenommen hatte, erneut hervorrufen kann.

Auch mein unendlicher Schmerz gehört dazu – ohne Negativ gibt es kein Positiv. Ich muss lernen es anzunehmen, für meine Fehler einzustehen, meinen Rücken gerade zu halten und die Angst wieder abzulegen.

Ich bin durch 15 Lehrjahre gegangen, habe vor mir und meiner Weiblichkeit des Öfteren kapituliert, habe mich aufgegeben und bin wieder aufgestanden, habe alles mit mir alleine abgemacht, in den schwersten Situationen. Und ich hab es gern getan, ich bereue nichts.

Aber für irgendetwas müssen diese Wanderjahre doch gut gewesen sein?

In mir finden tausend Explosionen statt, meine inneren Stimmen sprechen im Kanon. Sie diktieren mir mein Leben und eine Kraft treibt mich, dass ich meine, es müsste mich zerreißen. Ich muss einen Ausdruck finden. Ich weiß, das war es noch nicht, es treibt mich weiter, ein Drang etwas zu tun. Es wird etwas Großes sein – für mich. Mein ganzer Weg, auch mein Leidensweg, ist vorbestimmt. Ich weiß nur nicht, wann ich stehen bleiben und ich selbst sein soll. Noch nicht. Aber ich werde es herausfinden.

Nach außen bin ich wie eine Maschine, die funktioniert, alles läuft geregelt ab, tack, tack, tack, nichts bringt mich aus der Bahn, tack, Alltag, Kinder, die ich unendlich liebe, Mann, Haushalt, tack – alles wird organisiert, alles klappt, tack, ich bin die treibende Kraft für viele, die mich umgeben – aber in meinem Innersten herrscht Chaos. Es sind tausende von Energien, die in tausend Richtungen strömen. Sie müssen gebündelt werden, um etwas zu erreichen – jetzt irren sie herum und verpuffen im Nichts.

Jetzt stehe ich an einer Kreuzung mit einer schwarzen Tür, meiner seelischen Gefängnistür – aber durch eine Ritze scheint Licht. Ich muss diese Tür nur aufmachen und ins Licht gehen. Mich erwartet eine Aufgabe, der Weg ist bereit. Ich muss die Kraft finden, diesen Weg zu gehen, der mich dorthin bringen wird, wo ich hingehen muss.

Schreiben befreit. Es gibt mir den nötigen Frieden.

Gestern fiel mir folgender Satz ein: »La vie est courte et je n'existe pas.« Traurig aber wahr: dass das Leben kurz ist und ich nicht existiere.

Ich kann mein Ich nicht ausleben, weder in Musik, Tanz, Malerei, noch indem ich anderen Menschen helfe. Ich fühle mich in diese dämliche Hausfrauenrolle gepresst, eine Rolle, die ich so nicht mehr spielen möchte: depressiv, schweigend, lustlos, dumm und unattraktiv – eben ein Hausmütterchen.

Ich will wieder meine Weiblichkeit tragen, unbefangen und offen, herzlich, lustig und sexy sein. Ich will raus aus dem Knast im Hirn und meine Sprachlosigkeit durchbrechen.

Franz Xaver Kroetz

Leerer Tag

»Ich hab heut Nacht«, sagte er mit unüberhörbar bedrohlichem Unterton, »nicht nur schlecht geschlafen, ich hab auch nichts geschrieben und zuviel gesoffen.« Er macht eine Pause.

»Und deshalb will ich jetzt noch eine Stunde weiterschlafen, und zwar in absoluter Ruhe!«

»Ja«, sagte seine Frau, »jaja Liebling«, packte das quengelnde

Baby, gab der 5-Jährigen ein paar auf den Hintern, weckte sie damit, sagte: »Komm, wir stehen auf!« Und weg waren sie.

Er drehte sich um, es war halb sieben, und es gab für ihn keinen Grund, *nicht* weiterzuschlafen.

Er hatte tatsächlich bis lang nach Mitternacht am Schreibtisch gesessen, sich mit ein paar Sätzen rumgequält, zuviel gesoffen, auch danach nicht besser geschrieben, und als er um zwei Uhr ins Bett ging, auch noch eine Stunde nicht einschlafen können. So war eben der Alltag, was heißt Tag, die Allnacht eines Dichters.

Schrecklich, aber normal.

Nur die Starken halten es aus.

Deshalb schlief er auch sofort wieder ein, erschöpft und besiegt, aber gut.

Seine Frau wickelte das Baby, kochte der 5-Jährigen Kaba, trank, damit's schneller ging, auch Kaba, gab dem Baby die Brust, was dieses nicht wollte, kämpfte mit dem Baby, das ihr in die Titte biss, und mit der 5-Jährigen, der der Kaba nicht schmeckte, räumte die Geschirrspülmaschine aus und die Waschmaschine ein, wollte sich duschen, kam aber nicht mehr dazu, weil sie die 5-Jährige pünktlich in den Kindergarten fahren wollte und der war sechs Kilometer entfernt.

So war eben ihr Alltag, also Allmorgen. Ganz normal, und alle Frauen halten das aus. Da redet man nicht drüber. Hätte sie auch gefunden, wenn man sie gefragt hätte. Nur geduscht hätt sie wirklich gern. Konnte sie aber später machen. Hatte ja den ganzen Tag Zeit.

Nachdem sie die 5-Jährige im Kindergarten abgeliefert hatte, fuhr sie mit dem Baby weiter zum Einkaufen. Sie musste ziemlich weit fahren, denn der Dichter liebte die Waren eines Feinkostgeschäfts besonders, das 20 Kilometer entfernt war. Danach fuhr sie, weils kein großer Umweg war, bei einer Werkstätte vorbei und erkundigte sich nach dem Fortgang der Teil-Restaurierung eines weißen Karmann Ghia Baujahr 59, der das eigentliche Lieblingskind des Dichters war und leider mehr in einer speziellen Tüftler-Werkstatt stand als auf der Straße. Da solche Tüftler um ihren Wert wissen, genügte es nicht, Rechnungen zu bezahlen bzw. Kostenvoranschlägen zuzunicken, man musste den tüftelnden Genies wenigstens einmal in der Woche gut zureden, sonst verloren sie die Lust.

Als sie aus der Werkstätte kam, in der schon am Vormittag ein Bier ums andere getrunken wurde, war sie sich nicht ganz sicher, ob wirklich noch ein voller Kasten Bier zu Hause stand.

Wenn der Dichter eine besonders schlechte Nacht gehabt hatte, pflegte er nach dem Aufstehen einiges an Bier in sich hineinzuschütten, um »wieder auf die Beine zu kommen«, und er konnte wütend werden, wenn zuwenig daheim war. Sie fuhr zum Getränkemarkt, nahm für den Dichter einen, nein lieber zwei Träger Bier, eines davon Weißbier, für die Kinder einen Träger zuckerfreie Limo und für sich eine Flasche Chianti, den's im Sonderangebot für 3.99 gab. Sie musste sich beeilen, denn das Baby schrie jetzt ultimativ. Es wollte gestillt werden.

All diese Besorgungen wären für sie natürlich leichter gewesen, wenn sie nicht immer das elf Monate alte Baby hätte mitschleppen müssen, aber für den Dichter war es unerträglich, eine fremde Person im Haus zu haben, und so verzichtete sie wegen seines Wohlbefindens auf ein Au-pair-Mädchen.

Als sie ihren Fiat Punto wieder zu Hause neben seinen 525er BMW stellte, war es halb elf. Natürlich hatte der Dichter neben seinem Lieblingskind auch noch ein Auto, das fuhr, wenn man den Zündschlüssel umdrehte.

Sie kam gerade zurecht, um ans Telefon zu gehen. Ab zehn Uhr riefen Leute für den Dichter an, und sie sagte ihnen jeden Tag, dass der Dichter eine anstrengende Nacht hinter sich habe und kurz davor sei, sein neues, seit langem angekündigtes Stück fertig zu schreiben, und dass er deshalb frühestens am Nachmittag zu sprechen sei.

Sie hatte, fand sie, noch nichts getan, war erschöpft und verschwitzt, hatte fünf Zigaretten geraucht, da konnte sie sich nicht beherrschen, obwohl sie noch stillte und bedauerte, dass sie nicht geduscht hatte.

So saß sie da, ließ sich vom Baby aussaugen, hielt eine brennende Zigarette weit von ihm weg und telefonierte.

Dann trug sie die Lebensmittel vom Auto ins Haus, neun große und fünf kleine Tüten. Sie hatte einen Verdacht, der sich bestätigte: sie hatte Zitronen vergessen. Das war ein echtes Unglück, denn wenn der Dichter aufstand und kein Bier trank, was sie sehr hoffte, dann wollte er Tee mit Zitrone und Honig. Honig war da. Aber keine Zitronen.

Und ohne Zitronen trank er keinen Tee, sondern bestimmt Bier. Daran wollte sie nicht schuld sein.

Sie musste noch mal runterfahren und Zitronen holen. Gab's ja im Supermarkt im nächsten Dorf, aber das Baby weigerte sich strikt ein zweites Mal in seinen Sitz geschnallt zu werden. Die Mutter obsiegte mit roher Gewalt. Das tat ihr Leid. Das merkte das Baby und schrie während der Fahrt zum Supermarkt wie verrückt. Da brach ihr der Schweiß erst richtig aus und sie bedauerte noch mehr, nicht geduscht zu haben.

Als sie mit dem vor Wut japsenden Baby und einem Netz Zitronen wieder heimkam, hatte sie grade noch Zeit das Essen aufzusetzen, bevor sie, um Punkt Viertel vor zwölf, die 5-Jährige aus dem Kindergarten holen musste. Es gab, wegen Überfüllung, zur Zeit nur »halbe Plätze«, es sollte aber im nächsten Jahr besser werden.

Da der Dichter nach einer anstrengenden Nacht meistens auch einen mitgenommenen Magen hatte, hätte sie gerne einen Wink von ihm gehabt, nach was ihm der Gusto stand: mehr in Richtung Fleisch oder, wenn er wirklich zuviel gesoffen hatte, vegetarisch. Natürlich hatte sie für alle Eventualitäten eingekauft. Die Frage war nur, für welche Variante er sich entscheiden würde. Sie linste leise ins Schlafzimmer, aber er rührte sich nicht. Er schlief fest. Sie freute sich darüber und beschloss, ein kleineres Stück Fleisch und viel Gemüse aufzusetzen, so hatte er von beidem was.

Da sie in einem alten Bauernhof wohnten und er es liebte, wenn er nach dem Aufstehen in der Küche sitzen und den Holzscheiten beim Verbrennen zuhören konnte, musste sie noch schnell Feuer machen. Sie ging in die Scheune, hackte mit dem Beil grob geschnittene Holzscheite ofenklein, warf sie in einen großen Korb und schleppte diesen zum alten Ofen in der Küche. Auch beim Feuermachen hätte ihr keine alte Bäuerin mehr was erzählen können. Es brannte wann, wie und wo sie wollte, weshalb sie auch in dem verrosteten Backrohr noch braten und Kuchen backen konnte.

Er hatte ihr schon lange eine Restauration des alten Küchenofens versprochen, aber, meinte er, eines nach dem andern. Und jetzt war erst mal der Karmann Ghia dran.

Er war über 50 und sie knapp 30. Wenn er zuviel geschrieben oder gesoffen hatte, sah er wie ihr Vater aus. Der war allerdings schon 70 und hielt sich verdammt gut.

Wenn er nicht schreiben konnte, soff er manchmal nicht, dann war er aber so depressiv, dass er wie ihr Großvater aussah. Wenn er aber mal schreiben konnte ohne zu saufen, oder was geschrieben hatte, von dem er wirklich dachte, dass es ihm gelungen war, also höchstens ein paar Tage in jedem Jahr, sah er wie ihr Mann aus: um einiges älter, aber wie ihr Mann.

Und manchmal kam er, nahm sie bei der Hand, führte sie in den Garten und sagte: »Ich schreibe nicht mehr, ich hör auf, ich mag nicht mehr. Leben, lieben und nie mehr leiden, was hältst du davon?« Dann schaute er aus wie ein verdammt gut aussehender Mann unbestimmbaren Alters und sie passten fast fehlerlos zusammen.

Aber diese Phasen dauerten nie länger als einen Nachmittag.

Sie liebte ihn dann besonders, weil er ein ganz anderer war. Und wenn sie auch noch zusammen schliefen, war's besonders schön. Er war dann nicht so männlich, sondern menschlich, hilfsbedürftig. Und sie half ja so gern.

Natürlich war sie andererseits auch froh, dass diese Phasen nicht zu lang dauerten. Das Leben wurde ja immer teurer und sie lebten schließlich davon, dass er litt, soff, schrieb, wie andere davon leben, dass der Papa 'nen Linienbus fährt oder in Schacht fährt.

Sie hatte ihm zwei Kinder geboren, beide gern und die 5-Jährige zwei Jahre lang gestillt. Das Baby sollte es nicht schlechter haben. Sie sah nach zwei Kindern immer noch aus wie eine besonders hübsche 25-Jährige. Und sie wog – wie an ihrem 18. Geburtstag – 56 Kilo.

Sie waren einfach ein schönes Paar, wenn er gut drauf war, und sie waren ein gutes Paar, wenn er schlecht drauf war.

Als das Feuer brannte, hatte das Baby, das sie hin und wieder auf den Topf setzte, damit es sich daran gewöhnen sollte, in diesen gemacht, war aber mit dem Topf umgefallen und spielte mit dem Inhalt backe backe Kuchen.

Sie atmete tief durch, hob das Baby auf und dachte an ihn. War ein Betriebsunfall, hätte er gesagt, wenn er gut drauf war, war ein »du bist doch zu nichts zu gebrauchen«, wenn er schlecht drauf war.

Sie liebte ihn, wenn er gut drauf war unendlich, wenn er schlecht drauf war, bis dass der Tod uns scheidet.

Sie wusch das Baby ganz, säuberte den Topf und wischte, weil's in einem ging, den ganzen Fußboden nass auf.

Sie war in Versuchung, sich jetzt zu duschen, musste sich aber beeilen, weil es auf Mittag zuging und die Kindergärtnerinnen es hassten, wenn nicht alle Halbtags-Kinder pünktlich abgeholt wurden.

Wieder warf sie das gebadete, frisch gewickelte, gestillte und sehr zufriedene Baby in seinen Sitz, wogegen dieses jetzt nichts hatte, und raste zum Kindergarten. Sie kam pünktlich hin und holte die 5-Jährige ab, die nach dem Kindergarten wie immer todmüde noch im Auto einschlief.

Als sie mit den beiden Kindern beladen nach Hause kam, stand ER in der Küche und sagte: »Ich hab nachgeheizt, sonst wär das Feuer ausgegangen.«

»Danke Liebling!«

»Teewasser hab ich auch aufgesetzt.«

»Wie lieb von dir«, sagte sie, »Zitronen hab ich auch.«

Er nahm ihr das Baby ab, um es mehrmals so heftig zu küssen, dass es zu weinen anfing; dann setzte er es auf den Küchenboden und ging ins Bad.

Dort blieb er eine halbe Stunde.

Sie machte Tee und rechnete mit dem Schlimmsten.

Wenn er lang im Bad war, schaute er lang in den Spiegel.

Wenn er lang in den Spiegel schaute, konnte er nicht zufrieden aus dem Bad kommen. Aber sie irrte sich. Er kam ohne sichtliche Verstimmung aus dem Bad und trank wirklich Tee mit Honig und Zitrone. Er war auch mit ihrem Essensvorschlag einverstanden, und sie kochte und freute sich.

Er zündete eine Zigarette an und – das liebte sie besonders – begann ihr davon zu erzählen, an welchem Problem seines neuen Stückes er sich in der Nacht festgebissen hatte, und wie er es vielleicht diese Nacht würde lösen können. Er fragte sie auch, was sie dazu meinte. Er hörte ihr sogar zu, es war einfach herrlich.

Zwischendurch klingelte immer wieder mal das Telefon, aber er schüttelte, wenn sie abgehoben und den Namen des Anrufers gesagt hatte, den Kopf, und sie musste wieder die Ausrede gebrauchen und auf den späten Nachmittag vertrösten. Das liebte sie besonders, wenn er für sie da war, und der Rest der Welt musste auf ihn noch verzichten.

Sie kochte sehr gut, sie deckte hübsch auf, sie weckte die 5-Jährige und nahm das Baby auf den Schoß. Er bekam zuerst und das Beste (das war immer so).

Sie liebte ihn schließlich.

Er nahm zwei, drei Bissen, sagte: »Schmeckt sehr gut, aber direkt nach dem Tee kann der Mensch nicht essen, dass du das nicht lernst.«

»Aber du wolltest doch essen, ich hätt auch später kochen können!«

»Dann hab ich mich eben geirrt, tut mir leid.« Er schaute durch sie durch und sagte zu sich: »Vielleicht geht es so, ich muss es probieren.« Er stand auf und ging in sein Arbeitszimmer.

So war's eben, wenn man mit einem Dichter verheiratet war. Wenn er wirklich schreiben konnte, jetzt weiterschreiben konnte, richtig reinhauen in die Tasten, war sie die Letzte, die ihn hinderte.

Sie fütterte die 5-Jährige, die auch nicht essen wollte, weil der Vater nicht aß, aber musste, und zwang sich selbst, mit gutem Beispiel voranzugehen.

Sie verfluchte das Essen erst, als sie hörte, wie die Tür von seinem Arbeitszimmer wieder aufging und er zum Schrank mit den Biertrageln ging. Zwar heimlich, denn er schämte sich, wenn er so früh trank (und sei's um der Dichtkunst willen), aber auch so laut, dass es jeder hören konnte, denn vor wem musste er sich denn schämen?

»Ist das das ganze Bier, das wir haben?«

»Nein Liebling, ich hab noch zwei Kästen im Auto.«

Er nahm was da war und ging wieder ins Arbeitszimmer. Sie stand vom Essen auf, setzte die Kleine in den Laufstall, den diese hasste und deshalb sofort schrie, gab der 5-Jährigen den Rat aufzuessen, damit sie wachsen würde, ging raus zum Auto und schleppte die Träger rein.

Als er das nächste Mal aus seinem Arbeitszimmer kam und das frische Bier sah, rief er: »Danke Liebling!« und verschwand mit einigen Flaschen für den Rest des Nachmittags.

Früher hatte er mit 'ner manuellen Schreibmaschine geschrieben und sie konnte hören, ob er wirklich schrieb oder sich nur schrecklich quälte, nicht schreiben konnte und deshalb trank. Seit er auf dem Laptop schrieb, dessen Tasten man nicht mehr anschlagen hörte, war ihr das genommen.

Sie hoffte trotzdem, dass er wirklich ein paar tolle Einfälle haben würde und sie auch in den Bildschirm bekäm', während sie putzte, ein paar Waschmaschinen voll machte und wieder ausleerte, Wäsche zum Trocknen aufhing, trockene Wäsche bügelte und in den Schränken verstaute, die 5-Jährige zwischendurch zu einem Kindergeburtstag fuhr und wieder abholte und um 17 Uhr mit dem Baby zum Impfen fuhr.

Als sie wieder nach Haus kam, war von ihm noch immer kein Lebenszeichen zu vernehmen. Sie hoffte, dass er ein Schläfchen machte.

Sie erledigte wieder ein paar Anrufe für ihn mit 'ner andern Ausrede und bekam selbst einen Anruf von einer alten Bekannten, die sie eine halbe Stunde damit volllaberte, was für'n Glück sie gehabt hätte, so einen Dichter als Mann zu kriegen, und dass sie weiß Gott was tun würde, wenn sie wieder mal auf 'n Kaffee vorbeischauen könnte.

Dieser alten Bekannten sagte sie, dass der Dichter momentan in einer schwierigen Phase sei und an seinem neuen Stück Tag und Nacht schreibe und nicht ansprechbar sei.

»Ach wie reizend«, sagte die Bekannte, »Hast du ein Glück!«

Als der Dichter kurz nach 18 Uhr aus seinem Arbeitszimmer kam, war sie froh, denn sie wusste nun, dass er keinen Herzinfarkt erlitten hatte, und sich nicht am Fensterkreuz aufgehängt hatte.

Er lebte und sah ziemlich mitgenommen aus, grau und faltig.

Er schaute nach den Kindern wie man nach Fliegen schaut und meinte: »Bring sie ins Bett oder bist du zu nichts mehr zu gebrauchen?«

»Es ist erst sechs, Liebling!«

»Ach so, mein Gott dieser Scheißtag, nicht mal die Zeit vergeht.«

»Hast du schreiben können? «

»Wenig.«

»Hast du wenigstens ein bisschen schlafen können?«

»Auch wenig.«

»Ach, mein armer Liebling« sagte sie und küsste ihn auf die Stirn.

Er setzte sich an den Tisch, bat seine Frau um ein Bier, bekam es gebracht, trank es, zündete sich eine Zigarette an und schaute der 5-Jährigen zu, die mit sich selbst Mensch-ärgere-dich-nicht spielte.

»Willst du mitspielen?«, fragte sie ihn.

»Nein, ich muss nachdenken«, sagte er. Die 5-Jährige grinste.

Er nahm das Baby und küsste es wieder bis es weinte, dann setzte er es ab und sagte: »Wäre ich bloß nicht Schriftsteller geworden, sondern wenigstens Tierarzt. Wer hat angerufen?«

Seine Frau sagte ihm genau, wer alles angerufen hatte und mit welcher Ausrede vertröstet worden war. Der Dichter nickte, dann machte er einen Scherz: »Hat keiner angerufen und gesagt, dass ich den Nobelpreis bekommen hab?«

»Das kommt noch, Liebling«, sagte seine Frau, »Das kommt ganz bestimmt noch.« Sie küsste ihn auf die Wange.

»Ob ich ein bisschen spazieren geh?«

»Ja Liebling, tu das, die frische Luft wird dir gut tun. Ich koch inzwischen und bring die Kinder ins Bett. Hast du einen besondern Wunsch?«

»Wärm das von zu Mittag auf, das kann man doch nicht wegschmeißen.«

»Das haben wir alles aufgegessen«, log seine Frau, denn sie wollte nicht, dass ihm wegen so 'nem Fraß die letzte Laune verging.

»Was soll ich dir machen?«

»Was Leichtes, Einfaches! Ne Lasagne!«

Sie schluckte, dachte kurz nach und sagte: »Gut Liebling, ich hab dafür alles zu Hause, muss bloß noch mal Feuer machen.«

»Das kannst du ja«, sagte er, »besser als ich!«

Dann ging er spazieren. Sie machte wieder Feuer, bereitete die

Lasagne vor, machte der 5-Jährigen ein Pumuckel-Schnitzel, gab dem Baby die Titte, duschte beide Kinder, putzte der 5-Jährigen die Zähne, war froh, dass das Baby die Impfung ohne Probleme überstanden hatte und brachte die Kinder ins Bett. Dort las sie ihnen noch was vor: Kalif Storch, sehr lang und sehr schön.

Als die Kinder schliefen, kam auch er zurück. Die Lasagne briet im verrosteten Rohr und schien gut zu werden. Sie freute sich auf den Abend mit ihm.

»Soll ich den Rotwein aufmachen?«, fragte sie, »das Bier passt doch nicht zur Lasagne.«

»Wenn ich ihn runterkrieg‹«, sagte er, »du weißt ja gar nicht, was ich heut schon alles gesoffen hab.«

Sie nickte, aber sie wusste es. Sie hatte immer wieder einen Blick in den Schrank mit den Bierträgern geworfen. Er hatte neun Bier getrunken. Er konnte mehr trinken, aber auch weniger.

Sie machte den Rotwein auf. Sie hatte Lust auf'n Schluck.

Er trank ihn auch und als sie die Lasagne auf den Tisch stellte, hatte er richtig Hunger und aß sie fast allein auf.

Sie war glücklich. Es war doch schön mit einem großen Dichter verheiratet zu sein. Nach dem Essen rauchten sie beide eine Zigarette. Wieder erzählte er, was er schreiben wollte und seit einer Woche nicht konnte. Wieder hörte sie gerne zu, wieder ließ er sie Fragen stellen und beantwortete sie. Wieder hörte er ihr zu.

Es war himmlisch.

Dann sagte er: »Jetzt tu ich ein bisschen fernsehen, ich muss die Scheißszene aus dem Kopf rauskriegen und neu anfangen!«

Er ging ins Wohnzimmer.

Sie räumte die Küche auf, die Geschirrspülmaschine ein, schaute nach den Kindern, die aber schliefen, rief noch ihre Mutter an, die auch berühmt war und in 'nem Interview gesagt hatte:

»Wenn's den Dichter zweimal gäbe, würde sie den Zweiten heiraten« – und ihr am Telefon wieder sagte:

»Du hast den tollsten Mann der Welt, erweise dich seiner würdig!«

Sie wollt's tun, wirklich gern tun.

Sie setzte sich, als sie mit der Küche fertig war, zu ihm zum Fernsehen, massierte zuerst seine Hände, die waren nach dem Schreiben immer so verkrampft, dann seine Füße, und dachte: »Ich hab einen guten Mann. Andere sitzen jetzt nicht daheim und lassen sich die Füße kraulen, die treiben sich irgendwo mit anderen Weibern, Pferden, Autos oder so was rum. Und meiner ist da und läßt sich kraulen.«

Da er nach dem vielen Bier auch noch den größten Teil des Weins getrunken hatte, schlief er beim Fernsehen ein. Sie weckte ihn, denn sie war auch müde. Und im Bett war's doch viel gemütlicher.

Sie putzte ihre Zähne kurz, obwohl sie viele hatte, er die seinen lang, obwohl er weniger hatte. Sie lag im Bett und wartete auf ihn. Als er kam, war sie schon weggenickt, aber sie ließ es sich nicht anmerken.

Er ließ sich neben sie fallen und ächzte.

Sie machten das Licht aus, damit die Kinder, die nebenan schliefen, nicht aufwachten. Er starrte an die Decke, wälzte sich hin und her, streichelte sie ein bisschen, stöhnte, musste noch mal pissen gehen, legte sich wieder hin und zog sie zu sich ran.

»Mein Gott«, sagte er schließlich, »war das wieder ein total leerer Tag heute, findest du nicht?«

»Ja, Liebling«, sagte seine Frau mit vollem Mund, denn nach einem anstrengenden Tag entspannte er sich am besten, wenn sie ihm einen blies.

Marie Theres Kroetz-Relin

Vereinsamung am Herd

Es war ein Stich. Messerscharf. In der rechten Brust.

Ich saß in unserem kleinen Dorf auf einer Fiesta. Alle lachten, tanzten und schwenkten ihre Körper im rhythmischen Salsa. Die Kinder tobten, die Alten tranken Vino und der spanische Sternenhimmel ließ alles in einem besonders milden Licht erscheinen.

Mir stand der Schweiß auf der Stirn.

Es war der 19. Juli 2002.

Schon Tage zuvor hatte ich in mein Tagebuch geschrieben: »Merkwürdige Stiche in der Brust. Übelkeit, Schwindel. Fühle mich krank und elend. Kinder sind lieb und brav. Wenn ich nur wüsste, was ich hab. Weiß nur eins: ich kann bald nicht mehr.«

Ich war schon seit zwei Monaten »allein erziehende« Mutter, da mein Mann in Deutschland inszenierte. Die tägliche Belastung des Alltags, die ständige Disziplin und die Vereinsamung am Herd wurden mir einfach zu viel. Mir fehlte mein Partner, eine Abwechslung, ein Festhalten. Ich hatte immer noch kein Ventil für die Explosionen in mir gefunden. Aber die Explosionen fanden statt: mein Körper übernahm diese Rolle.

Ich sagte meiner Tochter Bescheid, dass ich schon mal heimgehen würde, da ich mich nicht so gut fühlen würde. Wie immer mit einem mütterlichen Lächeln.

Ich schleppte mich mühsam zu unserem Häuschen, Schweißtropfen auf der Stirn. Mein Herz raste. Ich blieb einen Moment stehen und schaute aufs Meer, die Sterne, den Mond. Ich legte mich ins Bett und schlief ein. Ich erwachte, als meine Kinder nach Hause kamen. Da, schon wieder so ein Stich. Und noch einer und noch einer. Es tat irrsinnig weh. Ich versuchte, durch vorsichtiges Atmen den Schmerz in der Brust zu beruhigen. Aber jeder Atemzug bereitete mir höllische Schmerzen. So verharrte ich ganz ruhig.

Ich konnte mich weder bewegen noch sprechen. Ich hatte keine Angst. Mein Hirn zwang mich zum klaren Denken. Ist wohl immer so, wenn man in einer lebensbedrohlichen Situation steckt.

Dieser Zustand dauerte etwa fünf Minuten. Ewige fünf Minuten. Danach wurde es leichter. Ich stand in Zeitlupe auf, ging in die Küche und sagte zu meiner großen Tochter: »Ich hab so ein Stechen in der Brust ... wenn es noch mal kommen sollte, ruf bitte den Notarzt.« Dann schleppte ich mich wieder ins Bett. Meine Tochter war total verwirrt, so kannte sie ihre Mutter nicht.

Am nächsten Tag ging es mir etwas besser. Ich war total entkräftet und wog nur noch 49 Kilo. Ich lag im Bett und wühlte in meinen medizinischen Büchern. War ich ja schon immer homöopathisch angehaucht und an Medizin sehr interessiert. Ich suchte nach dem Schmerz in der rechten Brust. Links hätte ich den Schmerz ja verstanden, fühlte sich an wie ein Herzinfarkt. Aber rechts? Ich wurde fündig: Es musste etwas mit der Lunge zu tun haben.

Eine Freundin zwang mich, auf Grund meiner Eigendiagnose, zum Arzt zu gehen. Ich selbst wäre nie auf die Idee gekommen, denn wann geht eine Mutter schon zum Arzt? Außerdem war ich viel zu schwach. Der Arzt stellte eine Lungenentzündung fest und verordnete mir eine Antibiotika-Hammer-Kur. »Lungenentzündung, so ganz ohne Fieber?«, grübelte mein medizinisches Hirn. »Aber die Lunge hat so einen kreisrunden Fleck, rechts ... mhm, wird schon stimmen.« Ich bekam 14 Tage Bettruhe verordnet, der Flug nach Deutschland wurde gestrichen. Aber wie sollte das gehen? Meine Kinder, der Haushalt, wer macht das alles?

Mein Mann war in heller Aufregung, aber er konnte nicht kommen, da er kurz vor der Premiere stand.

Ich hatte Glück: es entstand ein Netzwerk aus Nachbarinnen und Freundinnen, die im Wechsel das Essen für mich und die Kinder kochten, den Haushalt in Schwung hielten und sich um alles kümmerten. Ich spürte zum ersten Mal, wie unglaublich bewegend es sein kann, wenn Frauen zusammenhalten.

Nach 14 Tagen ging es mir zwar wesentlich besser, aber der Fleck in der Lunge verschwand nicht. Ich bekam noch stärkere Antibiotika verschrieben. Ich wollte nach Hause, nach Bayern, zu meinem Mann. Der Arzt genehmigte den Flug, der Trottel.

Am 5. Juli flogen wir endlich nach Deutschland. Ich hoffte, alles überstanden zu haben, aber nach der anstrengenden Reise mit drei Kindern und zwei Hunden ging es mir wieder elend. Doch ich überspielte es, sagte meinem Mann nichts. Ich wollte sogar ins Theater, um mir seine Inszenierung anzusehen, da ich die Premiere eh schon verpasst hatte.

Und ich ging.

Nachts bekam ich wieder dieses Herzrasen. Ich bekam Angst. Ich weckte meinen Mann. Aber irgendwie konnte ich mich nicht verständlich machen. Er meinte, ich solle mich wieder hinlegen. Ich wurde hysterisch, mir liefen Tränen übers Gesicht und ich schrie: »Ich kann nicht mehr! Ich hab was, und ich weiß nicht was! Aber ich habe nicht mehr die Kraft, noch einen Arzt zu suchen!«

Diesen Hilferuf nahm er ernst und am nächsten Tag fuhren wir zu Prof. Dr. Gärtner, einem Schilddrüsenspezialisten. Ich litt seit acht Jahren an einer Schilddrüsenüberfunktion und hatte ein Autonomes Adenom, eine Drüsengeschwulst, einen so genannten heißen Knoten. Aber bis dato lebte ich ganz gut damit. Der Professor untersuchte mich, die Maschinerie des Krankenhauses nahm mich auf.

Bei der Diagnose wurden mein Mann und ich bleich: Ich hatte eine Lungenembolie erlitten, durch die unsinnige Antibiotika-Therapie einen Super-Gau im Körper und mein heißer Knoten gab mir den Rest.

»Wir müssen eine Lungen-CT machen«, sagte Dr. Gärtner, »aber wegen Ihrer Schilddrüsenüberfunktion können wir Ihnen kein Kontrastmittel geben. Wir müssen also erst Ihren heißen Knoten behandeln.«

Mir schossen die Tränen in die Augen.

»So eine Radiojodtherapie ist nicht schlimm«, beruhigte mich der Arzt. »Sie schlucken eine radioaktive Kapsel, haben keine Nebenwirkungen und zusätzlich vier Tage Urlaub von der Familie!«

Ich, radioaktiv verseucht? Nein, das wollte ich nicht! Ich hatte Angst.

»Schauen Sie, Sie sind wie ein Auto, das immer auf Hochtouren läuft. Den Motor, also Ihre Schilddrüse, können wir in ein paar Jahren auch noch austauschen, aber die Verschleißerscheinungen kann ich dann nicht mehr reparieren!«

Das sah ich, wenn auch ungern, ein. Ich schaute meinen Mann an und sagte entschlossen: »Wenn ich schon vier Tage in radioaktive Isolierhaft muss, dann kauf ich mir einen Laptop!«

Die Frage, wozu eine Hausfrau einen Computer bräuchte, stellte sich in dieser Situation nicht, auch wenn ich selbst nicht wusste, was ich damit anstellen würde.

»Guten Tag!«, sagte ich, als ich in unserem bayrischen Dorf den neu eröffneten Computerladen betrat. »Ich brauche einen idiotensicheren Laptop!«

»Ein Mac ist auch was für Frauen«, antwortete die füllige Computertante. »Wie wär's mit einem i-book?«

Hier war ich richtig. Der Kauf war schnell getätigt. Zwei Tage später hatte ich meinen Laptop und eine Unterrichtsstunde bei der Computertante Anja Quattlender.

Wir ahnten beide nicht, dass dieser Tag unser Leben total verändern würde.

Am 19. Juli 2002 trat ich meine Isolierhaft an. Hinter dicken Sicherheitstüren mit den »Strahlengefahr«-Zeichen befand sich mein Zimmer. Ich wurde eingewiesen: wo sich alles befindet, wie man Blutdruck misst, wie lange ich unter dem Geigerzähler zu liegen habe und dass ich mit Hilfe einer Münze nur drei Minuten duschen und das Essen erst nach einer Wartezeit von fünf Minuten hereinholen dürfe. Alles wegen der Strahlung. Prost Mahlzeit! Dann kamen die Doktoren, erklärten mir, was nun passieren würde, stellten sich hinter Bleitafeln, so dass nur noch ihr Kopf darüber schaute, was wie ein Kasperletheater aussah, drückten mir eine Kapsel in die Hand, dazu ein Glas Wasser und nun sollte ich schlucken.

»Was hab ich mich damals über Tschernobyl aufgeregt«, dachte ich, machte den Mund auf, schluckte das Ding und wartete auf die Wirkung. Die Herren Doktoren verabschiedeten sich und von da an war ich vier Tage mutterseelenallein, im wahrsten Sinne des Wortes. Nicht mal eine Krankenschwester bekam ich zu Gesicht. Schließlich strahlte ich.

Gut, dass ich meinen kleinen Computer hatte. Damit war ich beschäftigt – und auf dem Weg eine »moderne« Frau zu werden. Eine gesunde!

Ich kehrte also »strahlend« heim: Der heiße Knoten löste sich auf, die Lunge war auf dem Weg der Besserung und mein hausfrauliches Hirn hatte sich mit der Technik intensiv auseinander gesetzt.

Doch ein paar Fragen waren offen geblieben.

So suchte ich erneut Anja Q. auf. Ich quatschte und redete wie immer munter auf die ruhige Frau ein. Und irgendwann, in meinem Redeschwall, flutschte auch das Wort Hausfrauenrevolution heraus.

»Das ist ein guter Name für eine Homepage«, unterbrach mich Anja. »Den sollten Sie sich reservieren!«

»Das kann ich nicht«, sagte ich zögernd.

»Aber ich!«

»Ist das teuer?«

»Drei Euro im Monat.«

»Dann machen Sie mal«, sagte ich frech.

Hätte mir damals jemand gesagt, dass Anja meine Partnerin und beste Freundin werden und wir gemeinsam die Hausfrauenrevolution ins Leben rufen würden, hätte ich ihn für verrückt erklärt.

Aber es gibt keine Zufälle. Es fällt einem zu.

Uns fehlte nur noch eins: Mut zur Kreativität.

Erich Fromm

Mut zur Kreativität

Der Mensch wird ständig hin- und hergerissen
zwischen dem Wunsch, in den Mutterleib
zurückzukehren und dem Wunsch
Ganz geboren zu werden.

Jeder Geburtsakt erfordert Mut,
etwas loszulassen, den Mutterleib aufzugeben,
ihre Brust und ihren Schoß zu verlassen
und die Mutterhände loszulassen, um
schließlich auf alle Sicherheiten zu verzichten
und sich nur noch auf eins zu verlassen:

auf die eigenen Kräfte, die Dinge
wirklich wahrzunehmen
und auf sie zu antworten,
das heißt auf die eigene Kreativität.

Kreativ sein heißt, den gesamten Lebensprozess
als einen Geburtsvorgang ansehen
und keine Stufe des Lebens als endgültig zu betrachten.
Die meisten Menschen sterben,
bevor sie ganz geboren sind.
Kreativität bedeutet geboren werden,
bevor man stirbt.

Kreativpotenzial Hausfrau

Marie Theres Kroetz-Relin

Ein Herz für Hausfrauen

»Franzl, wenn ich wieder einmal auf die Welt komm, dann lern ich einen Beruf!«

Maria Kroetz, Hausfrau und Mutter von Franz Xaver Kroetz, kurz vor ihrem Tod im Alter von 80 Jahren

Teneriffa, Ende Oktober 2002.
Mein Computer bescherte mir übers Internet ein unverhofftes Angebot: Nach zwölf Jahren Nur-Hausfrauendasein bekam ich eine Rolle in einem Krimi angeboten – Dreharbeiten auf Palma de Mallorca.

Mein Mann übernahm also den Hausfrauenjob und ich durfte zehn Tage auf »Filmset-Sightseeing-Urlaub«. Und es war wirklich Urlaub für mich. Die Schauspielerei hatte ich zwischenzeitlich nicht verlernt. Ich spürte keinen Umstellungsstress, im Gegenteil, wie angenehm war so ein Leben als Schauspielerin: Ich wohnte in einem schönen Hotel, konnte morgens in aller Ruhe frühstücken und wurde anschließend abgeholt und zum Set gebracht, mit Chauffeur versteht sich. Von wegen mit Billig-Mietwagen und zusammengeknautschtem Stadtplan auf dem Schoß das Set und noch dazu einen Parkplatz suchen. Weiter verschlafen in die Maske wackeln und, bis ich endlich wach wurde, war, voilá, schon ein Wunder geschehen und ich fragte mich, wer die gut aussehende Dame im Spiegelbild sein mochte – das passierte mir im Alltag nie.

Nun trabte ich mit schon wesentlich mehr Selbstbewusstsein in die Garderobe und wurde auch noch angezogen.

Im Anschluss daran begann das große Warten bis endlich alle Lampen im richtigen Winkel leuchteten und ich mich »darstellen« konnte – okay, das Warten nervt wie Sau, aber das kam mir als Hausfrau doch sehr bekannt vor. Dafür gab es dann das zweite Frühstück, irgendwelche Aufnahmeleiter waren rührend um mein Wohl bemüht und brachten mir Kaffee – eine echte Seltenheit! So saß ich also schön gestylt und dann kamen die Kollegen, dann der Regisseur und beteuerten wie wunderschön ich heute aussehen würde – da soll man nicht eitel werden! Deutete ich nur die geringsten Kopfschmerzen an, schwups, schon stand ein Aspirin auf dem Tisch – so etwas gibt es in meinem Alltag nicht.

Und dann kam die erste Szene, in der ich einen Heulkrampf spielen sollte, große Konzentration, alle zollten der Hausfrau-Schauspielerin Respekt für ihre echten Tränen – Ha! Wenn die gewusst hätten, wie gut es mir getan hatte, mich mal ohne Grund ausheulen zu können.

Zwischen den Szenen rief ich dann meine Familie an, hörte dem Klagen meines Hausmanns zu, erklärte den Kindern, dass ich nun »arbeiten« – hihi – aber ihnen ein Päckchen schicken würde – wie das eben »berufstätige« Mütter tun, schickte tausend Bussis durch die Leitung, hängte ein und genoss weiter meinen gut bezahlten Urlaub.

Aber insgeheim ärgerte ich mich über die Ungerechtigkeit, dass Schauspielern als Arbeit anerkannt, aber mein Hausfrauenjob nicht als solche angesehen wurde!

Tagebuch – Palma de Mallorca 23. 10. 02
Es ist merkwürdig. Die Zeit verändert sich so verdammt schnell und rennt und läuft und alles, was ich bis jetzt geschrieben habe, existiert nicht mehr. Es gibt wirklich keine Wirklichkeit! Ich schweige über das Glück, nur nicht herausschreien! Damit es keine Angst bekommt und bei mir bleibt ...

Es ist so viel passiert und irgendwie scheint es, als ob all das Leid, das mir in der letzten Zeit widerfahren ist, sich nun ganz langsam löst.

Und ich hatte so eine Angst vor der Einsamkeit ...

Aber es kam alles anders, wie so oft. Ich werde mein Leben leben, nach meinen Vorstellungen. Eigenkreativ. Ich muss.

Mach dich auf den Weg und schaue nicht zurück ...

Da erhielt ich eine Mail von Anja: www.hausfrauenrevolution.com ist jetzt reserviert. Wenn du mal einen Text haben solltest, dann kann ich ihn reinstellen.

Und meine Antwort am 6. November 2002 war:

Liebe Anja!

Du hast mich mit deiner News vielleicht aufgewühlt! Für mich war meine »www.hausfrauenrevolution.com« schon wie ein »running gag« ... ich hab zwar daran geglaubt und irgendwie gehofft, aber eben ganz weit weg ... und ich wusste immer: wenn ich diesen Namen fallen lasse, dann sind die Lacher auf meiner Seite ... Und wie übt man am besten Kritik? Wenn man dabei auch lachen kann ... Mit Humor ertragen die Menschlein doch viel mehr Kritik, oder?

Aber nun kocht und tobt es in mir.

Durch die Dreharbeiten gab es wieder Medieninteresse an meiner Person und statt die »Rückkehr der Schauspielerin« in den Interviews breitzuwalzen, pappte ich den Journalisten ein Schild mit »Umleitung Hausfrau« aufs Hirn und schrieb an Anja:

Habe mittlerweile drei große Interviews gegeben und die Journalisten auf www.hausfrauenrevolution.com umgeleitet ... und weißte was? Es klappt. Voller Erfolg! Zuerst ein Lacher, dann ein Aufhorchen.

Wohlgemerkt: wir waren bis dato noch nicht online, geschweige denn, dass ich irgendeinen Text gehabt hätte!

Bei einem dieser Interviews erzählte ich wieder so engagiert über die Hausfrau und was ich alles vorhätte.

»Wann erscheint denn Ihre Homepage?«, fragte die Journalistin.

»Gegenfrage: Wann erscheint das Interview?«, sagte ich kurz. »Nächste Woche, Donnerstag, 21. November.«

»Dann schreiben Sie bitte, dass wir bereits online sind.«

»Aber wie soll das gehen, Sie haben ja noch keine Texte? Ich kann ja auch Dezember schreiben ...«, antwortete mir die erstaunte Dame.

»Das lassen Sie mal meine Sorge sein«, gab ich souverän retour, obwohl mir innerlich ganz schwummerig wurde. »Die Hausfrauenrevolution gibt es ab nächster Woche. Wie, weiß ich noch nicht, aber mir wird schon noch was einfallen.«

Nun war ich in heller Aufregung. Ich lief zu meinem Mann: »Schreibst du einen Text für meine Homepage?«

»Nein, dein Hausfrauengesabber muss ich mir schon seit 15 Jahren in der Küche anhören.«

»Aber das wird wirklich eine total schräge Homepage! Es werden Männer über Frauen schreiben, Frauen über Frauen, Allein erziehende mit und ohne Mann, für den Magen gibt es »Leichte Küche für schwierige Männer«, außerdem Frau und Gesundheit, Frau und Technik, Hausfrauenchat, Vergleiche, unser Motto: Zusammenhalten um zu verändern, unser Ziel: Hausfrauenstreik, es wird ...«

»Mann, hör doch auf, glaubst du wirklich, das interessiert ein Schwein?«

»Deine wunderbare short story interessiert auch kein Schwein. Liegt seit zwei Jahren in der Schublade. Dabei ist es das einzige Buch, das du mir gewidmet hast! In 15 Jahren, wohlgemerkt! Und die kannst du mir ruhig schenken ...«

»Okay, geschenkt!«

»Echt? «

»Echt. Aber nur, wenn du jetzt endlich abhaust!«

»Bin schon weg. Danke!«

Das war der Anfang. Zur Geschichte meines Mannes schrieb ich ein Entree und pünktlich am 21. 11. 02 gingen wir online.

Ich staunte nicht schlecht, als Anja mir mitteilte, dass wir bereits am Tag der Eröffnung 2700 Klicks hatten. Das war ein Zeichen. Nun hieß es, gute Texte zu bekommen. Jede, die ich traf, egal ob Freundin, Bekannte oder Unbekannte, schnorrte ich um einen Text zum Thema Hausfrau an.

Und ich versendete eine Ketten-Mail, um herauszubekommen, wer denn nun ein Herz für Hausfrauen hatte, mit der Bitte einen Satz dazu zu schreiben:

Ich hab ein Herz für Hausfrauen weil ...

- ... ich selber eine bin und weiß, welche Verantwortung ich für meine Familie trage.
- ... sie unsere künftigen Steuerzahler großzieht.

○ … man sie nicht bemerkt, wenn sie sich nützlich macht.
○ … sie immer was zu Essen hat, wenn man hungrig ist.
○ … es keine Kriege geben würde, wenn sich die Mütter weigerten, ihre Söhne in den Krieg zu schicken.

Luisa Francia
Kein Herz für Hausfrauen

Liebe Marie Theres,
drum hab ich ja kein Herz für Hausfrauen, weil sie auch noch den missratensten Söhnen immer was zu Essen hinstellen.

Weil sie zwar ihre Kopfkissen nass weinen, wenn ihre Söhne im Krieg sterben, aber nichts gegen den Krieg unternehmen.

Weil sie den Mann, der am Krieg verdient, unterwürfig weiterfüttern, auch wenn es ihre Söhne umbringt.

Weil sie den täglichen Wahnsinnsbalanceakt der Dienstbeflissenheit zwischen den Kindern und dem Mann immer wieder mitmachen, ohne auch mal nachzudenken.

Weil man sie nicht bemerkt, wenn sie sich nützlich machen, und weil man sie noch weniger bemerkt, wenn sie nicht mehr nützlich sind.

Weil sie sich ausbeuten lassen und nichts dagegen unternehmen.

Weil sie das System erhalten, anstatt es auflaufen zu lassen.

Nun, ich kritisiere keine Hausfrau, aber ich weiß schon, warum ich keine geworden bin. Jetzt kann ich nicht auch noch die Hausfrau mit ihrer Flickschusterei am kranken Staat unterstützen.

Die Familie ist die kleinste terroristische Vereinigung, hat Paso-

lini mal gesagt. Die Informationen sind da, jede kann sie sich holen, das unterstütze ich.
Luisa

Sibylle Dawson

Von Wert, Grundnutzen und Image der Hausfrauen. Eine Umfrage

Schaffung einer neuen Identifikationsplattform.
Hamburg, 12. Dezember 2002
Auftraggeber: Die Hausfrauenrevolution

Verfasser: DVAMS (Dem Volk Aufs Maul Schauen) Institut für angewandte Marktforschung, Hamburg, London, Paris, Mailand, Oslo, New York, San Franzisko, Tokio, Shanghai, Hongkong, Sydney, Melbourne, Kapstadt, Buenos Aires, Tel Aviv.

Hintergrund: Siehe Briefing per E-Mail vom 12. Dezember 2002.

Zielsetzung: Ermittlung von möglichen Entwicklungspotenzialen zur Imagesteigerung bzw. Repositionierung der deutschen Hausfrau.

Testdesign: Anzahl der Befragten (n) = 6 000, 2 000 Verwender und 4 000 Nicht-Verwender, 80 : 20 männlich/weiblich. Alter: 18 bis 65 Jahre. Einkommen: alle Klassen, 50:50 städtisch/ländlich.

Zentrale Aussagen (key findings):
»Ich habe ein Herz für Hausfrauen, weil Liebe durch den Magen geht.«
Frau M., Magersüchtige

»Ich habe ein Herz für Hausfrauen, weil ihre Männer in der Arbeit sind, wenn ich komme.«
Herr A., Postbote

»Ich habe ein Herz für Hausfrauen, weil ich am liebsten Hausmannskost esse.«
Herr L., Transsexueller

»Ich habe ein Herz für Hausfrauen, weil ich eine Frau ohne Haus bin.«
Frau D., Obdachlose

»Ich habe ein Herz für Hausfrauen, weil sie billig sind.«
Herr N., Personalchef

»Ich habe ein Herz für Hausfrauen, weil je mehr Frauen zu Hause bleiben, desto weniger Arbeitslose gibt es.«
Herr C., Wirtschafts- und Arbeitsminister

»Ich habe ein Herz für Hausfrauen, weil sie meine vielen Hemden waschen.«
Herr SCH., Bundeskanzler

Zusammenfassung: Deutsche Hausfrauen scheinen primär die höchsten Werte bei der Deckung menschlicher Grundbedürfnisse zu erzielen: Liebe, Wärme, Sauberkeit, Essen, Fortpflanzung, sexuelle Dienste etc.

Bei höherer menschlicher Bedürfnisbefriedigung (nach »Maslow, Die Bedürfnispyramide« alle Bereiche über physiologische Bedürfnisse: Sicherheitsbedürfnisse und Zugehörigkeitsbedürfnisse) wirkt das Bild der Hausfrau eher diffus. Die Bedürfnisse zur Wertschätzung und Selbstverwirklichung (nach »Maslow, Die Bedürfnispyramide« die beiden obersten) sind nicht oder nur schwach besetzt.

Fazit: Der Grundnutzen und klassische Imagewerte sind klar verstanden, jedoch Zusatznutzen und fortschrittliche Identitätsmerkmale sind nicht eindeutig erkennbar. Dies könnte teilweise aus dem unterschiedlichen Angebot und aus mangelnder Markttransparenz resultieren. Hauptsächlich jedoch scheint der Wert der deutschen Hausfrau gering, da ihre Dienste ohne Monetisierung sind (was nichts kostet, ist nichts wert) und ihre Leistung eine Negativ-Rezeptivität darstellt (wird nur wahrgenommen, wenn sie fehlt).

Empfehlung: Eine Repositionierung der deutschen Hausfrau ist zum Erreichen der Zielsetzung unumgänglich. Sie sollte aufgrund der komplexen Ausgangssituation nur schrittweise erfolgen. Wir möchten die folgenden sieben Stufen vorschlagen:

1. Klare Kommunikation des gesamten Leistungsspektrums
2. Fokussierung des Zusatznutzens
3. Standardisierung sämtlicher Aufgaben
4. Aufwertung der so genannten »niederen« Arbeiten

5. Sukzessive Verschiebung der Arbeitsinhalte zu höheren Tätigkeiten
6. Entwicklung eines neuen Begriffs/Namens
7. Reziproke Entlohnung aller Arbeiten (je niederer desto teurer)

Zur ersten Implementierung empfehlen wir: Der Auftraggeber »Die Hausfrauenrevolution« erstellt Richtlinien und Standards nach ISO 2000. Auf dieser Basis wird ein Leistungskatalog mit einer entsprechenden Preisliste entwickelt. Die ISO-Normen mit dynamischer Preisbindung werden im Grundgesetz festgeschrieben.

Der Katalog ist Bestandteil eines jeden Haushalts und wird im Mietvertrag bzw. Grundbuch verankert. Durch die Standardisierung ist eine Bindung an Personen nicht erforderlich.

»Die Hausfrauenrevolution« lässt von ihren Mitgliedern auf Basis der neuen Erkenntnisse einen neuen Namen entwickeln. Der per Zweidrittelmehrheit zum Volksentscheid gebracht wird.

Sehr verehrte Marie Theres,
wir bedanken uns noch mal recht herzlich für Ihren Auftrag und insbesondere für Ihr Vertrauen. Die Arbeit an dem Projekt hat uns sehr viel Spaß gemacht und auch für uns interessante und überraschende Ergebnisse ergeben.

Denn was Prostituierte können und dürfen, steht auch der deutschen Hausfrau zu (Entlohnung, Sozialversicherung, Arbeiten auf Lohnsteuerkarte, etc.). Wir hoffen, mit unserer kleinen Studie einen entsprechenden Beitrag geleistet zu haben.

Wo oder in welcher Rubrik Sie sie veröffentlichen möchten, obliegt allein Ihnen. Als Auftraggeber und Vorsitzende der »Hausfrauenrevolution« sind Sie selbstverständlich autorisiert, an der

Studie Anmerkungen und Ergänzungen vorzunehmen, soweit sie bei einer Publikation als solche gekennzeichnet werden.

Mit herzlichen Grüßen aus der schönen Hafenstadt

Ihr DVAMS-Institut

PS:
Die Rechnung geht Ihnen in den nächsten Tagen per separater Post zu.

Leider mussten wir unseren Kostenvoranschlag um gesetzliche zehn Prozent überziehen, d. h. wir erlauben uns, Ihnen eine Gesamtsumme von 1 750 000 Euro in Rechnung zu stellen.

Definition Hausfrau

Marie Theres Kroetz-Relin

Endstation Hausfrau

> *»Meine Herren, wünschen Sie sich für Ihre Tochter das Leben, das Ihre Frau bei Ihnen führt?*
>
> *Helga Braun*

Ich hasse das Wort Hausfrau!

Mein Gott, wie ich dieses Wort hasse …

Das muss der liebe Gott wohl auch gehört haben, denn was macht er? Er macht aus mir genau das!

So was passiert, wenn man etwas wirklich hasst: man wird zur ständigen Wiederholung gezwungen.

Nie im Leben hätte ich gedacht, dass ausgerechnet das mir so verhasste Wort Hausfrau zum wichtigsten Begriff in meinem Leben werden sollte! Tja, frau soll eben nicht denken.

Wie oft ich dieses Wort seither allein tippe, geschweige denn ausspreche! Es ist wirklich eine Strafe. Oder eine Gehirnwäsche?

Seitdem ich mich bewusst mit diesem Wort beschäftige, hat sich mein Bewusstsein erheblich verändert.

Aber fangen wir doch ganz von vorne an. Was ist eine Hausfrau? Ich hole das Lexikon:

»Hausfrau → die einen Familienhaushalt führende (Ehe) Frau; auch als Berufsbezeichnung gebraucht. Trotz rechtlicher Anerkennung der grundsätzlichen Gleichwertigkeit der Tätigkeit im Haushalt und der außerhäuslichen Erwerbstätigkeit des Ehepartners (Eherechtsreform 1977) und trotz Erkenntnis der volkswirtschaftlichen Bedeutung der H.-Tätigkeit,

ist deren gesellschaftliche Wertschätzung nach wie vor deutlich niedriger als die bezahlte Erwerbstätigkeit (siehe Hausmann).«

Mhm. Scheint ein neueres Lexikon zu sein. Meyers 2003. Aha. Suche nun bei Hausmann.

»Hausmann → Mann, der seine berufliche Tätigkeit eingeschränkt oder aufgegeben hat, um einen großen Anteil an der Hausarbeit und der Erziehung der Kinder zu übernehmen. Als Bezeichnung in den frühen 1970er-Jahren analog zu Hausfrau gebildet.«

Sehr interessant. Mal gucken was Haushalt bedeutet:

»→ 1, Finanzwissenschaft«

Ach ne, der Haushalt bestimmt die Politik!

»2, Soziologie, Statistik (Privathaushalt)«

Tja, hier kommt auch nur das wirtschaftliche Interesse zu Wort! Fehlt nur noch, dass unsere Kinder als Humankapital bezeichnet werden ... aber das tun die lieben Politiker sowieso schon! Schweinerei!

Das bringt mich auf eine Idee: Ich sehe unter Haustier nach und muss feststellen, dass dem Haustier samt Literaturnachweisen 22 Zeilen gewidmet sind und der Hausfrau nur elf!

Na ja, immerhin haben wir satte fünf Zeilen mehr als der Hausmann. Kleiner Trost.

Ich blättere weiter und stolpere über *»Haushaltsplan → franz. Budget – Etat«*

Ha! Da haben wir's! Wenn die werten Politiker so einen Haushaltsplan hätten wie wir Hausfrauen, gäbe es bestimmt nicht so viele schwarze Löcher in der Haushaltskasse!

Huch, was ist denn ein Hausmeier?

»Hausmeier → Höchstes germanisches Hofamt. Die H. standen dem Hauswesen und den Domänen vor und führten z. T. auch die Truppen an. Am fränk. Königshof gelang es den H. aus dem Geschlecht der Karo-

linger, das Amt erblich zu machen. Im 7. Jh. hatten sie tatsächlich die Macht inne.«

Ja, vielleicht bin ich ein Hausmeier?

Ich sehe im Internet nach und gebe das Wort Hausfrau ein. Schreck! Hier gibt es ja Millionen von Einträgen: Die Hausfrau als Schlampe, Hausfrau lässt die Möpse springen, geile Hausfrauen verwöhnen dich …

Das darf doch nicht wahr sein!

Verzweifelt blättere ich in den Seiten … ganz selten blitzt mal irgendein seriöser Link über die Hausfrau auf. Ich bin wütend! Das ist ja gesellschaftliches Mobbing! Das hieße ja übersetzt, ich bin entweder ein nicht anerkanntes, flanell-leintuchgraues Hausmuttchen oder eine Schlampe!

Es wird wirklich Zeit, dass wir das Wort Hausfrau neu definieren, beschreiben und üben!

Raus aus der Endstation Hausfrau!

Darf ich bitten, werte Haus – ähm – wesen?

Christian Nürnberger

Wenn die Männer schwanger würden

Männer wie ich haben des Öfteren so Tagträume, in denen sie sich ausmalen, was eigentlich passieren würde, wenn sich über Nacht eine biologische Revolution ereignete und plötzlich die Männer die Kinder bekämen.

Ich weiß es. Ich hab's nämlich geträumt: Das Problem der Vereinbarkeit von Familie und Beruf würde innerhalb einer einzigen Legislaturperiode komplett gelöst werden.

Der schwangere Vorstandsvorsitzende von Daimler oder BMW würde bis eine Woche vor der Geburt seine Geschäfte wahrnehmen, eine Woche später gebären und drei Tage später mit einer bunten Limousine von seinem Fahrer abgeholt werden. Die Limousine wäre zwischenzeitlich umgebaut worden zu einem babygerechten Auto mit Wickelkommode, Windelfach, Abfalleimer, Creme, Öl und allem, was man als Baby halt so braucht.

In der Limousine säße eine bestens ausgebildete Erzieherin, welche das Baby morgens in Empfang nähme und mit in die Vorstandsetage von Daimler oder BMW führe. Dort peitschte der Vorstandsvorsitzende in der Hälfte der sonst üblichen Zeit die erste Morgenkonferenz durch, danach zöge er sich zusammen mit einigen anderen Vorstandsmitgliedern, die auch frisch geboren haben, in einen Raum zurück, um dort sein Baby zu stillen. Dort, in der Intimität der Stillgruppe, würden dann die wesentlichen Personalentscheidungen gefällt. Männer mit Kind würden bevorzugt.

Das Betriebsklima würde sich enorm verbessern, denn Männer mit Kind hätten nicht mehr so viel Zeit, in abendlichen Rotweinrunden zu kungeln und zu intrigieren. Die im Unternehmen anwesenden Kinder würden die Männer sanfter stimmen und ihnen vielleicht auch jene überflüssigen Konferenzen, Tagungen und Symposien als das erscheinen lassen, was sie sind: Veranstaltungen, deren hauptsächlicher und geheimer Zweck darin besteht, einander mächtig zu imponieren.

Ein paar Monate später käme das Baby in eine betriebliche Krabbelgruppe. Nach drei Jahren käme es in den betrieblichen Kindergarten, von wo aus die Kinder ihre Mamas und Papas regelmäßig an ihren Arbeitsplätzen besuchen dürfen. In diesem Kindergarten würde es zweisprachig aufwachsen, und Ausländerkinder würden dort automatisch Deutsch lernen. Das Unternehmen würde dafür sorgen, dass ausreichend qualifiziertes Personal für diese Kinderbetreuung zur Verfügung stünde und den Kindern alles geboten würde, was für eine optimale frühkindliche Bildung nötig ist, es würde aber auch denen eine sichere Rückkehr auf ihren Arbeitsplatz versprechen, die sich für die ersten drei Lebensjahre ihres Kindes eine Auszeit nähmen. Das Unternehmen würde intensiv Kontakt halten zu diesen Mitarbeitern und sie im dritten Jahr durch Fortbildungskurse so weit vorbereiten, dass der Wiedereinstieg keine Probleme verursacht.

Natürlich würde die Sache auch begrifflich unheimlich aufgepeppt. Niemand würde mehr von »Nur-Hausfrau« oder »Hausmann und Vater« sprechen, wenn sich jemand ganz auf die anspruchsvollen Aufgaben in Haushalt und Erziehung konzentriert. Vielleicht würde man sie als »Wir-AG« bezeichnen oder als »Zukunfts-Agentur«. Ich persönlich würde ja eher den Begriff »Zivi« auf mich und meine Tätigkeit ausweiten, denn das genau leiste ich: Zivildienst, Dienst an der Zivilisation. Politiker könnte das Wort auf die durchaus glorreiche Idee bringen, Zivis in jeden Haushalt zu schicken, damit sie dort putzen, kochen, waschen, bügeln und gelegentlich auch mal einen duftenden Pflaumenkuchen backen.

In ehrgeizigen Unternehmenskulturen würde man die vielfältigen Anforderungen an die Hausfrau und Mutter auf mehrere Köpfe verteilen und sich dafür phantasievolle Bezeichnungen ausdenken. Bei Bertelsmann hieße ein Hausmann vermutlich »Executive Coordinator of Family Synergies«, und die Mutter, die einen besonderen Ehrgeiz für eine kreative Küche entwickelt, wäre so etwas wie ein »Chief Creative Officer«. Es gäbe wahrscheinlich auch Kurse in Hauswirtschaft, die dann aber »Family Management and Controlling« hießen und in die auch die Zivis geschickt würden. Davon würden sie dann später, wenn sie mal selber eine

Familie gründen, ein Leben lang profitieren. Und ihre Kinder auch.

Es gäbe betriebliche Kinderfeste, Sportfeste, Sommerfeste, es gäbe sorgfältig ausgewählte Erzieher, Lehrer und Psychologen, die mit den Kindern in den Abenteuer-Urlaub führen, die sich um Behinderte, Lernschwache, Hochbegabte und sonst wie auffällige Kinder kümmerten. Nach sechs Jahren käme ein Teil der Kinder in eine Ganztagsschule, ein zweiter Teil ginge in eine Halbtags-Grundschule und verbrächte die Nachmittage wieder in der Nähe des elterlichen Arbeitsplatzes in einer betrieblichen Kinder-Nachmittags- und Hausaufgabenbetreuung.

Der Vorstandsvorsitzende würde darauf achten, dass Familienväter genügend freie Zeit für ihre Familien haben, würde diese möglichst selten versetzen und dafür sorgen, dass den Vätern aus ihrer eingeschränkten Mobilität und Flexibilität keine beruflichen Nachteile entstehen.

Die Politiker würden dafür sorgen, dass Familien sich nicht mehr in Hasenställe zwängen müssen, sondern geräumige Wohnungen zu bezahlbaren Preisen bekämen, Bürgermeister bauten kindgerechte Stadtteile, durch die man zu Fuß schlendern könnte, aus den Supermärkten verschwände die Quengelware, das Fernsehen brächte nur noch pädagogisch wertvolle Sendungen ohne Werbung. Kinos, Theater, Restaurants, Kaufhäuser nähmen einem für die Zeit der Vorstellung, des Essens oder des Einkaufens die Kinder ab, und in ganz Europa wäre es Touristik-Unternehmen und Hotels verboten, ausgerechnet während der Ferien die höchsten Urlaubstarife zu verlangen.

Es ist wirklich ein Jammer, dass Männer keine Kinder bekommen können.

Gudrun Schilken

Ja, ja die Hausfrauen ... die haben's gut

Ein Mordsstress ist das heute wieder. Frühaufsteher ist sie nicht, aber früh aufstehen muss sie fast jeden Tag. Schwimmen lernen ist angesagt mit dem Kleinsten. Morgens um acht Uhr müssen sie schon im Schwimmbad stehen. So kalt so früh! Eine Stunde mühen sie sich tapfer in den Fluten. Sie verliert nicht die gute Laune, so früh am Morgen hat sie nämlich noch keine. Während sie ihre Bahnen keucht, überlegt sie, was sie zum Mittagessen kochen wird. Gleich wird sie noch einkaufen müssen. Hoppla, da nimmt ihr Kind einen großen Schluck! Sie tröstet und motiviert so gut es geht. Die Nacht war kurz. Rückenschmerzen – Mütterleid. Schwimmen tut gut. Also weiter. Jetzt eine Tasse Kaffee! Leider nein. Das Kind mag nicht mehr. Armbewegungen, Beinbewegungen ... schön schwimmen wie ein Frosch. Ja, so geht es. Prima. Weitermachen.

Ach du meine Güte, die anderen Kindern kommen ja schon um elf Uhr aus der Schule. Hat sie fast vergessen.

Also Schwimmkurs zu Ende. Es wird rasch geduscht. So schönes warmes Wasser. Das tut gut jetzt. Ja, wir sind gleich fertig. Die Nächsten wollen duschen. Schade. Aber sie müssen sich ja eh beeilen. Den Kleinen abgeseift, abgeduscht. Haare gewaschen. Wie am Spieß geschrien. Abgetrocknet. Fertig. Nein. Pipi machen. »Okay, du gehst Pipi machen, ich geh schon mal aus dem Spind unsere Klamotten holen.« Wo bleibt denn das Kind? Hat es Aa gemacht? Sie schaut nach. Die Tür ist verschlossen. Das Kind hat die Tür verschlossen. »Mama, ich krieg die Tür nicht mehr auf.« Mama friert. Sie ist nass, noch nicht abgetrocknet und im Schwimmbad ist immer Zugluft. »Ja, warum hast du denn die Tür abgeschlossen?« – »Mama, meine Finger sind so rutschig. Ich krieg den Hebel nicht herumgedreht.« – »Dann trockne dir die Hände ab. Dann geht es.« Die Mutter schaut die verschlossene Tür an. Kein Fenster. Keine Tür, unter der man herkriechen oder die man überklettern kann. Die Mutter bekommt eine Gänsehaut. Außerdem ist sie wütend. Hat sie nicht schon tausendmal gesagt ... »Jetzt ist es nicht mehr rutschig. Wart mal, jetzt kann ich die Tür aufkriegen ...« Klack. Die Tür geht auf und der kleine süße Nackedei steht grinsend vor ihr. Ihm ist kalt, er möchte angezogen und in den Kindergarten gebracht werden. Der Mutter ist auch kalt. Aber das macht nichts. Sie zieht das unermüdlich vor sich hin plappernde Kind an und friert weiter. Dann rollt sich ihr XXL-Badeanzug über die gebeutelten Brüste über die Fettrollen und die Schwangerschaftsstreifen bis zu den unrasierten Beinen. Der Kleine strahlt sie an und sagt: »Mama, du bist die Schönste!« Gutgelaunt fönt die Mutter ihrem Kind die Haare und fröhlich verlassen sie das Schwimmbad.

Schnell fährt die Mutter beim Bäcker vorbei und kauft Brötchen zum Frühstück. Nach dem Schwimmen das Frühstück zelebrieren die beiden immer ganz besonders. Das Kind futtert genüsslich das Brötchen, die Mutter nimmt einige Bissen zwischen dem schnellen Beseitigen der Hinterlassenschaft der Nachkommenschaft vom Morgen. Kaffeetrinken – jetzt nicht. Nach dem Frühstück wird das Kind schnellstens zum Kindergarten gebracht. Es ist froh, den Morgen mit seinen Freunden zu verbringen. Die Mutter ist auch froh und den Morgen mit Freunden zu verbringen wäre auch schön. Sie saust zum Einkaufen. Was kocht sie denn nur? Spaghetti, immer Spaghetti. Und was Gesundes? Okay, Vollkornspaghetti. Sind zu teuer und mag eh keiner. Möhrengemüse. Gesund und wird gegessen. Basta. Mit Bratwurst. Viel zu fett. Ist Wurst! Weiter geht's. Und hier und da. Und was das wieder kostet. An der Kasse. Das Lieblingsspiel. Alles, was vorher mühselig im Einkaufswagen zusammengetragen wurde, rauf aufs Kassenband. Ein verständnisvoller Blick von Kassenhausfrau zu Nurhausfrau – und wieder alles runter vom Kassenband zurück in den Einkaufswagen. Ist das schön! Und dann mit dem Einkaufswagen durch den Regen über den Parkplatz zum Auto. Glücklich die, die ein Auto hat. Die Einkäufe von dem Einkaufswagen in den Einkaufskorb in das Auto. Dann Einkaufswagen auf Einkaufswagenparkplatz. Haare kleben vom Regen gestylt um das Gesicht. Lilafarbene Jeantex-Regenjacke schützt massigen Körper. Füße denken, sie wären wieder im Schwimmbad.

Nun denn, wohlan und frischgemut trägt die Mutter die Einkäufe – verdammt ist das schwer, der arme Rücken – ins Haus. Sie verstaut hier und da was. Der Kühlschrank ist ruckzuck voll, aber auch schnellstens wieder leer.

Es klingelt. Die beiden Großen stehen gelangweilt vor der Tür. Die Mutter öffnet freundlich lächelnd. Die coolen Kids schlurfen lässig nickend vorbei. Die Mutter rührt in den Töpfen. Nun ist es Zeit, den Kleinen im Kindergarten abzuholen. Der Kleine möchte lieber noch im Kindergarten bleiben. Die Kindergartenzeit ist zu Ende. Das Kind muss mit. Das Kind will nicht. Die Mutter will eigentlich auch nicht. Aber das Kind muss mit. Die Kindergartentanten haben jetzt Mittagspause. Die Glücklichen. (Da sind keine Mütter drunter.)

Das Kind fragt nach dem Mittagessen. Es ist noch nicht fertig. Das Kind hat aber jetzt Hunger sofort. Das Kind muss warten. Die großen Kinder haben schon in die Töpfe geguckt. Sie möchten nichts essen. Der eine hat noch Nutella am Mund kleben.

Das kleine Kind schaut fern, bis das Essen fertig gekocht ist. Als es fertig gekocht ist, möchte es weiter fernsehen. Die Mutter schaltet das Fernsehen aus. Das Kind schreit. Die Mutter auch.

Die coolen Kids beschweren sich über den Lärm und drehen ihre laute Musik noch lauter. Geht das überhaupt noch?

Die Mutter schreit ganz laut in verschiedene Richtungen. Die Kinder haben verstanden. Alarmstufe rot. Ruhe.

Die Mutter ist erschöpft. Die Kinder werden sanft. Die Mutter legt sich für zehn Minuten auf das Sofa. Das tut gut. Sie schöpft Kraft. Das Telefon klingelt. »Ja, macht nichts.« Es hat sich jemand verwählt. Die Mutter ruht weiter. Gerade als sie kurz sanft dem grausamen Leben ins Traumland entfliehen will, klingelt es an der Haustür. Der Eiermann. Wie schön. Verschlafen torkelt sie zur Haustür. Ihr Haar, da nach dem Schwimmen nicht gestylt, steht wirr von ihrem Kopf ab. »Ach, die Hausfrau! Kleines Mittagsschläfchen gemacht? Ja, ja, Hausfrauen ... die haben's gut! – Wie viele Eier dürfen es denn sein?« Schnaufend kauft die Hausfrau zwanzig unbenötigte Eier. Um den Kreislauf in Schwung zu bringen, stellt sie die Kaffeemaschine an. Ein Tässchen Kaffee in Ruhe ist auch was Feines. Während die Kaffeemaschine röchelt, klingelt das Telefon. Uroma hat Langeweile und verstrickt die Mutter in ein längeres Telefongespräch. Das muss sein. Alte Leute sind oft einsam und die Mutter mag das Gespräch nicht so einfach beenden. Nach einer halben Stunde hat Uroma genug über die Politik geschimpft und ihre Krankheiten beschrieben. Der Kaffee schmeckt bitter und scheußlich. Außerdem braucht das kleine Kind Unterstützung beim Bau einer Legorakete. Das mittlere Kind muss zum Sport gefahren werden. Das große Kind passt auf das kleine Kind auf, während das mittlere von der Mutter weggebracht wird. Die Mutter kommt zurück. Das große Kind zieht sich in sein Zimmer zurück, das kleine Kind geht nach draußen zum Spielen. Schön. Endlich Ruhe. Freundin kommt. Hat auch Freizeit jetzt. Nun wird Kaffee getrunken und aufgeatmet. Aber es klingelt. Der freundliche Nachbar will sich die Schubkarre ausleihen. Er sieht die beiden Frauen beim Kaffee sitzen. »Ja, ja die Hausfrauen. Immer Zeit zum Kaffeetrinken ...« Er nimmt grinsend und dankend die Schubkarre entgegen und verabschiedet sich wieder. Nach 15 Minuten kommt das kleine Kind weinend vom Spielen und will ausgiebig getröstet werden. Die andere Mutter wird per Handy zurückgeholt, auch bei ihr gibt es ein nur von ihr lösbares Problem.

Also geht nach dieser Pause jede wieder an ihren Arbeitsplatz, ohne ihn je wirklich verlassen zu haben.

Am Abend kehrt der mühselig schuftende, rechtschaffen erschöpfte Vater heim in sein Reich. Die Mutter bereitet das Abendessen für die Familie. Anschließend räumt sie die Küche für diesen Tag hoffentlich das letzte Mal auf, sie bringt ins Bett, wer dort hineingebracht werden will und auch wer nicht. Dann hat sie Feierabend. Genüsslich will sie sich aufs Sofa lümmeln und eventuell sogar eine Tüte Chips ganz allein verdrücken, während sie mit ihrem Mann einen schönen Film im Fernsehen anschaut. Der Vater lächelt sie freundlich an und meint: »Komm, Schatz, lass uns doch noch ein wenig spazieren gehen. Dann kommst du mal raus und hast auch etwas Bewegung.«

Barbara Fabricius-Exner

Kaffeeklatsch – Gespräch unter Kollegen

So, wie das Wort »Hausfrau« leider meist einen etwas abwertenden Beiklang hat, gibt es einen weiteren Begriff, der untrennbar damit verbunden ist und ebenfalls eher negative Bilder hervorruft – der »Kaffeeklatsch«.

Klatschen und Tratschen bei Kaffee und Kuchen ist allenfalls akzeptabel als Nachmittagsbeschäftigung für alte Damen. Wenn sich aber zwei (oder mehr) Hausfrauen auf einen Kaffee treffen, und das womöglich vormittags, dann ist dies die Situation, die immer wieder als eine der ersten genannt wird, wenn illustriert werden soll, wie gut es doch die Hausfrau hat!

Natürlich ist ein solcher Kaffeeklatsch auch eine Neuigkeitenbörse, aber er ist viel mehr als nur das, er erfüllt eine wichtige soziale Funktion. Um das zu erkennen, muss man das Berufsbild der Hausfrau (es ist tatsächlich eins, auch wenn dies weitgehend in Vergessenheit geraten ist) mit anderen vergleichen.

Der Job einer Hausfrau ist über weite Strecken eintönig mit vielen sich ständig wiederholenden Tätigkeiten. Waschen, bügeln, putzen, einkaufen, kochen – ein Kreislauf, der sich so selbstverständlich und stetig wiederholt wie das Atmen. Und eben weil es so selbstverständlich ist, erfährt die Hausfrau kaum Lob, denn es fällt nur auf, was nicht gemacht wurde. Sich immer wieder selber zu motivieren, weiterzumachen, gehört zum täglichen Kraftaufwand. In einem anderen Beruf, selbst, wenn er eintönig ist, stellt zumindest das Gehalt eine gewisse Motivation dar.

Relativ gut zu bewältigen sind Hausarbeiten, wenn man sie ohne Unterbrechung erledigen kann. Da Hausfrauen aber meist in einem engen Zeitkorsett arbeiten (Kinder zum Kindergarten bringen bis 9 Uhr, Essen kochen bis 12 Uhr, Kinder vom Kindergarten holen, nachmittags Arztbesuche, Hausaufgabenbetreuung, Taxidienste und so fort), müssen viele hauswirtschaftliche Tätigkeiten immer wieder unterbrochen werden, was sehr unbefriedigend und Zeit raubend ist. Eine Hausfrau hat keinen 8-Stunden-Tag. Es gibt nur selten einen klar erkennbaren Zeitpunkt, zu dem ihre Freizeit anfängt, es sei denn, sie nimmt sich Frei-Zeiten.

Jeder Berufstätige verlässt nach seiner Arbeitszeit seinen Arbeitsort und geht nach Hause. Eine Hausfrau geht höchstens in ein anderes Zimmer. Sie verbringt ihr Leben an ihrem Arbeitsplatz.

Eine der größten Belastungen ist die fehlende Ansprache. Hausfrau zu sein heißt auch, häufig mit Einsamkeit kämpfen zu müssen. Der Partner, wenn es ihn gibt, kommt oft erst spät und wortkarg heim, und Kinder sind kein langfristiger Ersatz für ein Gespräch unter Erwachsenen. So gibt es Tage, an denen die Hausfrau lediglich drei Worte mit der Kassiererin im Supermarkt wechselt.

Hausfrauen haben, im Gegensatz zu der überwiegenden Mehrheit anderer Berufstätiger, keine Kollegen. Jede arbeitet allein.

Bei einer Tätigkeit mit Kollegen ergeben sich jeden Tag Möglichkeiten der Kommunikation: Man bespricht berufliche Themen, mitunter auch Privates, und niemand käme auf den Gedanken, das zu belächeln oder als unnötig zu bezeichnen. Am Arbeitsplatz ist der Austausch mit Kollegen unerlässlich und ab und zu ein privates Gespräch (bei einem Kaffee) dem Betriebsklima durchaus förderlich.

Für eine Hausfrau ergeben sich Gespräche nicht von selbst, sie muss sie suchen. Und dafür aus dem Haus gehen oder jemand anderen einladen. Wenn sich Hausfrauen mehr oder minder spontan auf einen Kaffee zusammensetzten und unterhalten, ist auch das letztlich nichts anderes als ein Gespräch unter Kollegen. Gerade die Erziehung von Kindern, die Betreuung älterer Familienangehöriger oder die Notwendigkeit der täglichen Selbstmotivation bereiten nicht nur physischen sondern auch psychischen Stress und lassen Frauen oft an sich selbst zweifeln. Im Gespräch mit anderen Hausfrauen festzustellen, dass man nicht die Einzige ist, die mit solchen Problemen zu kämpfen hat, kann sehr aufbauend sein. Gemeinsam findet man leichter Problemlösungen als allein: Warum sonst trifft man sich in vielen Firmen regelmäßig zu Meetings oder zum Brainstorming? Wobei, ganz nebenbei, häufig Kaffee oder andere Getränke serviert werden, einfach, weil es die Atmosphäre lockert ...

Auch Haufrauen treffen sich nicht in erster Linie, um gemeinsam Kaffee zu trinken, sondern um sich zu unterhalten, sich auszutauschen und durchaus konstruktive Gespräche zu führen. Nicht zu vergessen ist, dass sie bei dieser Gelegenheit häufig die sozialen Kontakte der Familie aufrechterhalten, etwa gemeinsame Freizeitunternehmungen mit anderen Familien planen.

Was den echten »Klatsch und Tratsch« angeht – es gibt ihn, genauso wie in jedem Büro.

Zeitgemäß ist das Wort »Kaffeeklatsch« für das Arbeitsgespräch der Hausfrau sicher nicht, denn es suggeriert zu Unrecht: Nichtstun, Kaffee trinken, tratschen. Statt »Ich war auf einen Kaffee ...« sollte man selbstbewusst den richtigen Schwerpunkt nennen: »Ich war auf ein Gespräch bei ...«

Für Hausfrauen sind diese Gespräche nicht nur nützlich und wichtig, sondern eine Notwendigkeit. Sie haben jedes Recht, sie zu führen.

Olaf Leitner

Der Hausmann – Drohne unter Arbeitsbienen?

Es gibt bekanntlich Rangordnungen innerhalb menschlicher Gemeinschaften. Hierzulande stehen Chefarzt, Dirigent, indische Programmierer, Feuerwehrmann, Börsenbroker und Popstar ganz oben, Politiker und Journalisten finden sich eher in den unteren Etagen, aber im Souterrain, da, wo wir die Nichtsesshaften antreffen, die Unberührbaren, die Gescheiterten und Geschlagenen, da vegetiert die Hausfrau. Und wenn wir unermüdlich noch tiefer und tiefer graben, treffen wir auf eine Spezies, deren Gattungsbegriff bislang nicht sehr populär ist, den des Hausmanns. Der Hausmann ist zumeist überqualifiziert, aber unterprivilegiert und unterbezahlt.

Der Hausmann ist allein, so allein. Die, deren Reich er betritt, weichen zurück, erkennen in ihm kein Wesen, das Solidarität beanspruchen könne, kein emotionaler Sozialplan greift ihm unter die Arme. Die, in deren Terrain er wildert, die Hausfrauen also, sehen sich vielmehr einem Alien gegenüber, das tückischerweise menschliche Gestalt angenommen hat, aber wegen seines abnormen Verhaltens aus einem anderen Kosmos kommen muss. Oder sie fühlen sich wie die Bewohner eines abgelegenen Dorfes, in das plötzlich der König einreitet und verkündet: »Leute, ich bin einer von euch!« Man wird ihm ein paar Artigkeiten sagen, hier und da einen Bückling oder Kratzfuß absolvieren und sich dann flugs aus dem Staube machen.

Von seinen eigenen Geschlechtsgenossen hat der Hausmann

nun gar nix zu erwarten. Sie betrachten ihn, als wäre er ein alter Skatbruder, der plötzlich im rosafarbenen Ballettröckchen durchs Dorf hüpft. So einer ist doch nicht ganz dicht! Über den Hausmann im Ort weiß man zumindest eines mit Sicherheit: »He muss immer man erst sin Fru frogn!« Für echte Kerle der Gipfel der Demütigung. So einer darf allenfalls mal eine Spende für die Freiwillige Feuerwehr abgeben. Das wär's dann aber auch.

Was die Haus-Interna angeht, so dürfen Männer höchstens so sein wie diese Exemplare im Werbefernsehen: Da ist so ein Typ als Papi verkleidet und ist, wie putzig!, gerade mal in der Lage, eine Tütensuppe warm zu machen, die, wir ahnen es, ganz köstlich schmeckt, aber nicht, weil Papi sie gewärmt hat, sondern weil es sich hierbei um eine exclusive Création der Firma Maggi handelt, komponiert aus vielfältigen biochemischen Elementen.

Alles schmunzelt verständnisvoll, na ja, Papi hat es immerhin versucht, er ist ja sooo bemüht. Und das bei all dem Stress, den er im Beruf hat. Doch nun mal schnell wieder zurück ins wahre Leben: Ein Mann soll Schlachten schlagen, Bilanzen fälschen und Raketen zum Vibrieren bringen, aber er soll nicht den Schneebesen im Tornister tragen statt des Marschallstabs.

Sind wir doch ehrlich – letztlich denken Frauen nicht anders: Kerle mit Schürze und Filzpantoffeln, die den Klodeckel wienern, die Windeln auswringen, nach Erbsensuppe duften und das Breichen warm stellen, sind zwar nützlich und haushaltstechnisch universell einsetzbar, ansonsten aber sind sie so unerotisch wie's Kasperle oder Goofy. Penatencreme am Hosenbein ist eben nicht sexy. Schrieb doch bereits der Wiener Schriftsteller, Kulturanalytiker und Aphoristiker Karl Kraus vor rund achtzig Jahren: Er war so unvorsichtig, ihr vor jedem Schritt die Steine aus dem Weg zu räumen. Da holte er sich einen Fußtritt.

Hat der Mann sich aber erst als Hausmann definiert, nimmt er die Tätigkeit am heimischen Herd als gottgegeben hin und als Erfüllung des Daseins, hat er schon verloren. Davor soll er bewahrt werden. Dies ist der Grund, weshalb wir immer wieder mahnen: Schuster, bleib bei deinen Leisten, oder: Architekt, bleib bei deinem Reißbrett, Maurer, bleib bei deinem Zementmixer, Beamter, bleib bei Schalter 17. Jedenfalls im Geiste, solange du Hausmann bist. Denn das bist du nicht ewig, hoffen wir.

Marie Theres Kroetz-Relin
Mutti in der Werbung

Also, ich hatte doch neulich so einen schlechten Magen, da hab ich mal Entspannung beim Fernsehen gesucht. Aber von wegen Entspannung: pausenlos springt einem die Werbung ins Gesicht – und da könnte ich doch gleich wieder kotzen …

Da wird immer von dem prägenden (und unterdrückten) Bild der Hausfrau in den fünfziger und sechziger Jahren gesprochen, aber schaut euch doch mal an, wie die Muttis heutzutage in der Werbung repräsentiert sind. Da hat sich doch kaum was verändert.

Seht ihr vielleicht alle so geschniegelt aus wie die Kochstudio-Heldinnen? Und könnt ihr auch so klasse kochen? Teilt ihr auch so gern Cerealien-Riegel aus und rührt Instant-Griesbrei an?

Oder strahlt ihr auch so kräftig, wenn Meister Proper euch den Boden wischt. (Ich hab es übrigens schon öfter versucht, aber auch wenn ich die ganze Flasche reinkippe, macht doch kein Meister die Arbeit für mich!)

Schaut Werbung für Autos, Alkohol, Klamotten, ja selbst für Binden ... überall springen sie rum, die feschen Miezen mit den knackigen Männern, allesamt sind sie tolle Karrierefrauen und machen alles mit links!

Und in Film und Fernsehen das Gleiche:

Egal welche Werbung ihr anseht, die Hausfrauen sind fast immer die Idioten.

Kann mir einer einen spannenden Film über eine Hausfrau nennen? Entweder »Blond und Blöd« oder »Powerfrau«. Und wenn schon Hausfrau, dann bitteschön graue Maus und spießig – das darf doch wohl nicht wahr sein.

Das allein wäre schon die Hausfrauenrevolution wert: wenn das depperte Bild der Hausfrau endlich verschwinden würde.

Martin Meggle
Übergeschlechtliche Hauswesen

Was unterscheidet eine Hausfrau von einem Hausmann, mal abgesehen vom Geschlecht?

Nichts! Hausmann und Hausfrau sind eigentlich dasselbe. Nur minimal unterscheidet sich die (feminine/maskuline) Art, keine Kartoffeln zu schälen. Nur minimal die Art, Staub nicht zu wischen. Nur minimal die Art, sich am Grill die Finger oder den Hintern nicht zu verbrennen.

Unterschiede zwischen Hausfrau und Hausmann sind immer künstlich. Weder von Hausmann oder Hausfrau sollte die Rede in Zukunft sein, sondern von übergeschlechtlichen Hauswesen.

Das Ziel der Hausfrauenrevolution ist also, aus allen Hausmännern unterwürfige übergeschlechtliche Hauswesen zu machen. Die Idee vom häuslichen Überwesen geht ursprünglich auf Friedrich Nietzsche zurück, der den Übermenschen erfand und der schon im 19. Jahrhundert wusste, wie man nicht Staub wischt, keine Kartoffeln schält und sich nicht den Hintern verbrennt.

Brigitta Pucher

Mein Mann, mein Geschirrspüler und ich

Ich war zur Taufe meiner Nichte in der Schweiz unterwegs, hatte mir dazu – kühne Tat! – den Nachmittagsflug am Donnerstag nach Zürich erlaubt. Rückkehr erst mit dem Spätnachmittagsflug am Montag. Also genug Zeit für den Papa, seine Kleinen von der Schule abzuholen, noch gemütlich eine Kleinigkeit mit ihnenzu essen, dann zum Flughafen zu kommen, um die Mama abzuholen.

Wie gesagt, alles toll durchorganisicrt, die Kinder freuten sich, denn oft bekamen sie ihren arbeitsbesessenen Vater nicht zu Gesicht.

Ich war also in der Schweiz in meiner Funktion als Patentante, welche ich logischerweise auch dazu nutzte, die Kirche gleich nach der vollzogenen Taufe mit den anwesenden kleinen Kindern und Babys zu verlassen, damit diese (nur diese?) nicht durch die ganze Prozedur der Predigt und dem Drumherum leiden mussten. Im Haus meines Bruders angekommen, klingelte das Telefon: »Maus, unser Geschirrspüler ist kaputt, hast du die Nummer vom Techniker, bitte?«

Klar, wenn ich zu einer Taufe in die Schweiz flieg, da nehm ich immer die Nummern von all den Technikern von unseren sämtlichen Elektro-Geräten mit. Klar! Abgesehen davon war's Sonntag.

»Ja, was soll ich denn nun tun?«

Geschirr von Hand waschen. Ganz einfach.

Als ich am Montag wieder zu Hause war, fragte ich den Papa nach den Wehwehchen des Geschirrspülers: »Läuft nur ganz kurz, höchstens zehn Minuten und nur mit kaltem Wasser.«

»Hm, Schätzchen, zeig mir mal, wie du den laufen lässt.« Und dann: »Liebling, auch wenn wir nun schon seit bald zehn Jahren in diesem Haus, mit diesem Geschirrspüler leben, den Techniker brauchen wir doch nicht!« Der Herr hatte nämlich auf »Vorspülen« gedrückt. Hätte er mal hingeschaut, hätte er es sogar ablesen können. Das Leben besteht doch aus lauter Missverständnissen.

Olaf Leitner

Der suizidable Satz

Ex-Hausfrau:

Liebling, hast du bei der Versicherung angerufen wegen der – – –?

Hausmann:

Nein, bin nicht dazu gekommen, weil – – –

Ex-Hausfrau:

Hast du beim Klempner angerufen, du weißt doch, dass die Waschmaschine – – –

Hausmann:

Nein, sorry, aber ich musste einkaufen, kochen, gleich für morgen mit, dann wollte Janina zu ihrer Freundin gefahren werden, es sind zwar bloß 32 Kilometer, aber du weißt ja, Moritz ist krank und ich musste schnell zurück sein, dann hat mich auch noch der Schornsteinfeger aufgehalten und deine Mutter hat angerufen und Moritz hat die Fernsehzeitung nicht gefunden – – –, tut mir Leid.

Ex-Hausfrau:

Versteh ich nicht – ich hab das doch damals auch alles auf die Reihe gekriegt!

Hausmann:

Verschwindet wortlos in Richtung Schuppen auf der Suche nach einem kräftigen Haken und einem noch kräftigeren Strick. –

Wir werden ihm ein ehrendes Angedenken bewahren.

Richard Rogler

Heulende Männer

Ein Mann sagt: »Ich könnte heulen, aber ich mach es nicht.« Denn: Der Mann heult nie. Wenn er heult, dann heult die Frau in ihm. Heulen ist weiblich und deshalb so gefährlich für den Mann. Wenn er nur ein einziges Mal diese weibliche Seite in sich zulässt, ist er als Mann erledigt.

Im Grunde gibt es den Mann überhaupt nicht. Alle Männer sind Frauen – sie wissen es nur nicht. Weil sie die weibliche Seite in sich von jeher unterdrücken. Lieber schlagen sie sich nach außen hin blutig, von der Mensur über das Duell bis hin zum Sturmangriff. Blut muss fließen, vielleicht noch Schweiß – aber bloß keine Tränen.

Wenn Männer heulen, dann höchstens im Kollektiv. Das ist möglich. Und das ist dann gleich so bedeutend, dass es im Fernsehen übertragen wird.

Wie letztes Jahr – beim Abstieg des 1. FC Nürnberg. 50 000 heulende Männer im Frankenstadion. Ein Ereignis.

Gudrun Schilken

Momentaufnahme

Ich bin heut schlecht gelaunt. Na und. Einfach so. Nein, nein, nicht die Tage vor den Tagen. Ohne Grund. Schlecht gelaunt.

Schau in den Spiegel. Wie sieht die denn aus! Ach, das bin ja ich. Was zieh ich denn mal an? Schlechtelaunezeugs. Die Hose, die kann ich eh nicht leiden. Der Pullover kratzt. Socken in rot. Kleiner Protest. Wogegen? Gegen alles.

Kaffee schmeckt heute auch nicht. Nachrichten hören. O Graus. Aus. Stille. Auch blöd. Telefonieren? Heute lieber nicht. Okay, einkaufen. Muss ja eh sein. Schlurf nach draußen. Ach du Schreck, Sonne, wie hell. Laune besser? Vielleicht ein klitzekleines bisschen. Will keine bessere Laune haben. Jeder hat mal das Recht auf schlechte Laune. Auch ich.

Mann, wie fährt der denn? Nimmt mir einfach die Vorfahrt. A ... Ach, da ist ja ... mein Gott, wie sieht die denn aus? Was koche ich denn heute? – Nix. Keine Lust. Prompt das schlechte Gewissen: Nun reiß dich aber mal zusammen.

Warum denn? Supermarkt. Aussteigen. Kopf gestoßen. Sch ... So ein Sch ... tag heute.

Mann, wie die Sonne scheint. Eigentlich schön.

So, nun einkaufen. Kann nicht denken. Was brauchen wir denn alles? Was, so eine Menge schon wieder. Und ich schlepp alles ran. Ich Lastenesel. Immer ich. Ja, ich zerfließe heute in Selbstmitleid. Das schlechte Gewissen: Scheußlich!

An der Kasse. Supermarktkassenfrau sieht auch nicht froh aus. »Guten Morgen, ich bin müde und schlecht gelaunt?« – »Ich auch.« – »Prima, dann lass uns zusammen abhauen.« Supermarktkassenfrau lacht. Ich lache auch. Solidarität im Supermarkt.

Ich packe das ganze Zeugs auf das Band. Ich packe das ganze Zeugs in den Einkaufswagen. Ich packe das ganze Zeugs in das Auto. Ich hole das ganze Zeugs aus dem Auto. Ich packe das ganze Zeugs in der Küche weg. Wenn Männer das regelmäßig tun müssten, hätten sie längst was erfunden. Irgendwas.

Kaffee und eine heimliche Zigarette. Vor der Tür wegen des stinkenden Qualms. Zigarette aus. Geschmack im Mund. Eklig. Pfefferminzchen rein. Geht langsam besser. Die Familie wird heute Mittag eine freundlich gestimmte Mutter vorfinden. Bin das ich? Wirklich?

Marie Theres Kroetz-Relin

Spanischer Alltag

»Ciao Schatzi, ich geh mal schnell zum Reisebüro und auf die Bank, die Autosteuer zahlen.«

10.45 Uhr. Losfahren. Baustelle. Warten. Im Ort Parkplatz suchen. Vergeblich. Neue Runde. Endlich. Zum Reisebüro. Billigflug suchen. »Ja, wunderbar, nehme ich.« – »Für dich?« – »Nein, für den Göttergatten.« Zahlen mit Kreditkarte. »Deine Kreditkarte ist abgelaufen.« – »Gibt es doch nicht!« Warten. Nachprüfen. »Oh, sorry, hab mich vertippt, alles in Ordnung ...«

11.45 Uhr. Weiter. Zur Bank. Shit, Schlange. Anstellen. Junge Frau mit Kind kommt. Langeweile beim Warten. Also Quatschen.

»Ist ja süß der Kleine. Dein erstes Kind?« – »Oh, mein Gott, ja ...« Sie ist doch erst 17 Jahre. Hat ihn mit 15 bekommen und muss alles alleine machen. Ihr Mann arbeitet. Ihre Eltern leben getrennt. Beide sind 36 Jahre und gehen arbeiten ... Sie musste die Schule abbrechen, hat ihn seit der Geburt immer bei sich. Aha ... wünsch dir alles Gute! Auch hier Hausfrauenrevolution vonnöten. Komme endlich dran. »Möchte die Autosteuer hier bezahlen und ab dem nächsten Jahr bitte abbuchen ...« – »Das geht nicht.« – »Wie?« – »Sie können nur bis 11 Uhr einzahlen, steht doch drauf. Aber gehen Sie zum Amt soundso, dort können Sie bis 13 Uhr einzahlen.« – »Danke.« Weiter zum Amt soundso. Schlange, wieder anstehen. »Ich möchte das hier bezahlen und die Autosteuer abbuchen lassen.« – »Gut, macht soundsoviel ... Ne, Kreditkarte nehmen wir nicht. Nur Bargeld.« – »Scheck?« – »Ja, den auch ... Gut. Und das ist die Abbuchungsgenehmigung fürs nächste Jahr. Damit müssen Sie zur Bank und sie abstempeln lassen.« Zur Bank.

12.30 Uhr. Shit, wieder eine Schlange. Wieder Warten. Na endlich. »So, ich brauch jetzt den Stempel ...« Lächeln. »Bitte schön der Stempel. Jetzt gehen Sie damit wieder zum Amt soundso ...«

12.55 Uhr. Shit, nur noch fünf Minuten offen, das Amt soundso. Abhetzen. Gerade noch geschafft. »Hier, nun mit Stempel der Bank!« Noch mehr Lächeln. »Wunderbar. So, jetzt hau ich noch einen Stempel vom Amt drauf. Bitte. Und diesen Durchschlag bringen Sie jetzt noch der Bank ...« Wie bitte? Kein Lächeln mehr. Wut.

»Oder sollen wir das für Sie machen?« – »Ja, bitte! Danke schön.« Bürokratendeppen. Für jeden Friemel drei Durchschläge. Abhetzen zum Auto. Strafzettel? Nein, uff.

13.20 Uhr. Hetz. Kind muss um 13.30 Uhr abgeholt sein. Baustelle. Warten. Grübeln. Was kochen? Hauptsache schnell. Spaghetti mit Tomatensauce. Kind geholt. Daheim angekommen. Den Kochtopf angeschmissen.

»Warst aber lang weg, Schatzi.«

Tja, wieder nichts getan. War nur auf der Bank und dem Amt soundso ... Vormittag weg.

Wo denn nur die Zeit geblieben ist?

Susan-Barbara Hofer

Vorweihnachtsdepression

Meine einwöchige Vorweihnachtsdepression habe ich hinter mir, jetzt wo die meisten Geschenke besorgt und die Absprachen hinsichtlich der Festtagsgestaltung getroffen sind. Im Zug, auf dem Weg in mein Fortbildungswochenende, muss ich mir noch nicht mal ein schlechtes Gewissen herbeireden, schon wieder meine Zeit mit Schreiben für die Homepage zu verbringen. Und rein theoretisch weiß ich ja, dass es soviel Aufhebens nicht braucht, um die Festvorbereitungen zu treffen. Schon seit einigen Jahren versuche ich meine eigenen Ansprüche, dazu zählen auch solche, die unausgesprochen an mich gerichtet sind, kritischer zu betrachten.

Aber kuschelig und ein bisschen heilig, aufgeräumt und festlich und vor allem harmonisch will das Weihnachtsfest von uns allen dann doch erlebt werden.

Jetzt hat sich meine Familie zwar an meine immer mehr werdenden, außerhäuslichen Tätigkeiten gewöhnt. Wenn aber die Frage nach den Plätzchen aufkommt, die noch nicht gebacken sind, wenn einhellig beschlossen wird, dass es nicht so schlimm ist, wenn keine Weihnachtsterne an den Fenstern hängen, spätestens dann wird's mir doch ganz komisch im Gemüt (Neocortex hin oder her).

So ein inneres Bedürfnis, es allen recht zu machen, mir selbst natürlich auch, überkommt mich dann und wirft mich, leichter als sonst irgendwann im Jahresablauf, aus der Bahn. Dabei sollte ich es inzwischen gelernt haben zu delegieren und mich nicht immer persönlich (womöglich wieder mal mit schlechtem Gewissen) für alles verantwortlich zu fühlen. Übrigens hat Rüdiger (mein Gatte) in diesem Advent zum ersten Mal in seinem Leben Plätzchen gebacken. Sie schmecken ausgezeichnet und ich vermute zudem: die Zubereitung hat ihm sogar richtig Spaß gemacht.

Ob das auch zur Überwindung meiner depressiven Verstimmung beigetragen hat ... ich weiß es nicht.

Ob mir eine Selbsthilfegruppe bei der Bewältigung meines schlechten Gewissens in Situationen der Überforderung helfen könnte ...? Ich weiß es nicht.

An was mag es denn liegen, dass ich ein bisschen Revolution schon begonnen habe, indem ich meine Berufe als Mutter, Hausfrau, Atem- und Stimmlehrerin neben- und miteinander leben kann, sogar noch Zeit für meine Freundinnen, Raum fürs Singen und Tanzen finde und trotzdem öfter ein unterschwelliges Gefühl mit mir rumtrage, nicht zu genügen? Ich weiß es nicht.

Mach halt nicht zu viele Sachen, funkt es dann von mehreren Seiten gleichzeitig! Wie das allerdings funktionieren soll, wenn der Tag nun mal nur 24 Stunden zur Verfügung stellt und die Dinge darauf warten erledigt zu werden? Ich weiß es nicht.

Müssen sich denn Männer, wenn sie eine Familie mit Kindern wollen, auch entscheiden, ob es in Zukunft der Beruf oder der Haushalt, mit oder ohne Kinder, sein soll?

Wird vielleicht sogar das Hobby gestrichen?

Und haben sie, wenn sie sich für alles entscheiden, auch öfter mal ein schlechtes Gewissen, die Familienpflege könnte darunter leiden? Ich weiß es nicht.

Am allerwenigsten aber weiß ich eine Antwort darauf, wie ich die Revolution in mein geschlechterrollengeschädigtes Unterbewusstsein transportieren soll. Es gibt mal wieder eine Menge zu tun ... oder etwa doch nicht?

Dann strecke ich alle viere von mir und morgen kaufe ich einen Christstollen, obwohl mir der Selbstgebackene so viel besser schmeckt. Und wenn plötzlich wieder so ein schlechtes Gewissen dahergeschlichen kommt, schick ich es dahin, wo der Pfeffer wächst. Der macht gar nicht erst lange rum und heizt ihm sicher tüchtig ein. Ach, wenn es nur so einfach wäre!

Noch eine Warnung für die Übereifrigen in der Zeit der heiligen Nächte, auch Raunächte genannt. Die alpenländische Percht mag es gar nicht, wenn zwischen dem 24. Dezember und dem 6. Januar zuviel geputzt, gewaschen und gebügelt wird. Irgendeinen Blödsinn lässt sie sich mit ziemlicher Sicherheit einfallen. Bei mir war es letztes Jahr um diese Zeit der Wäschetrockner, der seine Arbeit eingestellt hat. Nun hätte ich die Wäsche ja nur aufzuhängen brauchen, aber die Waschmaschine wollte auch eine ruhigere Kugel schieben und schleuderte zur Abwechslung mit halber Kraft ...

Und glaubt bloß nicht, nur weil ihr ganz weit weg von den Bergen wohnt, könnte es euch besser als mir ergehen!

Nicole Ray

Verstoß gegen die Spielregeln

Wer als Frau offen zugibt, nie Kinder gewollt zu haben, macht sich verdächtig. Denn traditionelle Rollenzuweisungen einfach so zu verweigern, ist suspekt. Ich muss so 12 oder 13 gewesen sein – auf jeden Fall hatte ich noch nicht einmal meine Periode – da ist mir plötzlich bewusst geworden: »Eigentlich will ich keine Kinder!«

Von gesellschaftlichen Verhältnissen hatte ich damals noch keine Ahnung. Das war nur so ein Gefühl, dass die Rolle als Mutter für mich nicht das Richtige sein kann und ich in anderen Bereichen sicher besser bin als im Mutterfach. Und irgendwas muss da schon immer in mir gewesen sein. Denn ich kann mich erinnern, dass ich schon als 5-Jährige beim Vater-Mutter-Kind-Spielen das Weite gesucht habe. Mit dem »Spiel« konnte ich einfach nichts anfangen. Jedenfalls habe ich damals am Anfang meiner Pubertät auch meiner Mutter von meinem Entschluss berichtet, keine Kinder in die Welt setzen zu wollen. Ernst hat sie das damals nicht genommen. Das waren für sie die Flausen eines Teenagers.

Seither ist viel Zeit vergangen. Ich bin glücklich verheiratet, meistens zumindest, aber Kinder habe ich noch immer keine. Und mein Mann und ich haben die Entscheidung auch nie bereut. Bis heute habe ich allerdings große Probleme, das so offen zuzugeben und das Gefühl diese schlichte Wahrheit nur wirklich guten Freundinnen und Freunden zumuten zu können. Nach wie vor erscheint es mir allzu gewagt, einfach zu sagen: »Ich wollte nie Kinder und ich bin glücklich damit!« Deshalb bin ich froh, wenn niemand auf das Thema zu sprechen kommt. Was sich natürlich nicht immer vermeiden lässt. »Wollte nicht sein«, »Hat sich leider nicht ergeben« oder so was in der Art sind dann schon die Standardfloskeln, die ich mir zurechtgelegt habe, um die unangenehme Situation zu überspielen. Die meisten fragen dann nicht mehr lang nach. Könnte ja schließlich sein, dass wir keine Kinder bekommen konnten. Und ich lasse die Leute ganz gern in dem Glauben. Denn bis heute werde ich auch das Gefühl nicht los, mich für die Entscheidung gegen Kinder rechtfertigen zu müssen, weil die nackte Wahrheit von den meisten als Provokation empfunden werden könnte. Denn seit dem Tag, als mir bewusst geworden ist, dass Kinder für mich nicht das

Richtige sind, habe ich viel gelernt. Über gesellschaftliche Verhältnisse, wie die angeblich so kinderfreundliche Gesellschaft mit Frauen umgeht, die Kinder haben, und sie dann im Regen stehen lässt, aber auch wie die Gesellschaft auf Frauen und auch auf Männer reagiert, die sich »verweigern«. Von Letzterem habe ich dann schon bald einen ersten Eindruck bekommen.

Als Schülerin eines katholischen Mädchengymnasiums habe ich in einem Umfeld die Pubertät durchlebt, in dem die Rolle der Frau als zukünftige Ehefrau und Mutter unantastbar war. Die Frau durfte zwar Matura machen und studieren, aber ihre erste Pflicht war es später dann doch in ihrer Rolle als Ehefrau und Mutter glücklich aufzugehen. Und Fächer wie Ernährungslehre, Kochen und Kinderpflege sollten sie bestmöglich darauf vorbereiten. Die einzige Alternative dazu schien höchstens die, ins Kloster zu gehen. Alles andere wäre quasi einem Verstoß gegen die göttliche Ordnung gleichgekommen. Hier allen Ernstes zu sagen, keine Kinder in die Welt setzen zu wollen, wäre einem Sakrileg gleichgekommen. Kein Wunder, dass sich meine Mutter dann doch Sorgen zu machen begann. »Also so wie du bist, wirst du sicher keinen Mann bekommen!«, hat sie mich gewarnt. Was ich damals als unterschwellige Bosheit empfunden habe. Ihre eigenen Entwicklungsmöglichkeiten waren durch Ehe und Kinder stark beschränkt. Und es mag sogar sein, dass in diesem Satz meiner Mutter tatsächlich subtile Aggression gegen die Tochter zum Ausdruck kam, die ihr Leben so ganz anders gestalten wollte. Aber im Rückblick betrachtet hat sie natürlich in der Sache durchaus Recht gehabt. Das hab' ich dann sehr schnell gemerkt. Denn Männer, die ausdrücklich keine Kinder wollen, waren die absolute Ausnahme. Und ich gehe davon aus, dass es auch heute noch ganz ähnlich ist. Denn für Männer ist es immer noch entschieden leichter, sich für Kinder zu entscheiden.

Das ist einfach so. Dazu braucht man sich nur ein paar Zahlen anzusehen. »Unter Frauen mit akademischem Abschluss beläuft sich die Kinderlosigkeitsrate in Deutschland auf 40 Prozent«, berichtete kürzlich das österreichische Nachrichtenmagazin »profil«. Und laut einer Untersuchung der Universität Linz bleiben 60 Prozent der weiblichen Führungskräfte in Österreich ohne Nachwuchs, während im Gegensatz dazu 97 Prozent der Manager ihre Vaterschaft durch die Karriere nicht beeinträchtigt sehen. Die Zahlen sprechen eine deutliche Sprache. Und ich bin davon überzeugt, dass bei weitem nicht alle dieser kinderlos gebliebenen Managerinnen schon immer keine Kinder wollten, sondern einfach irgendwann die Entscheidung Kind oder Karriere treffen mussten. Weil eben beides – so wie die Gesellschaft noch immer organisiert ist – im Normalfall nicht geht. Eine Entscheidung, die einem Mann nie in dieser Weise abverlangt würde. Und die ich zum Glück auch nie treffen musste, weil die Entscheidung gegen Kinder schon lang gefallen ist, bevor mir überhaupt klar wurde, was ich später beruflich einmal machen will. Und deshalb bin ich eigentlich in zweifacher Hinsicht privilegiert. Auch wenn keineswegs gesagt ist, dass allein der Umstand der Kinderlosigkeit tatsächlich zu einer erfolgreichen beruflichen Laufbahn führt. Dazu gibt es auch im Berufsleben noch zu viele Fallstricke für Frauen. Darum halte ich es für gefährlich, einer möglichen Karriere zuliebe auf Kinder zu verzichten, die man sich im Grunde wünscht. Denn irgendwann könnte sich herausstellen, dass sich das alles eigentlich nicht gelohnt hat. Aber natürlich hat man es sehr viel leichter, wenn man nicht täglich neu den Spagat zwischen Familie und Job hinkriegen muss. Und das ist auch einer der Gründe, warum ich immer noch so große Hemmungen habe, offen meine gewollte Kinderlosigkeit einzugestehen. Es erscheint mir einfach provokant. Allen gegenüber. Aber es gibt natürlich noch einen anderen Grund. Und der hat damit zu tun, dass jemand, der sich ganz bewusst gegen Kinder entscheidet, gegen die gesellschaftlichen Regeln verstößt. Und solche Verstöße werden noch immer mit Missachtung bestraft. Und es sind keineswegs nur die Männer, die auf eine Frau, die nicht stromlinienförmig der gesellschaftlichen Norm entspricht, mit Befremden reagieren, sondern leider auch sehr viele Frauen. Trotz aller Benachteilungen und Schwierigkeiten, das Leben mit Kindern zu organisieren, ist die Konfrontation mit einer Frau, die nie Kinder wollte, offenbar eine Bedrohung der eigenen Identität. Oder meine Entscheidung wird einfach nicht verstanden. Und da schweige ich dann lieber. Was ich mir aber wünschen würde, und zwar gerade auch von Frauen, unterscheidet sich deshalb im Grunde gar nicht so von dem, was die Hausfrauenrevolution fordert. Ich möchte so respektiert und akzeptiert werden wie ich bin. Genauso wenig wie Fulltime-Hausfrauen minderbemittelte Muttchen sind, die außer Kindern, Küche und Ehemann nichts im Kopf haben, bin ich die kinderfeindliche Emanze, die nur an die Karriere denkt. Die Hausfrauenrevolution könnte für alle Frauen viel erreichen, wenn es ihr gelingt, Frauen dazu zu ermutigen, selbstbewusst und selbstbestimmt ihren Weg zu gehen. Aber damit ist mehr verbunden als nur die Änderung der eigenen Einstellung und das Zertrümmern von Klischees. Um selbstbewusst und selbstbestimmt leben zu können, egal ob als Fulltime-Hausfrau oder sogenannte Karrierefrau, müssten wir schon die Gesellschaft umstürzen. Ohne Revolution wird es nicht gehen.

Zumindest in einem Punkt kann ich die gesellschaftlichen Sittenwächter beruhigen. Aus mir ist zwar keine Mutter geworden, aber eine ganz gute Hausfrau. Denn trotz eines Glücksfalls von Ehemann bin für die banalen Dinge des Lebens noch immer ich zuständig. Den Haushalt organisieren, Wäsche waschen, einkaufen, Rechnungen einzahlen, die Buchhaltung und die 1000 anderen Kleinigkeiten, das ist mein Ressort, weil ihn, sobald es um Haushaltsangelegenheiten geht, eine unerklärliche Lähmung befällt. Dabei hat mein Mann die Arbeit im Haushalt nicht einmal von mir verlangt. »Also von mir aus brauchst Du's nicht machen«, höre ich jedes mal, wenn mich seine Laxheit im Haushalt wieder zur Weißglut treibt. Aber im Gegensatz zu ihm kann und will ich einfach nicht im Chaos leben. Und möglicherweise ist seine scheinbare Gelassenheit gegenüber jeder wie auch immer gearteten Unzulänglichkeit im Haushalt nur eine raffinierte Strategie, um sich nicht als Macho zu outen – und mich am Laufen zu halten? Vielleicht sollte ich wirklich einmal in den Hausfrauenstreik treten. Wenn sich die Wäscheberge türmen, die Wohnung im Staub versinkt, der Kühlschrank gähnend leer und sein Handy wegen einer unbezahlten Rechnung gesperrt ist – spätestens dann werde ich wohl wissen, ob er wirklich so ein Chaot ist. Oder ob das Chaos vielleicht doch Methode hat.

Petra Plaum

Die Odyssee einer Berufseinsteigerin

»Mama, ich sattle um. Beruflich, meine ich.« Meine Mutter sollte die Erste sein, die es erfuhr. »Ich werde Hausfrau, so wie du.« – »Super!«, kam es spontan aus dem Telefonhörer. »Genau wie ich? Na, dann lass dir zur Hochzeit schon mal einen Trockner, eine Mikrowelle und eine große Tiefkühltruhe, eine Spülmaschine und einen Bestellgutschein für Bofrost schenken. Finde schnell heraus, wer billig und gut deine Wäsche bügelt und such dir beizeiten eine tolle Putzfrau und einen Gärtner. Oh, und eine Kinderfrau wirst du natürlich auch benötigen! Schatz, wie viel verdient dein Verlobter noch mal?«

Oje. Meine Mama konnte ich als Vorbild schon mal abhaken. Männes Gehalt würde ihn, mich und unser Baby zwar satt kriegen, aber das war's dann auch schon.

Leider war ich begabungstechnisch ganz wie Mama – nicht wirklich zur Superhausfrau geboren. Von Geburt an kurzsichtig, hatte ich bald gelernt, bei Schmutz in meiner Wohnung einfach die Brille abzusetzen. Schwuppdiwupp, verschwunden waren Wollmäuse und Flecken. Von meinen Zimmerpflanzen überlebten allein die Kakteen und Orchideen – die fanden es prima, nur alle zwei Wochen mal einen Schuss Wasser abzukriegen. Armaturen bekam ich nie kalkrand- und Fenster keinesfalls streifenfrei, egal, wie versessen ich an ihnen herumwienerte. Mit der Zeit putzte ich immer seltener – wer rackert sich schon gerne ab ohne Hoffnung auf ein gutes Ergebnis? Meine Bügelwäsche mochte mich auch nicht, die Blusen warfen unter meinem Eisen die hässlichsten Falten, sodass ich irgendwann auf Stretchmode umstieg. Und das Essen? Tja, Ravioli und Tiefkühlpizza sei Dank, hatte selbst ich bisweilen etwas Warmes auf dem Teller. Meine selbst gebackenen Brote wurden dagegen meist so hart, dass ich eine Straße damit hätte pflastern können.

Im Brotberuf zeigte ich zum Glück mehr Talent, und dies wurde entsprechend honoriert. Meist ging ich bis acht Uhr abends arbeiten und anschließend gepflegt essen. Kam ich schließlich nach Hause, war es dunkel, zum Schlafen brauchte ich keine Sauberkeit, und morgens floh ich vor dem Dreck ins Büro, das bis dahin die Putzfee schon gereinigt hatte. Das würde nun anders werden – anders werden müssen. Ich war verliebt, ich war schwanger und ich hatte mir in den Kopf gesetzt, mein Baby selbst großzuziehen. Außerdem sollte es ja kein Einzelkind bleiben ... »Ich nehme übrigens Elternzeit, die vollen drei Jahre«, kündigte ich im Kollegenkreis an. Keiner dort hatte ein Kind, allen fiel die Kinnlade herunter. »Wie schön für dich!«, flötete Lollo. »Ich beneide dich ja so! Morgens ausschlafen, dann Tüteln mit dem Kleinen, mittags gemütlicher Klatsch im Café und abends gemeinsames Spielen mit dem stolzen Papi. Ich will endlich auch ein Baby –« – »Lass mal, Lollo«, Nina grinste irgendwie giftig. »Die kommt eh bald zu uns zurück. Ist doch totlangweilig, so mit Baby allein zu Haus. Nichts zu tun außer Spielen und ein wenig Haushalt. Eine Frau von heute fordert das doch nicht.« – »Und pass bloß auf, dass du am Ball bleibst in Sachen Arbeit«, ergänzte Jan. »Regelmäßig Fortbildungen besuchst, Krankenvertretungen schmeißt und vielleicht den einen oder anderen Abend aushilfst. Du weißt ja, die Konkurrenz schläft nicht, und wer will schon ein halbverblödetes Hausmütterchen, das technisch nicht mehr auf dem neuesten Stand ist?«

Was ich wollte? Erst mal Hausfrauenkenntnisse, und zwar schnell. Ich wählte die Nummer meiner alten Freundin Ina. Sie hatte schon ein Schulkind und somit jede Menge Erfahrung. Glaubte ich. Ina lud mich sofort ein, und so rückte ich mit Geschenk fürs Kind und Blumenstock bei ihr an. »Hallo Süße!« Ina freute sich wirklich, mich zu sehen. »Wir können gleich essen. Wenn du beim Spülen mit anpackst, haben wir sogar Geschirr dafür. Du weißt ja, Ludger und ich basteln grad an unseren Dissertationen und da hat das bissel Geld noch nicht für die Spülmaschine gereicht ...« In der Küche stapelte sich der Abwasch von mindestens zwei Wochen. Die oberen Teller zierte bereits ein kleines Biotop. Auf dem Weg zur Spüle wäre ich fast über einen undefinierbaren Haufen gestolpert. »Vitus-Korbinian hat seine Wäsche gerade mal wieder in den Gang gefeuert. Ich versuche jeden Tag, ihn zum Kooperieren mit den elterlichen Ordnungsvorstellungen zu überreden, doch ich konnte ihn noch nicht überzeugen«, sagte Ina seufzend.

»Wo ist Vitus-Korbinian denn?«, fragte ich. »In der Nachmittags-Eurythmierunde. Seine Aura hat sich schon sehr verbessert, seitdem er da ist«, erzählte Ina. Ich musterte sie – die vielen Flecken sah man sogar auf ihrer Batikbluse, ihr Haar war vermutlich seit fünf Tagen nicht gewaschen und ihr Rock hatte ein sichtbares Mottenloch unten links. Ina konnte ich als Vorbild für einen gepflegten Haushalt also auch vergessen.

Also doch die zukünftige Schwiegermama fragen? Ich atmete tief durch und wagte einen Anruf. »Hallo Elsi, ich bräuchte von dir mal ein paar Tipps in Sachen Haushalt –« – »Liebes, entschuldige, ich kann jetzt wirklich nicht lange mit dir reden. Die Teppiche sind noch nicht ausgeklopft, die Bettwäsche muss gebügelt werden und das Soufflé beizeiten in den Ofen, Walter kommt um fünf heim. Und – oh nein! Da oben sehe ich ein Spinnennetz! Also, ich ruf dich besser zurück, wenn nicht so viel zu tun ist, gell, Liebes?«

Sie rief nicht zurück, am nächsten und übernächsten Tag auch nicht. Klar, ihr Haushalt für zwei ist ihre Berufung, bei ihr findet sich nirgends ein Stäubchen und das gesamte Anwesen schmückt jeden Monat eine neue, saisongerechte Dekoration. Im Gegensatz zu mir hat sie einfach ein Händchen für diese Dinge. Gut, dass mein Mann in spe so etwas nie wichtig fand – sonst hätte er sich ja nicht in mich verliebt. Wir brauchten also keinen Perfektionismus, ich brauchte aber Unterstützung. Vielleicht sollte ich es doch direkt mal beim Arbeitsamt versuchen? Den Mutterpass in der Hand, mein Bäuchlein demonstrativ nach vorne schiebend, stürmte ich das Büro des Berufsberaters.

»Womit kann ich Ihnen dienen?«, fragte der freundlich lächelnde Beamte am Schreibtisch.

»Ich möchte eine Umschulung machen. Zur Hausfrau«, sagte ich direkt. »Gibt es dafür Kurse oder Seminare, die mich schnell fit machen? In sechs Monaten sollte ich bereits halbwegs klarkommen.«

Der Beamte runzelte die Stirn und musterte mich skeptisch über den Rand seiner Brille hinweg. »Hausfrau? Hausfrau ist doch kein Beruf. Das macht eine Frau doch mit links! Das liegt Ihnen doch sozusagen in den Genen.« – »Ja, aber, wenn ich's nun wirklich gut machen will? Dafür muss es doch irgendeine Ausbildung geben! Vitaminreich kochen, Babys versorgen, schnell und effektiv putzen –« Jetzt grinste der Beamte.

»Gute Frau, wenn Sie in Ihrem Alter noch nicht putzen können, lernen Sie's auch nicht mehr. Säuglingspflege können Sie im Krankenhaus lernen, zwei mal zwei Stunden lang. Falls Sie Kochkurse suchen – die Volkshochschulprogramme liegen in Zimmer 413 aus –« – »Vier Stunden Säuglingspflege und ein paar Abende Kochen sollen reichen, um einen Drei-Personen-Haushalt zu organisieren? Da wird man ja für's Abkassieren von Burgern länger eingelernt!« – »Tja, bei den Fastfoodketten gibt's ja auch Geld für die Arbeit. Als Hausfrau dagegen –« Er grinste schräg und gab mir die Hand zum Abschied. Ich schlich entmutigt nach draußen, und kaum hatte ich die Tür hinter mir verschlossen, hörte ich ihn auch schon ins Telefon wiehern: »Kam da doch tatsächlich eine, die wollte sich zur Hausfrau ausbilden lassen! Klar, für so was braucht man heutzutage eine Ausbildung! Womöglich noch ein Unistudium, was?«

Inzwischen weiß ich natürlich, dass der Berufsberater Unrecht hatte. Hausfrau ist nicht nur *ein* Beruf, sondern eher zehn. Ein Studium wäre vielleicht gar keine schlechte Einführung – etwas Pädagogik, viel Psychologie, ein wenig Wirtschaft, Grundwissen der Medizin, Ernährungslehre und so weiter – aber wer studiert schon fünf Jahre lang für etwas, das nicht bezahlt wird? Wird es vermutlich auch nie werden – ein faires Gehalt könnte sich nämlich niemand leisten. Wie frau die ganzen Aufgaben erledigt, dafür gibt es zum Glück Hunderte von Möglichkeiten und ebenso viele Lehrmeisterinnen. Wer mit offenen Augen und weitem Herzen die Sache anpackt, kann jedenfalls zurechtkommen, auch ohne Talent und mit schlechten Augen. Mein Nachwuchs, mein Mann und ich jedenfalls leben und sind gesund, insofern muss ich doch ab und zu was richtig machen.

Und wenn's im Rücken ziept, während sich im Kopf die Langeweile breit macht, dann ist es höchste Zeit für die Hausfrauenrevolution.

Wolfgang Hoehn
Putze Staat

Der Staat will uns an den Kragen. Zu Recht, wir profitieren von ihm, von seiner schützenden, organisierenden, reglementierenden etc. Hand, an die er uns vorsichtshalber nimmt. Manchmal drückt er sie ein wenig (zu fest, wie wir empfinden – klarer Fall), manchmal bindet er uns an wie einen Hund, den er Gassi führt, mal mehr Leine, mal weniger gebend, dann dürfen wir in anderer Leute Gärten oder auf öffentliche Wege scheißen, der Staat räumt schon auf damit, der Staat ist er, die kommunale Häufchen-Tüte parat, aber parat heißt noch lange nicht benutzt. Wer? Der Staat räumt gerne auf (mit etwas), das sieht dann so aus, als arbeitete er. Das gleicht dann mal einer vernebelten Halle, in der wuselige Lagerarbeiter eifrig Holzkisten hin und her schieben, mal gleicht dies dem verzweifelten, aber edlen Versuch, ein selbsterschaffenes Vorschriftenmonster zu bändigen. Es sieht nach Arbeit aus, ist aber keine wirkliche Wertschaffung, sondern profilneurotische Manipulationssucht. Bewegung um der Bewegung willen bereichert uns an Reisewut wie Stumpfsinn.

Wie räumen wir auf, die wir uns zum Putzen zu schade sind, wie uns das Finanzministerium gerade schwerstverdächtigt? Deutschland, das gelobte Land aller Putzfrauen, wahrscheinlich nannte man deshalb damals schon Mallorca die Putzfraueninsel, heute hängt man alle Arten von Männern dort ab, auch praktisch. Wie, Putzfrauen, das stimme so nicht? Natürlich nicht, aber leidenschaftliche Scheißhausputzen sind wir auch nicht gerade, vor allem nicht die Männer, die neoreinlichsten aller staatsgehätschelten BIProducer. Ein Mann auf den Knien vor einem Ideal-Standard? Welche Frau möchte schon solch einen Mann aushalten? Dann lieber eine Putze engagieren, notfalls geht die Hausfrau minijobben, teilzeiten oder eben anders.

Zurück zur Tatsache, dass der Staat gerne alles reglementiert weiß, das sieht dann so aus wie in einer anständigen Familie: die Kinder sitzen rückgratgerade, geschniegelt und essenstechnisch best(eck)-geschult an Vaters Tisch, Manieren allüberall, Mutter kocht leidenschaftlich, unbemerkt und klaglos, Vater darf sein Männerchen machen. Der Geschirrspüler spült ab, die Haushaltshilfe räumt weg, das Kindermädchen kümmert sich, der Babysitter hütet sittig und im Fernsehen läuft das wahrere Leben. Wenn sich dann alle das Leben erleichtert haben, kommt der fettschwarze Titelbalken: Deutsche sind faul. Faul? Ach was: Das muss man sich leisten können!

Als ob das neu wäre. Faul. Warum aber ist da der negative Beigeschmack beim Wort »faul«? Wofür arbeitet man eigentlich? Doch um sich gut zu fühlen, abends, am Wochenende, in der Freizeit, im Urlaub, den Ferien, Weihnachten, wann immer man gerade Zeit dafür findet, um zu leben, nicht um sich zu sorgen. Der Staat hätte gerne, dass jeder seiner behüteten Kistenschieber ein einziger dauerrunderneuerter, zuverlässiger Wertschöpfungsprozess mit versteuerter Frühstückspause ist. Entsprechend erfolgsorientiert belohnt er, schließlich hat er eine Aufgabe, die wir ihm selbst – blöderweise – angeschafft haben. Die Aufgabe eines jeden Einzelnen sollte dagegen lauten: genießen. Da dies interpretationslastig ist, läuft es aus dem Ruder, denn die meisten Genüsse bekommt man für Geld, wo Spaß und Freundschaft bekanntlich enden. Die Schlagzeile könnte auch so brüllen: Deutsche wissen zu leben! Darunter, kleiner: Millionen sind genügsamer als es dem Staat gut ergehen ließe; ein neuer Lebens-Ideal-Standard setzt sich durch. Was wäre schlecht daran? Das Sitzklo hat im letzten halben Jahrhundert niemand neu erfunden. Warum sollte man sich das Leben alle naslang staatlich neu umerfinden lassen?

Wer eingesperrt ist, hat nur eines im Sinn: sich aus der Umklammerung lösen; da helfen Gesetze nur, wenn sie auch gleichzeitig das Halsband lockern und viel Leine geben. Eines ist sicher: Misswirtschaft kommt nicht von unten, sondern von oben. Müßiggang ist aller Laster Anfang? Prima, so ein Laster beschleunigt den Transport der ollen Lagerkisten erheblich.

Bärbel Schermer
Familie ist Beruf – oder doch nur Berufung?

Ich gebe es hier ganz offen zu: Ich arbeite schwarz – und zwar regelmäßig und gleich für mehrere Personen. Und das auch nicht nur in einem Beruf! Ich bin nämlich sehr flexibel. So richte ich mich ganz nach dem Bedarf der Person, für die ich gerade tätig werde: Ich bin Köchin, Putzfrau, Kinderpflegerin, Erzieherin, Wäscherin oder auch Chauffeurin. Und wenn's mal richtig privat wird, dann bin ich natürlich auch noch Frau und Geliebte. Aber wie schon gesagt: nur ganz privat ...

Ich arbeite bevorzugt in den eigenen vier Wänden. Die Arbeit kommt also gewissermaßen zu mir, was eigentlich eine ganz bequeme Sache ist. Allerdings hat das auch wieder einen entscheidenden Nachteil: Es ist nämlich auch ganz schön anstrengend, denn so arbeite ich quasi rund um die Uhr. Bei Bedarf sogar bis zu 24 Stunden täglich – und das kommt in letzter Zeit häufiger vor (es ist nämlich Erkältungszeit!).

In meiner Position muss ich eine Menge Verantwortung tragen. Außerdem brauche ich Managerqualitäten, damit der Laden wirklich gut läuft. Da sind vor allem Kommunikation, Organisationstalent, Motivations- und Problemlösungsstrategien und natürlich Verhandlungsgeschick gefragt. Und das täglich in gleichbleibend hoher Qualität. Schließlich soll es den mir anvertrauten Personen (meinen Arbeitgebern, wenn Sie so wollen) rundherum gut gehen.

Ich verdiene super. Nicht, was Sie jetzt denken: Ich bekomme kein Gehalt für meine Tätigkeiten. (Das könnte auch gar keiner entsprechend bezahlen.) Aber jede Menge Anerkennung. Wenigstens manchmal. Und Lob. Gelegentlich. Und Tadel. Das schon häufiger. Vor allem, wenn ich mal wieder »zu gesund« koche. Okay – morgen gibt's wieder mal Fritten mit Ketchup und Hähnchennuggets, ihr Lieben, damit alle wieder zufrieden sind.

Damit ich finanziell über die Runden komme, jobbe ich deshalb nebenbei ganz offiziell: Ich arbeite stundenweise (vorzugsweise abends, wenn andere die müden Beine hochlegen und sich vom schweren Tagesgeschäft erholen), um mir damit auch mal was zu leisten, was die knappe Haushaltskasse sonst nicht hergibt. Einen Friseurbesuch, einmal ins Theater gehen (dafür darf ich dann nicht nur die Karte bezahlen, sondern auch noch einen Babysitter) oder sonst was Nebensächliches.

Ach ja: Und natürlich bezahle ich davon auch die Krankenversicherung, Rentenversicherung und Pflegeversicherung. Schließlich muss ich ja auch an schlechte Zeiten und das Alter denken! Und für's Allgemeinwohl berappe ich auch noch Steuern, wenn's übers Jahr doch mal ein klein wenig mehr wird mit dem Jobben.

Ist schon toll, so eine Vereinbarkeit von Familie und Beruf. Alles kein Problem, wenn man (Frau) nur will. Das hat mir auch erst kürzlich eine christlich orientierte Landesregierung verdeutlicht. Die warb nämlich sehr plakativ für bessere Vereinbarkeit von Familie und Beruf. Bloß: Welchen Beruf meinten die da nur? Ich habe ja so viele. Genau wie alle anderen Hausfrauen und Mütter auf dieser Welt.

Marie Theres Kroetz-Relin

Dampfdruck

Wie bitte meine Herrschaften? Sie werfen uns vor, wir Hausfrauen können uns nicht ernsthaft mit dem Thema Wasser auseinander setzen?

Da kennen Sie uns aber schlecht! Zum Thema Wasser fallen uns gleich Wasser sparende Kochtipps ein und auch sonst beschäftigen wir uns damit. Ja, durchaus! Wir wissen genau, dass 97,4 Prozent des Wassers auf der Erde Salzwasser und nur 2,6 Prozent Süßwasser ist! Und dass von dem Süßwasser lediglich 8 Prozent den Menschen, Tieren und Pflanzen zur Verfügung stehen! Auch dass das restliche Süßwasser die polaren Eismassen und das Gletschereis bildet, oder es als tiefliegendes Grundwasser kaum erreichbar ist, wissen wir. Na, nun sind Sie platt! Gott sei Dank beginnen die Gletscher zu schmelzen, Dank der Klimaveränderungen, denn Wasser ist nun mal lebensnotwendig.

Wasserverbrauch pro Einwohner am Tag? Tja, auch hier wissen wir Bescheid: Baden/Duschen 90 Liter Wasser + WC-Spülung 90 Liter + Waschen 20 Liter + Kochen 20 Liter + Übriges (Hobby usw.) 30 Liter. Macht total 250 Liter Wasser am Tag.

Und dies ist der durchschnittliche Wert in Mitteleuropa – da lob ich mir die Deutschen in ihrer Sparsamkeit. Schauen Sie mal: Ein Industrieland wie Deutschland hat mit durchschnittlich 129 Litern pro Person und Tag, wovon lediglich 2 Liter getrunken werden, einen vergleichsweise niedrigen Wasserverbrauch.

Schauen wir mal in die USA, da liegt in Südkalifornien dieser Wert bei über 3 000 Litern. Ist halt der american way of life mit swimmingpool, carwashing, fun, eben das Land ohne Grenzen.

Was? Dass, einem Sahel-Bewohner im Schnitt nur 30 Liter Wasser am Tag zum Trinken, Kochen und Waschen zur Verfügung stehen, so viel, wie ein Bewohner Deutschlands tagtäglich allein für die Toilettenspülung verwendet? Ach, das hab ich jetzt aber nicht gewusst. Die tun mir aber Leid, da sollten wir doch gleich mal einen Spendenaufruf starten.

Ob ich weiß, dass täglich jeden Tag 100 000 Menschen an den Folgen von Nahrungs-, Trinkwasser- und Vitaminmangel sterben, bzw. an den daraus resultierenden Krankheiten, wie durch verseuchtes Trinkwasser? Das sind 58 Prozent aller 62 Millionen Menschen, die im letzten Jahr gestorben sind!

Sagen Sie mal, jetzt wollen Sie aber keine arme kleine Hausfrau angreifen, gell? Ich bin doch nicht für diesen Völkermord zuständig!

Was tut denn schon eine Haufrau, he? Na, das wenig Wäsche waschen, das ist doch nicht so schlimm, und von dem bisschen Abflussreiniger im Klo geht die Welt auch nicht unter.

Wie bitte, jetzt sagen Sie auch noch, dass wir für die Industrie verantwortlich sind? Dass weder Klopapier noch ein Auto ohne Unmengen von Wasser hergestellt werden können und dass diese Abwässer unser Grundwasser, Flüsse und Seen verseuchen? Also dann machen Sie mal einen Punkt. Schauen Sie doch in die Landwirtschaft: Dünge-, Schädlingsbekämpfungsmittel und Pestizide verseuchen unseren Boden und bescheren uns den sauren Regen. Bloß damit wir die schönen roten Paprikaschoten haben und die Dumbo-Maiskolben! Nee, ich mach da nicht mit. Jedenfalls kaufe ich nur Bio. Mein Gewissen ist rein, wo Bio draufsteht ist auch Bio drin. Basta. Und bei Fleisch? Ne, also Bio-Fleisch ist mir zu teuer, sorry. Ob mir klar ist, das ein Viertel der gesamten Getreideernte der Welt jedes Jahr als Futter für die Rinderherden der reichen Länder verwendet wird? Ähm, Rinderwahnsinn.

Aber ich weiß jetzt echt nicht, was Sie wollen, ich bin doch nur ne Hausfrau! Was mach ich denn schon: Alltag ein, Alltag raus, sogar den grünen Punkt pflege ich. Und einmal im Jahr Urlaub. Und da flieg ich auf so ne Touristen-Insel. Und freu mich, dass mein Bett täglich frisch bezogen wird, meine Handtücher täglich gewechselt werden und ich im Pool baden kann. Wenn ich im Meer bade, gehe ich anschließend duschen, denn den ganzen Dreck der vielen Touristen und die ekligen Algen, die durch das Abwasser entstehen, empfinde ich als unangenehm auf der Haut. Man gönnt sich ja sonst nichts! Und das Freizeitangebot nehmen wir gerne wahr. Mein Göttergatte schiebt halt so gern ein Bällchen von einem Loch zum anderen. Golf spielen entspannt. Was kann ich denn dafür, dass auf einer Ferieninsel, in einer Wüstengegend, im Umkreis von 15 Kilometer, drei Golfplätze entstehen? Das kann man auch positiv sehen, die da unten leben doch vom Tourismus! Und ihre Euro-Bananen brauchen auch pro Staude 4 bis 5 Liter Wasser am Tag, bringen aber kein Geld.

Hören Sie auf zu lästern, wir Hausfrauen sind ja da wirklich harmlos. Schauen Sie sich doch die Politiker, die so genannten DINKS (double income no kids), die Herren Manager der Industrie und der Wirtschaft an: Was die an Wasser verbrauchen und das nicht nur zum Scheißen.

Zuerst bombardieren Sie den Irak, und zwar so, dass eine Stadt eine Woche ohne Strom und Wasser überleben muss und pappen dem eh schon geschüttelten Land im Anschluss auch noch ne UN-Sanktion drauf, wie zum Beispiel ein Verbot zur Einfuhr von Chlorin für die Trinkwasserbehandlung (könnten ja Waffen daraus gemacht werden).

Und diese gleichen Herren treffen sich dann beim Stockholmer Wassergipfel und warnen davor, dass im Jahr 2025 nahezu ein Drittel der Weltbevölkerung, 2,7 Milliarden Menschen, in Regionen mit schwerer Wasserknappheit leben werden und durch Verknappung und ungleiche Verteilung drohen Konflikte um Wasser zwischen verschiedenen Nutzern wie der Landwirtschaft, der Industrie und den städtischen Haushalten, zwischen Regionen oder zwischen Staaten.

Haha, da drohen Sie gleich mal mit den nächsten Kriegen, wenn's Öl ausgeht sozusagen! Auch die Waffenindustrie muss ja von was leben, gell?

Und die gleiche UN warnt in einem Bericht vom Juni 2002 davor, Wasser in erster Linie als Wirtschaftsgut zu betrachten und es allein den auf Gewinnerzielung ausgerichteten Marktinteressen zu unterwerfen. Stattdessen müssten die Versorgung mit Trinkwasser und die Abwassersanierung als Menschenrechte verstanden werden.

Sie schweigen? Tja, wir Hausfrauen mögen zwar doof sein, aber unser Wässerchen werden Sie *nicht* trüben, solang uns nicht das Wasser bis zum Hals steht.

Schönen Tag noch.

Brigitte Hieronimus

Männer sprechen – Frauen reden

Schuld ist der Staat, sagt die Frau und stellt dem Mann die Kaffeemaschine an. Wenn der uns Frauen gleichberechtigen würde, sähe die Welt gleich anders aus, und schmiert dem Mann das Brot.

Verschlafen wankt der Mann an den Frühstückstisch, greift nach der Zeitung und schweigt.

Schuld ist der Gesetzgeber, der uns Frauen benachteiligt, die sich zwischen Familie und Beruf entscheiden müssen, und kocht dem Mann ein Ei.

Gähnend blättert der Mann zur Sportseite.

Schuld sind die Beamten, die auf höchster Ebene entscheiden, wie viel Rente wir Frauen bekommen, wenn wir nur Hausfrau bleiben, und stellt dem Mann den Teller hin.

Ihr habt ja die Wahl, wenn ihr heiratet, sagt der Mann und beißt ins Brot.

Schuld sind die Nachrichten, die uns Frauen Angst vor der Zukunft machen, und schenkt ihm Kaffee ein.

Der Mann legt die Zeitung beiseite und wendet sich der Katze zu, die um seine Beine streicht.

Schuld sind die Ärzte, die uns Frauen Pillen verschreiben, die wir gar nicht brauchen, und packt seine Brote in den Frühstücksbeutel.

Ihr müsst ja nicht hingehen, wenn ihr das nicht wollt, antwortet der Mann und rotzt ins Taschentuch.

Natürlich müssen wir nicht hingehen, antwortet die Frau und poliert einen Apfel, den sie neben den Frühstücksbeutel legt.

Und warum geht ihr?

Weil wir jemanden brauchen, der uns sagt, was gut für uns ist, und füllt den restlichen Kaffee in die Thermoskanne.

Wieso wisst ihr das nicht selbst?, fragt der Mann, steht vom Tisch auf und zieht sich die Unterhose stramm.

Die Katze folgt ihm.

Weil wir uns unentwegt um andere kümmern, ihnen jeden Wunsch von den Augen ablesen, uns abrackern, uns abmühen, und aufopfern bis aufs Blut. Und was ist der Dank?

Wer sagt euch, dass ihr das tun müsst?, gurgelt der Mann im Bad und schnäutzt ins Waschbecken.

Weil es ja sonst niemand tut. Einer muss es ja tun. Die Frau trägt dem Mann die Hosen nach und stellt ihm seine Schuhe hin.

Da ist ein Fleck drauf, sagt der Mann.

Wo?

Ich seh keinen, sagt die Frau, und bückt sich.

Doch, da ist einer, siehst du ihn denn nicht? und gibt der Frau einen Stups.

Sie wankt.

Stimmt, da ist ein Fleck.

Sie nimmt einen Zipfel ihres Nachthemdes und poliert den Fleck weg.

Wolfgang Sréter

Mehr nicht

Der Beginn ist weder wichtig,
noch wissen wir, wann er kommen wird.
Wenn wir im Strudel sind, denken wir:
Es hätte auch anders sein können.
Mesa Selimovic

Obwohl keine Flugzeuge mehr Bomben auf ihre Heimat werfen und die Republik nach dem Mord an dem alten einen neuen Präsidenten hat, redet Frau K. oft vom Krieg. Der Sohn und der Enkel waren im Kosovo eingesetzt und monatelang wusste niemand in der Familie, ob sie noch am Leben waren. Am Anfang hatten sie sich regelmäßig über das Telefon gemeldet, aber mit jeder Bombardierungsnacht war das Nachrichtennetz brüchiger geworden.

Seit zweiundzwanzig Jahren lebt Frau K. in Deutschland, viele davon illegal. Im Alter von einunddreißig hat sie ihr Dorf nördlich von Belgrad verlassen, um dem Bruder nach Paris zu folgen. In einem Keller nahe dem Place Pigalle in der Rue de la Mire 32, im 18. Arrondissement, saß sie jahrelang an einer Ledernähmaschine und stellte Handtaschen her. Aus dieser Zeit hat sie ihre kräftigen Unterarme. Von Frankreich ging sie in die Schweiz, 1989 kam sie nach München. Nun lebt sie wieder im Keller.

Frau K.s Tag beginnt um vier Uhr früh. Sie fährt mit der Straßenbahn in die Münchner Innenstadt und putzt Büros. Die Räume müssen sauber sein, bevor die ersten Klienten kommen. Es macht keinen guten Eindruck, wenn zu Beginn der Arbeitszeit Kübel mit schmutzigem Wasser auf dem Gang stehen. Fällt ihre Straßenbahn aus, geht sie zu Fuß, denn Zuverlässigkeit ist unter den Bedingungen, unter denen sie arbeitet, eine Notwendigkeit. Der Sommer ist ihr lieber als der Winter, aber nicht der Wärme wegen. Im Sommer braucht sie kein Licht zum Arbeiten und kommt bei Helligkeit nach Hause.

Ist sie in den Büros fertig, geht Frau K. in die Haushalte. Dort wird sie auf einen Diktator angesprochen, über den ein internationaler Gerichtshof urteilt, und hört Meinungen über eine Regierung, die sie nicht gewählt hat. Sie weiß, wie man in deutschen Haushalten über »die Serben« spricht. Sie hat es oft genug gehört. Sie macht ihre Arbeit gut und schnell. In einem Land wie Deutschland werden an die Sauberkeit hohe Anforderungen gestellt. Und an ihr Gedächtnis, denn ein Adressbuch könnte bei einer Kontrolle nicht nur sie, sondern auch ihre nahezu sechzig Auftraggeber verraten. Über ihren großen Schlüsselbund würde sie sagen, dass sie den gerade an der Ecke gefunden habe.

Wenn die Arbeit in den Haushalten getan ist, kehrt sie zurück in die Büros. In der Straßenbahn oder im Bus ruht sie ein wenig aus, achtet aber darauf, nicht einzuschlafen. Dem Anschein nach ist sie eine gut gekleidete ältere Dame, die vom Einkaufen nach Hause fährt. U-Bahnen meidet sie, dort sind die Kontrollen zu häufig. Es könnte sein, dass man sie trotz einer gültigen Fahrkarte nach dem Pass fragt. Meist hat sie ein Paket Wäsche aus irgendeiner Familie dabei. Frau K. kann nicht nur gut nähen, sondern auch über Nacht Berge von Wäsche bügeln. Hat sie an einer Arbeitsstelle nichts zum Essen bekommen, kauft sie unterwegs in einer Bäckerei ein.

Sie würde sich nie aus einem deutschen Kühlschrank bedienen, auch wenn es ihr angeboten würde.

Seit Frau K. sechzig wurde und die Gesundheit nachlässt, werden die Pausen kürzer und seltener. Sie lacht noch immer gerne, aber nicht mehr so ungezwungen. Sie hat Angst, den Ansprüchen nicht länger gerecht zu werden. Sie sagt oft »bei uns«, obwohl sie allein lebt. Ihre Schwester wohnt in Salzburg, aber trotzdem es nun keine Grenze mehr zwischen Deutschland und Österreich gibt, wagt sie nicht, das Land zu verlassen. Ist sie krank, konsultiert sie einen serbischen Arzt. Dort zahlt man bar und wird in keine Kartei aufgenommen. Der Arzt macht in der Praxis auch kleinere Eingriffe, damit seine Patienten keine Klinik aufsuchen müssen.

Am Wochenende geht Frau K. zum Busbahnhof. Sie erkundigt sich nach der Heimat. Nachdem zu Zeiten des Krieges deutsche und italienische Minenhersteller gute Geschäfte gemacht haben, verdienen nun ausländische Firmen, die die kleinen schmetterlingsähnlichen Minen suchen und entschärfen. Die Donaubrücken sollen wieder zusammengeflickt werden. Es wird über ein internationales Programm nachgedacht, wie die Verschmutzung des Flusses, verursacht durch die Zerstörung der Raffinerien, eingedämmt werden kann. Manchmal, wenn einer der Busfahrer den Namen einer jugoslawischen Stadt oder eines Dorfes nennt, macht er mit der Hand eine waagrechte Bewegung. Diese Bewegung sieht aus wie der Teppich, den die NATO mit ihren siebenhundert Bomben täglich über den Präsidenten und seinen Palast legen wollte.

Frau K. schickt Geld nach Hause. Der Bote bekommt zehn Prozent des Betrages. Dies ist sicherer als eine Banküberweisung. Außerdem hat Frau K. kein Konto. Das Geld wäre verloren, wenn sie aus Deutschland abgeschoben würde. Sie schickt Wasch- und Lebensmittel, Turnschuhe und T-Shirts. Sie bittet meinen Sohn, die Hemden zu probieren, denn er ist so groß wie ihr Enkel. Wenn ein T-Shirt uncool ist, gibt mein Sohn Frau K. einen Tipp und sie tauscht das Hemd um. So wird eine Verbindung zwischen ihrem Enkel und meinem Sohn hergestellt, ohne dass die beiden sich kennen.

Aus ihrem Dorf bekommt Frau K. Paprika, Schafskäse, geräuchertes Fleisch und manchmal ein Huhn in einer Kühltasche. Da sie allein lebt, teilt sie die Lebensmittel mit ihren deutschen Arbeitgebern. Es gibt Familien, die kennen keinen besseren Schafskäse als ihren. Nur im Urlaub in Griechenland, sagen sie, schmeckt er manchmal noch würziger, wegen der Sonne und dem Wein. Im Moment geht Frau K. vergeblich an den Busbahnhof. Die Schwiegertochter liegt im Krankenhaus, dort aber kann man ihr nur helfen, wenn Frau K. Medikamente schickt. Sie telefoniert mit den Ärzten und lässt sich die Namen der Präparate buchstabieren.

An hohen Feiertagen besucht Frau K. die kleine serbische Kirche im Südteil der Stadt. Falls sie Urlaub bekommt. Viele ihrer Arbeitgeber haben dafür kein Verständnis, denn das serbisch-orthodoxe Kirchenjahr ist nicht Teil deutscher Leitkultur. Den Priester der kleinen Gemeinde kennt man seit den Bombardierungen aus dem Fernsehen. Er wurde immer gefragt, ob er für oder gegen diesen Krieg sei. Er war gegen den jugoslawischen Präsidenten, dessen Namen er im Gegensatz zur Reporterin richtig aussprach, gleichzeitig auch gegen den Krieg der NATO. Das passte nicht zusammen, aber man gab ihm keine Gelegenheit seine Meinung auszuführen.

In der Kirche zündet Frau K. fünf Kerzen an: Eine für ihren Mann, der in einem deutschen Bergwerk ein Bein verloren hat, eine für den Sohn, eine für den Enkel, eine für die Schwiegertochter und eine für sich. Sie betet um Gesundheit und dafür, dass sie noch lange arbeiten kann, denn ihr Geld wird in der Heimat dringend gebraucht. Sie wird nie mehr in das Dorf Sladja, in dem sie geboren wurde, zurückkehren, denn dort wäre sie genauso fremd wie in Deutschland.

Frau K. überquert Straßen nur mit äußerster Vorsicht. Ein Unfall wäre eine Katastrophe, selbst wenn sie ihn nicht verschuldet hätte und nicht verletzt wäre. Auch ein Überfall. Sie meidet Seitenstraßen und sucht belebte Plätze. Um vier Uhr morgens ist das schwierig. Vor kurzem musste sie, auf dem Weg zu einer neuen Arbeitsstelle, eine Fußgängerunterführung benützen. In der Dämmerung sah sie die Jugendlichen zu spät. Sie versuchte zu flüchten, wurde aber von ihnen gestellt, bevor sie wieder ins Freie kam. Für solche Fälle hat sie ein paar kleine Scheine parat. Sie zeigt sofort ihre ansonsten leere Handtasche und die Plastiktüten. Sie vermeidet es dabei, jemandem zu nahe zu kommen, denn den Rest des verdienten Geldes trägt sie am Körper. Manchmal sagt sie: »Gott hat geschlafen, als ich auf die Welt kam.«

Mehr nicht.

Definition Mutter

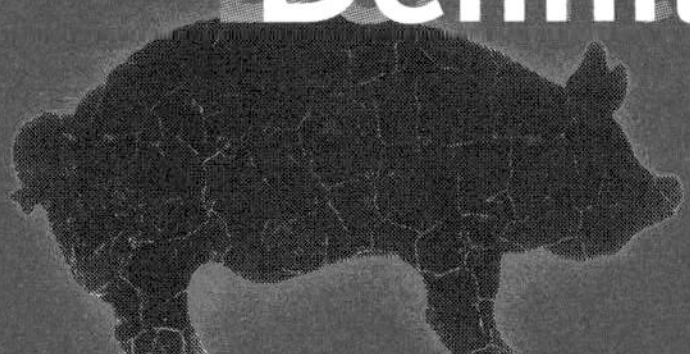

Marie Theres Kroetz-Relin

Tochter von ...

»Die Chancengleichheit fängt bei den Großmüttern an. Mütter sind das Zentrum der Welt, und wo Mütter versagen, versagt irgendwann auch die Gesellschaft. Woher nimmt ein Kind das erste Begreifen, eine Ordnung, in die es hineinwächst, – woher die erste Orientierung in diesem Wunderland Leben, woher das erste Vertrauen, daß es dazugehört und wie es dazugehört.«

Maria Schell – Kostbarkeit des Augenblicks

»Sind Sie nicht die Tochter von –?«, werde ich am Flughafen, im Supermarkt oder sonst wo angesprochen.

»Ja, die bin ich«, gebe ich mit einem professionellen Lächeln retour.

»Hab ich es mir doch gleich gedacht, dass Sie die Tochter sind! Das finde ich aber schön, dass ich Sie mal sehe. Wissen Sie, ich habe Ihre Mutter immer so verehrt. Die vielen Filme!«, sprudelt es aus der Frau heraus.

»Das freut mich«, antworte ich mit einem schon etwas strengeren Ton.

»Ganz wie die Mama!«, beginnt die Frau wieder. »Die gleichen Augen, die gleiche Stimme ... und genauso nett wie die Frau Mama!«, und klopft mir liebevoll auf die Schulter.

»Dankeschön«, ich schlucke und will fliehen. Das merkt die Dame.

»Dann will ich nicht weiter stören. Liebe Grüße an die Frau

Mama … von einer Verehrerin!«, meint sie schmunzelnd und ist im Begriff zu gehen. Sie dreht sich noch einmal kurz um und fragt: »Ach, und wie heißen Sie gleich noch mal?«

Tja, ich war immer die Tochter von – von einer guten Mama, aber eben einer berühmten und vor allem einer berufstätigen. Meine Mutter bekam mich erst im Alter von 40 Jahren. Und als Kind stellte ich mir immer vor, dass frau erst ab 40 Kinder bekommen kann. Der Beruf geht ja vor und das war für mich durchaus normal.

Ich war immer stolz auf meine Mama, obwohl mich dieses Berühmtsein auch sehr belastete. Und das viele Abschiednehmen, denn meine Mutter war eben viel und teilweise monatelang unterwegs. Ich hasse Abschiede bis auf den heutigen Tag, gerade weil mir bewusst ist, dass sie einen ein ganzes Leben begleiten.

Gut, dass meine Mama auch die Tochter von jemandem war und zwar von meiner Großmutter, genannt Omutti. Diese Frau war einfach unglaublich, sozusagen meine Mama Nr. 2. Von Omutti hab ich alles gelernt, was eine Hausfrau und Mutter im Leben so wissen sollte. Und sie war für mich da, wann immer ich sie brauchte.

Meine Großmutter hat mich also sehr geprägt und unterbewusst kopierte ich sie: Sie war verheiratet mit einem Dichter – ich bin es auch. Sie wurde ganz jung Mutter, hat vier Kindern das Leben geschenkt und ihre Schauspielkarriere dafür aufgegeben – kommt mir bekannt vor, nur hab ich nach dem dritten Kind gestreikt.

Sie war eine hervorragende Köchin, liebende Mutter, Lebenskünstlerin mit viel Phantasie … und hat viele ihrer Begabungen nicht ausgelebt.

Mit 21 wurde ich schwanger – da zu blöd zum Verhüten – und das ausgerechnet von einem Dichter. Also nix erst mit 40 –

Mit 28 war ich dann auf dem Höhepunkt meiner neuen Karriere: »voll ausgebildete«, dreifache Mutter, insgesamt 27 Monate schwanger, viereinhalb Jahre Milchlieferant, seit sechs Jahren bereits im Dauereinsatz.

Jetzt war ich also selbst eine »Mutter von«.

Vor kurzem besuchte ich mit meiner Familie ein Musikfestival. Ich ging mit meiner großen Tochter Josephine ein Stück voraus und wir blieben vor einem Piercing-Stand stehen.

»Willst du ein Bonbon?«, baggerte der junge Verkäufer meine pubertierende Tochter an, während ich mich bemüht auf die Piercing-Ringe konzentrierte.

»Danke«, sagte sie etwas verlegen.

»Wie oft hab ich dir schon gesagt, du sollst keine Guttis von fremden Männern annehmen!«, lachte ich mit mütterlichem Unterton. Da drehte sich der Verkäufer zu mir, bot mir auch ein Bonbon an und hauchte die Chance Nr. 2 an: »Aber wenn die Mama doch nicht dabei ist!«

Es war ein wunderbarer Anblick, als wir dem Jüngling in Stereo offenbarten, dass ich die Mama sei und somit seine Chancen sich in Null auflösten. Das nenn ich Chancengleichheit. Als er dann auch noch meine beiden anderen Kinder sah, war er fassungslos. Und wir waren schlicht und ergreifend stolz, Mutter wie Tochter.

Es gibt also in einem Leben mehrere Varianten von »Mutter«. Sie erinnert an eine Begleitmelodie in einem Stummfilm: Bewegend, bestimmend, immer anwesend, mal melancholisch, mal heiter, mal tröstend, mal wütend, mal ängstlich.

Muttersein bedeutet Erfüllung und Verzicht in einem.

Und wenn ich auf eins in meinem Leben nicht verzichten möchte, dann ist es mein Adelstitel »von«.

Lisa Fitz

MAMA

Lo piu importante de la vita é la mamma ... l'amore de la Mamma!

Die Mama ist Alpha und das Omega im Leben eines Menschen. Natürlich nicht nur positiv.

Der Satz »Du bist wie deine Mutter!« kann eine monatelange Ehekrise auslösen.

Mütter sind ja auch Superglucken, Kontroll-Monster, Dominas, böse Königinnen, Jammerlappen. Und Mutterliebe ist oft leider so, wie wenn sich ein riesiges Riesenhuhn auf ein Küken setzt, weil es nicht gecheckt hat, dass das kein Ei mehr ist.

Aber gibt es etwas Existenzielleres als die Mutterliebe? Schon das Wort: Mutter ... Mama!

Welche Gefühle löst das aus! Es gibt nur eine Mutter, eine Mama – auch wenn sie nervt wie Sau. Und wenn sie nicht mehr ist, dann weiß man das.

Und woran denkt man bei ... Mama?

An Liebe, Wärme in warmen Armen, Wurstbrote, Windeln, Wisi-Machen, Happihappi, Geborgensein, Gutenacht-Geschichten von kleinen, weichen Tieren.

Etwas, das nie wieder kommt in dieser kalten, harten Welt der Erwachsenen, in dieser frostigen, einsamen Welt, wo der eisige Wind des Geldes und des Krieges weht. Etwas, das verloren ist für alle Zeiten und nur hier drinnen weiterlebt ... die Kindheit.

Die Mama, die einem immer vergibt – auch wenn der Sohn ein Mafiaboss ist. Dann wäscht sie das Blut aus dem Anzug und sagt:

»Du bist mein Sohn!« und kocht einen dampfenden Teller Spaghetti. Schon Aristoteles hat gesagt: »Mütter lieben ihre Kinder mehr, als Väter es tun, weil sie sicher sein können, dass es ihre sind.«

Aber so wichtig, wie sie ist, die Mama, so lächerlich und lästig ist, wenn sie alt ist und ausgedient hat.

Dann will man sie nicht mehr, dieses fleischgewordene, schlechte Gewissen, diesen wandelnden, zahnlosen Vorwurf, der zwölf Monat im Jahr auf Besuch wartet, diesen Versorgungsterror, diese Bemutterung, die den Mann an der Mannwerdung hindert, diese verkappte Herrschsucht und dieses Opfer-Genöle: »Was habe ich alles für dich getan … und nun? Ist das der Dank? Du lässt deine alte Mutter so alleine!«

Man hat eine Umfrage gemacht – 1999! – was Söhne an ihren Müttern kritisieren: *Schwäche!!*

Sie können ihre Ziele nicht durchsetzen, ihre Meinung nicht durchsetzen gegen Vati –

Normalerweise hat man ja Mutti und Vati – aber Vati tritt eher als Drohung in Erscheinung.

Ich habe das abgekürzt in WbVh: Wart, bis Vati heimkommt!

Vati ist nie da, also ist die Mutter an allem schuld – seit Freud.

Wundert mich, dass man sie noch nicht abgeschafft hat.

Das Problem ist ja nicht, dass die Söhne zu Männern werden … wollen – sondern dass Sie lebenslang Söhne bleiben!

Die meisten Beziehungen scheitern daran, dass der Mann seine Partnerin als eine Art Mutter betrachtet.

Hat er so gelernt. Haben wir ihm so gezeigt.

Aber das ist doch schrecklich, wenn der Alte in Momenten der höchsten Lust sagt: »Hat's dir auch gefallen, Mutti?«

Mutti soll Suppi kochen, putzen, schmutzige Unterhosi waschen.

Ein Dreijähriger kann sein Nutellabrot nicht allein schmieren, aber ein 30-Jähriger doch wohl!

Mütter machen Männer. Also sollten wir intelligent bleiben.

Warum klopft man Babys nach der Geburt auf den Popo? Bei den Intelligenten fällt der Penis ab!

Mutter und Sohn. Das scheint mir die einzige, noch verlässliche Beziehung in dieser Gesellschaft zu sein.

Glorifiziert, mystifiziert, ödipussiert ... und vielen Mächtigen ein Dorn im Auge und höchst suspekt, diese Allianz – und lieber heute als morgen möchten sie uns die Söhne entreißen für ihre dubiosen Ziele – in ihre männliche, protzige Welt.

Aber bis es dahin kommt, ist es ein langer Weg. Anfangen tut's so:

Millionen Spermien kämpfen um den Sieg, einer nur kann gewinnen – und wir wissen, wie schwer das ist für desorientierte männliche Wesen, die nie nach dem Weg fragen –

Einer nur kann gewinnen – und sich mit dem Ei vereinigen, dem Ei, das protzig wartet: »Na ja, jetzt schau ma moi, wer der Stärkste ist, jetzt bleib i amoi da hocka und tua nix – des kann i guat. Oana wird sie scho durchsetzn, der Beste und der Schnellste!«

Und da kommt er schon! Wow! Bäng! Crash!

Und dann wächst und wächst dieses Winzige, Unsichtbare und wächst und wächst und kommt heraus: Die Geburt, das dramatischste Ereignis in der Natur – wird groß und größer, kackt in die Windeln, spuckt auf das Lätzchen, lernt das Laufen, macht Abitur.

Und hier ist er ... mein gewesenes Ei, mein genetischer Glücksfall, Wunder der Natur, the Winner is – Nepo!

Josephine Kroetz

Gefühle eines pubertierenden Menschen

»Warum bist du nur so störrisch?«

»Warum verstehst du nicht, was in mir vorgeht?«

»Du willst nicht, dass ich dich verstehe, du erzählst mir gar nichts.«

»Du lässt mich doch nicht mal zu Wort kommen!«

Stille.

»Wenn du mir sagen würdest, was mit dir los ist, dann könnte ich dir helfen.«

»Du könntest nie verstehen, wie ich die Welt sehe, nicht einmal wenn du durch meine Augen schauen würdest.«

Tür zu, Kind sauer, Mutter traurig.

Das ist der Endeffekt nach einem Streit zwischen Mutter und Kind, und jeder, der eine Mutter oder ein Kind hat, kann das nachvollziehen.

Selena stürzte in ihr Zimmer, wild entschlossen von zu Hause abzuhauen und nie wieder zurückzukommen. Doch so weit kam sie erst gar nicht. Ihre Wut raubte ihr die ganze Kraft. Total erschöpft warf sie sich auf ihr Bett und zählte die Tränen, die ihr über ihr Gesicht, das dem ihrer Mutter so ähnlich war, liefen.

In ihrer Aufregung schlief sie ein. Um sechs Uhr früh erwachte sie wieder. Sie hatte einen wunderbaren Traum gehabt, der ihr sehr viel erklärt hatte.

Wild entschlossen setzte sie sich an ihren Schreibtisch und

schrieb jenen Brief an ihre Mutter, der für immer in ihrem Gedächtnis versiegelt bleiben sollte:

Liebe Mama,

ich werde dir in diesem Brief von einem Land erzählen, von dem du weißt, dass es existiert, in dem du aber noch nie warst!

Ich war dort, und ich kenne dieses Land schon sehr lange. Es ist ein wunderschönes Land, ein Land wie in einem Bilderbuch.

Es hat große grüne Wiesen, auf denen Blumen aller Art wachsen! Rote, gelbe, blaue Blumen. Am liebsten mag ich die rot-blauen Orchideen.

In diesem Land gibt es auch einen wunderschönen breiten Fluss! Wenn man auf seinen Grund schaut, sieht man lauter glitzernde Steine, wunderschöne bunte Fische und herrlich geformte Steine!

Dort steht auch ein tiefer Wald, in dem man den ganzen Tag schöne Rehe, Füchse und andere Waldtiere beobachten kann!

Wenn man über die Landschaft schaut, sieht man in der Ferne einen riesigen Berg, man nennt ihn »den Kleinen«, er sieht gefährlich aus, doch alle wissen, dass er nie etwas Böses tun könnte. Der Kleine trennt das Land vom Meer, in dem lauter Delphine schwimmen.

In diesem Land ist ein kleines Dorf. Ich kenne jeden dort. Aber weißt du, was ich an diesem Dorf so sehr bewundere? Es gab dort noch nie Streit.

Frag mich nicht, wie das kommt. Ich weiß nur, dass es so ist. Alle lieben sich dort, alle helfen sich gegenseitig, es ist wie in einem schönen Buch. Du magst jetzt denken, dass ich dir eine erfundene Geschichte erzähle, aber nein, dem ist nicht so, dieses Land gibt es wirklich!

Nun ja, eines Tages, geschah etwas, das noch nie in diesem Dorf passiert war. In diesem Land, in dem alles so perfekt war, passierte etwas Schreckliches! Es gab ein Erdbeben! Es wurde niemand verletzt, aber jeder der eine Seele besitzt, hatte das Gefühl sein Innerstes würde einfach in sich zusammenbrechen! Plötzlich hatten alle furchtbare Angst, nochmals so verletzt zu werden. Warum nur, war das passiert?

Wochen später, als die alte Harmonie wieder mehr oder weniger eingekehrt war, passierte das Gleiche noch einmal! Doch diesmal herrschte nicht nur Bestürzung in den Seelen der Lebewesen, sondern auch in der ganzen Landschaft! Es zogen heftige Gewitter auf, die den Fluss über die Ufer treten ließen. Die Blumen auf der großen Wiese wurden dunkel und falteten sich zusammen. Der Wald wirkte so bedrohlich und dunkel, dass sogar die Waldtiere flüchteten. Das Meer begann zu schäumen und riesige Wellen donnerten gegen »den Kleinen«. Es schien, als würde dies die Ruhe des Berges stören, und es passierte etwas völlig Unerwartetes. Er explodierte und große Lavawogen ergossen sich über die Landschaft!

Keiner wusste, was zu tun war, als plötzlich ein Wunder geschah:

Der über die Ufer getretene Fluss vermischte sich mit der Lava, die dadurch erlosch, und ein großer Teil wurde in das salzige Meer geschwemmt. Ein weißlicher Dampf stieg auf! Die Gewitter ließen nach. Das Wasser floss ab.

Weißt du, warum ich dir das erzähle?

Du wirst denken, dass das hier überhaupt keinen Sinn ergibt, aber ich versichere dir, du weißt, von welchem Land ich spreche!

Ich spreche von meiner Seele!

Die großen Wiesen sind meine Hoffnungen, die Blumen die Lichtblicke.

Der über die Ufer getretene Fluss sind die Tränen, die ich vergieße, die sich mit meiner Wut mischen: der Lava.

All das versuche ich zu verstecken: in den unendlichen Tiefen des Meeres. Doch obwohl ich es versuche, schaffe ich es nicht ganz. Dies zeigt der Dampf.

Der Wald soll meine Geheimnisse symbolisieren, von denen ich nur ein paar nenne: die Tiere!

Das Gewitter ist der Auslöser der Katastrophe, der meine Hoffnungen zunichte macht.

Den Rest werde ich nicht für dich deuten, du musst schon selber wissen, wovon ich spreche!

So, nun zu dir:
Mach dir keine Sorgen um mich, das Gewitter ist schon vorbei!

Trotzdem wird es dauern, bis der Frieden wieder einkehrt! Aber ich verspreche dir, es wird wieder so wie zuvor! Wenn sich die Tiere wieder in den Wald trauen, der Dampf über dem Meer sich verzogen hat und die Blumen wieder blühen, wird alles wieder so werden wie es war; mit einer einzigen Veränderung: es werden an manchen Stellen Spuren der Lava bleiben.

Aber wer hat gesagt, dass die Spuren eines bestandenen Kampfes schlecht sind?

Vielleicht kannst du mich ja irgendwann in diesem schönen Land besuchen kommen.

Hab dich lieb, deine Selena

Zufrieden stellte sie einen Kaffee aufs Feuer, backte etwas Toast auf und ging damit ans Bett ihrer Mutter.

»So, heute musst du mal nicht aufstehen, hier ich hab dir das Frühstück gemacht. Ich geh dann jetzt in die Schule, okay?«

»Ja mein Schatz, danke dir!«

Unbemerkt ließ sie den Brief auf das Tablett gleiten und ging zufrieden zur Schule.

»Na, wie war's in der Schule, du schaust ja sehr gestresst aus. Na komm, ich lad dich zum Essen beim besten Italiener der Stadt ein, und dann gehen wir ins Kino, mal schauen ob dich das aufbaut.«

Grinsend verließen beide das Haus und hinterließen einen Zettel:

»Sehr geehrter Vater der Familie, machen Sie bitte umgehend das Essen, wenn Sie nach Hause kommen, für Sie und Ihre kleinen Kinder. Wir lassen's uns heute gut gehen!«

Louise Reuter
Von Manipulation keine Spur

Ich war vierzehn Jahre alt, und meine Mutter hatte mich gerade an jenem Tag besonders ungerecht behandelt. Daraufhin hatte ich beschlossen, auszuwandern und irgendwo in Australien jämmerlich zu sterben. Ich sah mich bereits bleich und wunderschön unter einem Eukalyptusbaum liegen – mein einsamer Tod in der Fremde würde meiner Mutter hoffentlich eine Lehre sein. Aber ich wanderte dann doch lieber nicht nach Australien aus, sondern beschloss stattdessen, später die allerbeste Mutter der Welt zu werden.

Den besten zukünftigen Vater der Welt für diesen Plan fand ich während des Studiums. Stolz trug ich meinen immer größer werdenden Bauch mit mir herum, wenngleich ich in den letzten zwei Monaten der Schwangerschaft argwöhnte, meine Füße nie mehr wiedersehen zu können.

Daniel war unser erstes Kind, sechs Jahre später kam Emma. Bereits vor Daniels Ankunft war ich bestens auf alles vorbereitet und hatte etwa einen Meter neuester Erziehungsliteratur im Regal stehen. Bei Emma waren es dann schon mindestens drei Meter Bücher über die ultimative Ernährung, kindliche Sozialisation, Meisterung von Familienkrisen und so weiter.

»Niemals«, so erklärten mein Mann und ich, »niemals werden wir unseren Kindern gegenüber ungerecht sein. Offen, ohne doppelten Boden und ohne manipulative Tricks werden wir mit ihnen umgehen. Unsere Kinder werden uns immer lieben und nie davon träumen, tot unter einem Eukalyptusbaum zu liegen.«

Wir versuchten, unsere Kinder nach Kräften davon zu überzeugen, dass es schön war, zu teilen und anderen zu helfen, sich nach Krächen wieder zu vertragen, nicht zu lügen und was es sonst noch so an edlen Tugenden gab. Manchmal jedoch hatte ich den dumpfen Eindruck, dass ganz besonders Emma ihre Eltern »erzog«, indem sie uns ständig um jeden einzelnen ihrer kleinen, rosigen Finger wickelte.

An diesem Samstagmorgen stand sie freudestrahlend – wenn auch bedauerlicherweise wie immer reichlich früh – an unserem Bett (Daniel war gerade auf Klassenfahrt).

»Ich hab schon mal meine Haare gewaschen«, erklärte sie und

staunend schauten mein Liebster und ich auf Emmas völlig verklebte, in alle Richtungen abstehenden Haare – sie verbreiteten einen penetranten Geruch nach Erdbeeren mit Pfefferminze. Es dauerte lange, bis ich den Inhalt einer kompletten Zahncremetube »Blendi« aus ihrem Haar gewaschen hatte und Emma murmelte leicht tadelnd vor sich hin: »Dabei hab ich gedacht, du freust dich!«

Emma hatte zu gesunden Nahrungsmitteln wie schonend gegartem Gemüse, knackig frischen Salaten oder Vollkornbrot mit Käse ein gebrochenes Verhältnis. Sie behauptete, dass gestreifte Schokocreme auf Brötchen sehr viel besser schmecken würde. Ich fand aber, dass ein Brötchen mit Schokocreme zum sonnabendlichen Frühstück genug sein musste und machte ihr deshalb am späten Vormittag ein gesundes Bio-Vollkornbrot mit Käse.

»Soll ich dir was abgeben?«, fragte Emma voller Mitleid. »Willst du mal abbeißen? Du hast doch bestimmt auch wieder Hunger, Mama!«

Aber ich blieb standhaft und erklärte, dass Emma sich nicht um meinen Hunger sorgen möge. Sie wanderte mit dem Brot in ihr Zimmer, kam nach knapp siebzehn Sekunden zurück und verkündete fröhlich: »Mama, ich hab das ganze Brot aufgegessen. Es hat sehr gut geschmeckt. Aber nicht in den Papierkorb gucken!«

Natürlich schaute ich nicht in den Papierkorb. Damit hätte ich doch Emmas Urvertrauen in mich untergraben. Den Papierkorb würde ich am Montag genauer untersuchen – wenn sie wieder im Kindergarten war.

Zu dritt machten wir dann einen ausgiebigen Stadtbummel. Emma zeigte uns das Spielzeugparadies bei Karstadt, die Zoohandlung (dauerte ebenfalls fast eine Stunde und ließ einen völlig erschöpften Ladeninhaber zurück), dann noch MacDonald's mitsamt Pommes, Milchshake und BigMac (schmeckte viel besser als

Vollkornbrot mit Käse), und schließlich jedes Pferdchen des kleinen Kinderkarussells vor Woolworth (bis ich nicht mehr stehen konnte und mein Liebster sich weigerte, noch länger begeistert zu winken).

Müde trotteten wir nach Haus.

Etwas später kochten wir uns einen milden Kaffee. Die Werbung behauptete, dass er strapazierte Eltern-Nerven von Grund auf sanieren könnte. Ich entschied, dass er diesmal ausnahmsweise gesüßt werden musste.

»Emma«, sagte ich mit liebevoller Stimme, meine Füße hatte ich hochgelegt. »Würdest du mir mal bitte den Zucker aus der Küche bringen?«

»Leider nein, Mama«, zwitscherte Emma fröhlich und spielte in der Ecke weiter mit Ernie und Kermit, ihren heißgeliebten Handpuppen. Mein Liebster grinste anzüglich. Ich war leicht verwirrt. Aber immerhin – Emma hatte es ausdrücklich bedauert, mir nicht behilflich sein zu können, und damit eindeutig bewiesen, in welch rasantem Tempo sich ihr Sozialverhalten bereits jetzt entwickelt hatte. Das war doch erstaunlich!

»Du musst das ganz anders anfangen«, flüsterte der Papa und dann fragte er seidenweich: »Ach Emma, könntest du mir mal bitte mein Buch aus dem Schlafzimmer holen? Es liegt auf dem Nachtschrank. Es hat einen grünen Umschlag. Ach nein – lass nur – dafür bist du ja bestimmt noch viel zu klein! Das kannst du noch gar nicht!«

»Stimmt, Papa! Bin viel zu klein dafür! Kann ich noch nicht machen«, bestätigte Emma freundlich und begann, für Ernie und Kermit ein weiches Bett aus Sofakissen zu bauen.

Mein Mann stand auf, um den Zucker und das Buch selbst zu holen.

»Papa, bringst du mir eine Banane mit?«, rief Emma hinter ihm her. »Mein Ernie hat solchen Hunger! Und Papa – du bist doch so stark. Du kannst bestimmt auch noch den Teller mit den Pistazien tragen – Kermit hat nämlich auch Hunger!«

»Okay«, knurrte ihr psychologisch so beschlagener Erzeuger. »Ich mach schon!«

Lisa Fitz

Streber

Ich habe ja einen Verdacht, weil ...

mein Sohn trinkt nicht, er raucht nicht, er kifft auch nicht, er lernt freiwillig – ich weiß nicht, was ich mit dem Bub noch machen soll. Der schlagt mir total aus der Art. Ich hab mir oft schon gedacht, vielleicht stimmt mit dem was nicht? Bis ich rausgefunden habe, dass er sich innerhalb der Kleinfamilie strategisch Marktlücken gesucht hat. Und deswegen hab ich den Verdacht, er ist vielleicht ein verkappter Streber, arbeitet gegen mich, subversiv, mit ganz subtilen Methoden ... Und das mir als liberalem, antiautoritärem, postfeministischem Späthippie! Ich hab ihn bestimmt nicht so erzogen, ehrlich. Ich hab gesagt: »Du, wenn du dein Abitur machst, ist super, wenn nicht, ph –!«

Was macht er – das Abitur! Ohne Probleme ... Verräter! Diese Demütigung für mich und meine katastrophalen Schulleistungen! Das hätt's nicht gebraucht, Nepo! Du hättest schon aus reiner Höflichkeit deinen Eltern gegenüber bissel schlechtere Noten schreiben können. Frag ich ihn noch: »Hast du keine Probleme in der Schule, wie jeder normale Bub?« Sagt er: »Nein, ich mach mir nichts aus Problemen. Die sind uncool.«

Und er raucht nicht. Nein. Wedelt im Auto hysterisch rum, dass die Lulle stinkt – bis er mir die Lust am Rauchen verdorben hat –, dann hab ich aufgehört. Ich habe aufgehört, anstatt dass er wie jedes normale Kind anfängt.

Das Gleiche mit dem Trinken. Hat er mich einmal in einem etwas ... äh – desolaten Zustand gesehen. Da hätten sie ihn sehen sollen ... Beleidigt ist gar kein Ausdruck! *Tödlich gekränkt* kommt eher hin. Er hat signalisiert: »Wenn du das noch mal machst, Mami, dann hat Sohnemann dich nicht mehr lieb!« Wissen Sie was? Ich habe das Gefühl, der Knabe erzieht mich – und ich habe 20 Jahre gebraucht, um das zu kapieren.

Dann hab ich ihn nicht getauft. Nein. Der Junge sollte sich seine Religion nach seiner eigenen freien Entscheidung selber wählen dürfen. Das war ein Fehler. Was wird er ...? Katholisch! Freiwillig! Diese Schande! Das ist ja wohl das Letzte, womit man als Erziehungsberechtigter rechnen darf. Man red' viel, wenn der Tag lang ist – und denkt sich, irgendwas wird schon hängen bleiben von dem Schmarren. Das geht normalerweise hier rein und da wieder raus. Aber wer geht denn davon aus, dass das drin bleibt? Er merkt sich alles und erinnert mich auch noch dran, mit Datum und Ort, fehlt nur noch, dass er mich das unterschreiben lässt!

Die Krönung war dann: Er widerlegt mich ständig mit meinen eigenen Argumenten und macht mich an irgendwelchen Äußerungen fest, die ich schon lang wieder vergessen hab. Was kümmert mich mein Geschwätz von gestern? Beispiel: »Loyalität gegenüber Abwesenden«. So was hab ich gesagt, leider. Und dann schimpf ich auf unsere Nachbarin, die Huber, diese fette Kuh. Soll sie doch platzen, sag ich, na sagt er: »Mami, du hast gesagt, Loyalität gegenüber Abwesenden – und die Frau Huber ist jetzt gerade nicht da.«

Manchmal wünsch ich mir ein ganz normales, pubertierendes Kind, das nölend »Jaaa, Mama!« sagt. Wo man sich drauf verlassen kann, dass es nicht tut, was man sagt. Wo man sich gut fühlen kann als sich aufopfernde Mutter, die es wirklich gut gemeint und alles getan hat, aber die Kinder halt gell ...

So kriegt man als Mutter ein Selbstbewusstsein. Ich bin eine ganz normale Mutter, die ihre ätzenden Erziehungsanweisungen jahrelang wie ein Tonband abspult – und ich darf Gott danken, dass einem unter diesen Umständen überhaupt noch was Neues einfällt! Amen.

Gudrun Schilken

Die Mutter, das Butterbrot und der Buddhismus am frühen Morgen

Früher Morgen. Müde. Frühstück machen. Gähnen. Radio an. Gedudel. Radio aus. Gähnen, schon wieder! »Ich möchte Nutella aufs Brot.« Heute kein Protest. Müde. Einfach nur müde. Was koch ich heute? »Mama, fertig!« Po abwischen. Stinkt. Puh. So ein kleines Popöchen ...

»Wo ist meine Jacke?« – »Da, wo sie immer hängt!« Nerv. »Hä, hast du was gesagt?« – »Nimm mal die Musik aus den Ohren. Ich hab mit deinem Bruder gesprochen!« – »Mama, noch ein Butterbrot! – mit Salami!« – »Hab nur noch Leberwurst!« – »Ich will aber Salami« – »Halt, mach, die Jacke zu!« – »Ach, Mann –« – »Hab nur fünf Stunden heute!« – »Ja, tschüs!« – »Hast du gehört, ich habe heute nur fünf Stunden!« – »Ja, du hast heute fünf Stunden, hab ich verstanden. Bin doch nicht doof« – »Aber seit du 40 bist, vergisst du immer so viel –« Raus! Tür zu. Einer schon mal weg. »Mama, was ist eigentlich der Unterschied zwischen den Katholischen und den Buddhisten?« Kleines Kind stellt schwierige Frage morgens um 7 Uhr 30. Mutter kann jetzt nicht antworten, Mutter muss großes Kind verabschieden. Aufmunternder Blick, genervter Blick zurück. Und tschüs. So, ja wie war das mit dem Buddhismus und dem Katholizismus. Ächzen im Gehirn. Wie erklär ich's meinem Kinde? »Also, die Katholiken glauben, man kommt in den Himmel, wenn man tot ist und die Buddhisten glauben, man wird als Tier oder Mensch wiedergeboren. Und dann gibt es noch ganz viele andere Sachen. Wir müssen uns mal ein Buch dazu anschauen.« – »Mama, guck mal, ich glaube da fliegt der Uropa. Vielleicht ist der als Fliege wiedergeboren?« – »Äh, ja. Könnte sein.« Schnell ablenken. »Hast du genug gegessen?« – »Mama, gestern im Kindergarten, da hat die Lina ein ganz böses Wort in der Puppenecke gesagt und …« Redefluss ungebremst. Kind sehr redselig und sehr intelligent, deshalb Achtung: »… und dann ist die Sabina zur Decke geflogen und dann aus dem Fenster raus … Mama, du hörst gar nicht zu. Ich habe gerade Quatsch erzählt!« – »So, jetzt wollen wir aber mal zum Kindergarten.« – »Okay, aber erst muss ich dir noch was erzählen …« Noch mal Redefluss ungebremst. Schuhe anziehen. Jacke anziehen. Mütze, Schal, Handschuhe. Fertig, uff! »Mama, ich muss noch mal aufs Klo!« Tief durchatmen. Wieder ausziehen, wühlen, wühlen. Warten. Kind fertig. »Mama, heute Nachmittag spielst du aber mit mir. Ich will mit dir basteln und dann noch ein Bilderbuch lesen und dann mit Patrick spielen und außerdem … Mama?« – »Ja?« Mama kann sich kaum noch beherrschen. »Mama, ich hab dich so lieb!« Mama schmilzt und seufzt, so lieb.

Kinder sind so was Schönes.

Aufbruch ins Ich

Marie Theres Kroetz-Relin

Das Ich spüren

Sie hatte sich von dieser Reise viel erhofft. Urlaubstage sind wie Memo-Zettel im Hirn, kleine, gelbe Lichtblicke, die die Monotonie des Alltags durchbrechen, Nahrung für die kalten Tage in den eigenen vier Wänden.

Amelie stand an den Klippen und schaute aufs Meer. Das Meer. Ihr Meer ...

»Merkwürdig«, dachte sie, »dieses tiefe Ziehen in mir. Es drängt mich und es tut so weh ...« Sie atmete tief ein und ihr Blick verlor sich am Horizont.

Amelie war eine schöne Frau, Mitte dreißig, hatte vier Kinder, einen liebevollen, wenn auch nicht einfachen Mann, ein kleines Häuschen und dazu ein ganz normales Leben. Sie funktionierte wie eine alte Taschenuhr mit einem gemütlichen Ticktack in den Stunden ihres Alltags. Fernweh hatte sie oft, gepaart mit der Hoffnung auf Veränderung. Aber Urlaub am Meer konnten sie sich nur alle paar Jahre leisten, das nackte Leben war einfach zu teuer.

»Diese Sehnsucht in mir ... Warum? Warum holt mich die Unzufriedenheit ein? Warum hab ich sie nicht zu Hause gelassen? Ich wollte doch durchatmen ...«, dachte sie verzweifelt.

Amelie hatte letzte Nacht nicht gut geschlafen. Gedanken bohrten sich wie Würmer durch ihr Gehirn. Leise stand sie auf, schenkte jedem ihrer Kinder einen Blick und schlich in die Küche. Sorgfältig machte sie sich Kaffee. So wie immer. Der Kaffeeduft gab ihr das Gefühl von Zuhause. Einem Zuhause, in dem sie nicht mehr leben wollte. Sie trank schlückchenweise. Dabei seufzte sie und betrachtete ihre müden Hände. Amelie begann ganz langsam, ihre Ringe abzustreifen, so, als würde sie versuchen, gleichzeitig ihre Routine abzulegen. Aber sauber, genau so wie alles, was sie tat. Die ungewohnte Stille ließ sie um fünf Uhr früh das Haus verlassen. Sie liebte die leicht feuchte sommerliche Morgenluft, verstärkt durch den rauen Salzgeschmack des Meeres.

»Eigentlich geht's mir doch gut, ich hab doch alles, gesunde Kinder, einen Mann, ein normales Leben.« Amelie machte eine Pause. »Ein normales Leben. Das ist es –«

Sie schaute auf den Abgrund und die weiße Gischt, die sich wie frischer Schnee über das Meer legte.

»Ich trage so eine tiefe Sehnsucht in mir. Und ich weiß, dass es ungerecht ist. Ich darf so nicht denken. Aber ich kann nicht anders. Es zieht mich. Ich sehne mich nach einer Umarmung. Einer Umarmung meiner Seele ...« Eine Träne lief über Amelies Wange.

»Frei sein. Die Arme ausbreiten und fliegen, bis zum Horizont schwimmen, immer weiter ...«

Ihr wurde leicht schwindlig. Die Höhe und das Meer hatten sie gefangen und ihre Gedanken wurden zum Sog.

»Selbst nach der Umarmung des Todes sehne ich mich. Aber ich hätte nie den Mut. Wann hatte ich schon mal den Mut zu tun was *ich* will?«

Ihr war kalt, die Gefühle waren in Aufruhr und die Tränen passten sich den Wogen an.

»Nie habe ich mich getraut zu meinen Gefühlen zu stehen, meine Bedürfnisse zu leben ... Ich funktioniere. Aber lebe ich? Zu feige zu leben, zu feige zu sterben!«

Obwohl sie so aufgewühlt war, breitete sich eine Ruhe in Amelie aus. »Nicht mal meine Haare lasse ich mir schneiden, geschweige denn färben. Und warum? Weil es den anderen so gefällt? Ja. Deshalb. Und ich? Warum lasse ich keine Veränderung an mir – in mir zu? Um ja nicht die Gewohnheit aus dem Trott zu bringen?«

Sie war sich nah. Sie war bereit. Amelie breitete ihre Arme aus.

»Ich will mein Ich spüren! Ich will die Flucht ins Ich!«

Sie schloss die Augen und begann sich leicht zu fühlen.

»Mama?«

Amelie schrak auf, in ihrem Körper fuhren Gedanken, Gefühle, Innereien in Reih und Glied hoch, als müssten sie zum Appell antreten.

»Was machst du denn da? Du hast ja geweint ... Alles okay?«, fragte ihre Tochter. »Ja ... Ja.«, antwortete Amelie verwirrt. »Alles okay. Ich hab nur die Schönheit des Meeres genossen.«

Sie lächelte und bemerkte, dass dieses verdammte Ticktack in ihr wieder begann, als würde ihre innere Taschenuhr neu aufgezogen und die Gewohnheit sich durch die Hintertür wieder einschleichen wollen.

»Ich war mir doch gerade so nahe«, wirbelte es in Amelies Gedanken, während sie sich umdrehte, um ihre Tochter in die Arme zu nehmen.

»Hey Mama, da geht es ja verdammt tief runter ... Hast du keine Angst?«, fragte ihre große Tochter.

»Nein«, sagte Amelie leise. »Nein, überhaupt nicht.« Und sie dachte: »Ich wollte mein Ich spüren. Ich wollte eine Veränderung. Und wieder einmal fehlt mir der Mut ...« Sie machte eine Pause und schaute ihre Tochter an.

»Weißt du was?«, begann sie und brach gleich wieder ab. Sie

konnte sich noch nicht dazu durchringen, es auszusprechen ... sie kämpfte mit sich.

»Was denn, Mama?«, die Tochter wartete auf eine Antwort.

»Schlafen die anderen noch?«, fragte Amelie vorsichtig.

»Ja, tief und fest«, lachte das Mädchen.

»Dann fahren wir zwei in den kleinen Ort und gehen Frühstücken. Und danach lass ich mir Ohrringe stechen –«, sagte Amelie schnell.

»Mama, du wolltest dir doch nie im Leben Ohrringe stechen lassen!«

Amelie fühlte sich ertappt.

»Aber ich fände es klasse! Die stehen dir bestimmt total gut. Und außerdem könnten wir dann tauschen!«

»Und anschließend gehen wir zum Friseur!«, unterbrach Amelie ihre Tochter und Erleichterung machte sich in ihr breit.

»So kenn ich dich ja gar nicht, Mama! Dann lass uns losfahren, bevor du es dir noch mal anders überlegst. Komm!«

Sie nahm ihre Mutter bei der Hand.

Amelie wusste, auch wenn es nur eine kleine Veränderung in ihrem Leben sein sollte, dass dies ein Anfang war. Ihr Anfang.

Die Flucht ins Ich war gelungen. Auch wenn vor ihr noch ein weiter Weg lag.

Aufbruch Reise.

Barbara Fabricius-Exner

Drei Wochen Urlaub. Geht's mir gut! Geht's mir gut?

Heute Morgen sind wir hier angekommen. Mein Gott, ich war völlig fertig: Die ganze Nacht sind wir durchgefahren, wegen der Kinder. Die schlafen überall, auch im Auto. Und wenn sie schlafen, dann zanken sie sich nicht. Und dann haben sie auch keine Langeweile, nörgeln nicht rum, ziehen nicht alle Register von »ich muss mal« bis »ich hab Hunger«. In den ersten drei Stunden waren sie noch ziemlich aufgeregt, dass es nun endlich losgeht, danach wurde es ruhiger und gegen halb zwölf haben alle drei geschlafen. Ich war auch müde, aber ich wollte nicht einschlafen. Immer, wenn Marcel fährt, habe ich das Gefühl, ich muss aus Solidarität wach bleiben – schließlich ist es doch gefährlich, allein im Dunkeln zu fahren, wenn alle anderen leise schnarchen. Er lacht mich immer aus. »Schlaf ruhig ein bisschen, damit du nachher fit bist und eine Runde fahren kannst«, hat er gesagt. Ich hab nicht schlafen können und bin trotzdem gefahren, während Marcel den Sitz herunterstellte, die Augen schloss und drei Stunden seelenruhig schlief.

Morgens um sieben waren wir dann da. Am Atlantik. Wir haben uns an den Strand gesetzt und frische Croissants gegessen. Die Kinder und Marcel fanden das toll. Ich hab versucht, es auch toll zu finden, aber ich war zu müde.

Jetzt lieg ich hier am Strand, es ist Nachmittag. Die anderen erforschen die Umgebung. Schlafen kann ich immer noch nicht, aber wenigstens will keiner was von mir.

Nach unserem Strandfrühstück haben wir uns den Schlüssel für unser Ferienhaus abgeholt. Madame Desforges, die hier mehrere Ferienhäuser verwaltet, ist in ihrem kleinen blauen Peugeot vor uns hergefahren und hat uns durch die Sträßchen zu »unserem« Haus gelotst. Es ist ein graues Haus mit grünen Fensterläden, einer winzigen Terrasse, auf der ein verwitterter Holztisch und ein halbes Dutzend Gartenstühle aus Metall stehen.

Marcel hat zwar einen französischen Namen, aber er spricht kein Französisch. »Dafür hab ich ja dich«, grinst er dann. Mit meinem Französisch ist es auch nicht weit her. Mir bricht jedes Mal der Schweiß aus, wenn Marcel sagt »Könntest du mal fragen, ob ...« Ich verheddere mich gnadenlos in Zeiten und Fällen, angle nach vergessenen Verben, schlage hektisch im Wörterbuch nach. Und ich komme mir wie eine Idiotin vor, wenn der Franzose vor mir mich mild lächelnd offensichtlich nicht versteht. Oder verstehen will. So sind die nämlich. Wir unzivilisierten Nicht-Franzosen sollen uns gefälligst ein bisschen Mühe geben, n'est-ce pas?

Hinterher fühl ich mich klein und hässlich. Ich wünschte, ich könnte gar kein Französisch, wie Marcel. Zu allem Überfluss kommt nämlich immer, wenn ich mal ein paar Sätze ganz passabel herausgebracht habe, unter Garantie eine Antwort oder eine Frage, die ich nicht verstehe und setzt mich schachmatt. Und dann dieser erstaunt-verständnislose Blick – ich habe gedacht, Sie *können* Französisch... ach, Boden tu dich auf. Warum ist Frankreich nur so schön, dass man immer wieder hin muss?

Der Sand hier ist unglaublich hell und fein. Und er ist überall, wo er nicht sein soll. Im Badelaken, in den Haaren, in der Sonnenbrille. Ich brauch immer Tage, bis ich ihn ertragen kann. Marcel hat vergessen, einen Sonnenschirm mitzunehmen, und ich vertrage Sonne nicht gut. Jedenfalls nicht so viel. Ich hab mich gerade eingecremt, Lichtschutzfaktor 18. Und jetzt bleibt der verdammte Sand überall auf mir hängen. Die Kinder sind alle wie Marcel: dunkelhaarig und schnell braun. Ich, hell und blond, bin eine Minderheit, die sich nicht so anstellen soll. Ich muss also selber an den Sonnenschirm denken, sonst braucht ihn ja keiner. Dafür hab ich aber an die Kuscheltiere der Zwillinge denken müssen, an Katjas Lieblings-T-Shirt, an Marcels Baseballkappe. Sie sind keine Minderheit, sie sind meine Familie.

Der Sand drückt unter dem Badelaken, es ist nicht sehr bequem. Wenn ich auf dem Rücken liege, blendet mich die Sonne zu sehr, wenn ich auf dem Bauch liege, bekomme ich Rückenschmerzen. Wenn ich sitze, sieht man meinen Bauch; Zwillinge sind nun mal nicht gut für die Figur. Mein Badeanzug ist neu, letzte Woche gekauft. Dafür bin ich ganz schön herumgerannt. Er hat eingearbeitete Körbchen und ist so geschnitten, dass er eine gute Figur macht. Solange man damit gerade steht. Vielleicht sollte ich mir mal einen bunten Pareo kaufen, den könnte man leicht darüber drapieren … Marcel sagt, ich spinne, meine Figur sei okay. Aber wenn ich dann sehe, wie chic und selbstbewusst die Französinnen ihre Bikinis tragen … ich könnte das nie.

Christine und Felix streiten sich. Jetzt geht das wieder los: »Mamiiiii, der Felix hat –!« – »Neiiin – das stimmt nicht!« Oh, lasst mich bloß in Ruhe. Ihr habt doch auch Papa, geht zu *dem.* Eine Woche haben sie mich gequält. Ich hatte so viel zu tun, um den Urlaub vorzubereiten und die Kids haben nur gequengelt. Wann es endlich losgeht. Ich will dies mitnehmen, ich will das. Mama, ich hab was in die Reisetasche geräumt. Kneteflecken in den frisch gewaschenen T-Shirts im Koffer. Und Katja: Sie ist zwölf und kein Junge wird sich nach ihr umdrehen, wenn sie nicht endlich Nagellack tragen darf. Und ich kann doch nicht *jetzt* schon ihre Shorts in den Koffer packen, die braucht sie doch noch! Wasch sie selbst, hab ich gesagt, als die Shorts wieder schmutzig waren. Ich hab sie nicht eingepackt. Mütter brauchen auch mal Rache. Sie hat es noch nicht gemerkt. Dann gibt's Geschrei, aber das wird mir gut tun. Ich bin sowieso die böse Mama. Also, was hab ich zu verlieren außer meiner schlechten Laune?

Ich hab Durst, aber das Wasser ist schon total warm. Ein bisschen Obst hab ich eingepackt, das gibt wieder Protest. Haben wir nichts Süßes? Schmilzt doch bloß und macht Schweinerei. Ich mach sowieso alles falsch, egal was ich mach.

Christine muss mal. Mama, komm mit! Geh zu Papa, hab ich gesagt. Der spielt mit Felix. Geh zu Katja. Katja guckt gereizt. »Ich bin doch nicht das Kindermädchen«, sagt sie. Ich bin zu schlapp für Diskussionen. Also gut. Gehen wir. Das Haus steht nur 100 Meter hinter der Düne. Im Garten stehen drei hohe Kiefern, das Gras ist verdorrt. Christine sitzt auf dem Klo. Ich gehe durchs Haus. Das Bad ist klein, zu klein für fünf, finde ich. Drei Schlafzimmer, spärlich möbliert. Bett, Schrank, Stuhl, zu wenig Kleiderbügel. Die Zwillinge haben sofort gestritten, wer in welchem Bett schlafen darf. Dabei stehen die Betten links und rechts vom Fenster, Flickenteppich dazwischen, wo ist der Unterschied? Katja gefällt ihr Zimmer. Klar, sie verwandelt jeden Raum in eine Rumpelhöhle, dafür hat sie ein Händchen. So, und das ist die Küche, in der ich drei Wochen kochen soll: ein Sammelsurium alter Töpfe, wahrscheinlich aus dem Haushalt der Ferienhausbesitzer aussortiert. Die Deckel passen nicht. Die Bratpfanne ist krumm und zerkratzt. Ein billiges Campingbesteck fliegt in einer Schublade durcheinander. Ein 20 Jahre alter Kühlschrank. Beim Geschirr passt kein Stück zum anderen. Kein einziges scharfes Messer. Na toll. Im Wohnzimmer ein runder Esstisch, zwei alte Sofas, eine alte Vitrine, fünfziger Jahre, mit Sammeltassen. Und das Haus ist nicht mal billig. Was hat meine Freundin Brigitte sich gedacht, als sie uns dieses Haus ans Herz gelegt hat? Hat sie einen geheimen Rochus auf mich?

Christine will, dass ich nachsehe, ob ihr Po sauber ist. »Prüf es selber nach«, sag ich, »in drei Wochen kommst du in die Schule. Was meinst du, wer es dann macht?« Sie mault. Sie weiß, dass sie es kann. Ich will keine Kinderpopos mehr abwischen, das hat nichts mit Mutterliebe zu tun. »Findest du allein zum Strand zurück?«, frage ich. Ich will nicht mehr. Der Sand, die Hitze, meine Haut spannt schon. Gleich am ersten Tag, Mist. Faktor 18 hat nicht gereicht.

Ich will nach Hause und dort allein sein.

Halbzeit. Stimmt. Heute ist Halbzeit.

Ich liege mit geschlossenen Augen auf der Düne und lass es mir gut gehen. Die Zwillinge spielen in seltener Einigkeit im Sand und schippen gegen die Flut an. Katja hat eine deutsche Freundin gefunden, die auch mit ihren Eltern hier Urlaub macht. Die zwei stecken den ganzen Tag zusammen, ideal. Dabei hatten wir schon Angst, Katja würde sich langweilen. Im Zweifelsfall müssen also nur Felix und Christine beschäftigt werden. Kurz nachdem wir angekommen sind, habe ich eine heftige Erkältung gehabt: Fast drei Tage lang ging es mir erbärmlich. Tolles Wetter – und ich liege im Bett. Aber dann ging die Erkältung so schnell wie sie kam und Marcels ständige Aufforderung an die Kinder, mich doch mal in Ruhe zu lassen – der Mama geht's nicht gut –, scheint stärkere

Wurzeln geschlagen zu haben. Jedenfalls bin ich seither nicht mehr zum Klo gerufen worden. Sie schaffen den Weg zum Strand ohne mich. Katja hat sich auf »Oh, ich hab meine Shorts vergessen« beschränkt. Und macht freiwillig Angebote, im Haushalt zu helfen, damit sie abends noch eine Weile alleine mit Nicole, ihrer Freundin, raus darf. Wirklich erstaunlich.

Es ist angenehm hier auf der Düne. Der Wind streichelt sanft meine Haut und lässt die harten Grashalme leise rascheln. Marcel liegt neben mir und liest; ab und zu krault er mich ein bisschen. Das Meer rauscht einschläfernd, herrlich. Vielleicht lese ich gleich ein bisschen, vielleicht auch nicht. Für heute keine Verpflichtungen mehr. Aber was heißt Verpflichtungen ... ein bisschen Einkaufen, das macht sogar Spaß. Es gibt hier einen kleinen Markt. Alles, was dort angeboten wird, sieht verführerisch aus. Buntes Gemüse, Oliven, Fisch, Austern, Baguette, kleine, würzige Ziegenkäse. Am liebsten möchte man von allem etwas mitnehmen. So gesehen ist Frankreich nicht gerade gut für die Figur. Aber wem soll das schlechte Leben nützen?

Jetzt kommt ein bisschen Wind auf. Nicht weit von hier ist das Häuschen der Strandwache und die Fahnen dort knattern im Wind. Mein Gott, geht's uns gut. Geht's mir gut.

Geht's mir gut?

Was ist das für eine Frage? Albern. Natürlich geht's mir gut. Sicher. Prima.

Warum hab ich dann das Gefühl, ich sei gerade aus einem angenehmen Traum erwacht? Ich drehe mich auf den Rücken, stütze mich auf die Unterarme und blinzle aufs Meer. Hat sich nichts geändert in den letzten 30 Sekunden. Und vor 30 Sekunden ging es mir noch blendend. Hat sich angefühlt wie ... hat sich unwirklich angefühlt, dass ich mich so wohl gefühlt hab. Irgendwie ist alles so glatt gelaufen, dass ich fast vergessen hatte, was normal ist. *Das* jedenfalls nicht. *Das* ist Urlaub und nicht das wirkliche Leben. Der seltene Moment, in dem ich Rücksicht verdient hab, weil ich krank bin oder war, der ist bald vorbei. Dann bin ich wieder Mama, für alles zuständig, Mama, an der gezweifelt und gegen deren Entscheidungen protestiert wird. Die, die es nie recht machen kann, immer irgendwen ungerecht behandelt. Die, die man wegen allem und jedem fragen muss, wegen allem und jedem belangen darf, auf die man immer die Schuld schieben kann.

Ich hab jetzt keine Lust mehr, hier zu liegen, das angenehme Ausblenden funktioniert nicht mehr. Als ich aufstehe, schreit Felix »Mama, gehst du nach Hause? Bringst du mir was zu essen mit?« – »Nein«, rufe ich zurück, »ich bleibe dort, ich komm nicht mehr an den Strand.« Er spielt weiter. Wenn er sich selbst etwas holen muss, ist es offenbar auf einmal doch nicht so dringend. Marcel räkelt sich. »Gehst du zurück? Brauchst du was?« – »Ja«, sag ich. Ruhe zum Nachdenken. Aber das sag ich nicht, sonst geht es ihm wie mir, er wird stutzig, fühlt sich unwohl. Unsinn. »Ich muss nachdenken«, sage ich nun doch. Er sieht mich an. »Schlimm oder nicht schlimm?«, fragt er. »Weiß ich noch nicht!« – »Sag's mir, wenn du's weißt.« Marcel ist es nicht egal, wie es mir geht. Ich werd schon was sagen, wenn ich »was hab«. Meistens sag ich nichts. Vielleicht ist das ein Fehler.

Das alles müsste man konservieren können: die warme Sonne auf der Haut, den leichten Salzgeruch des Windes, das Meeresrauschen, den Schrei der Möwe. Man müsste es abfüllen können wie Marmelade, mitnehmen und später, zu Hause, wenn es mal grau ist, die Laune schlecht und die Sinne müde, dann könnte man es hervorholen, öffnen und ihm das Gefühl von Zufriedenheit entnehmen. Eine Art Medizin. Das wäre schön.

Morgen früh fahren wir zurück. Heute Abend wird gepackt, aber bis dahin ist noch viel Zeit. »Genießt den Tag noch mal so richtig«, hat Marcel gesagt. Die Zwillinge wollen einen riesengroßen Damm bauen. Katja und Nicole wollen jede Minute miteinander verbringen, wollen sich schreiben, ihre Freundschaft nicht abkühlen lassen. Marcel wird sich in die Sonne hängen. »Auf Vorrat«, sagt er, »es muss über den Winter reichen.«

Und ich? Ich werde mein Einmachglas füllen. Es ist wirklich schön hier. Brigitte hatte Recht. Das Haus ist zwar karg und einfach, aber es macht auch keine Arbeit. Sogar das kunterbunte Porzellanchaos war lustig, jeder hatte sein Lieblingsgeschirr, auch ich. Eine altmodische Tasse, cremefarben mit winzigen Streublümchen und einem blauen Rand. Die Farben schon ein bisschen verblasst vom vielen Gebrauch. Ich werde sie mitnehmen. Ich werde im Supermarkt eine neue kaufen, dann ist es nur ein Tausch, oder? Und zu Hause werde ich Kaffee mit viel Milch aus dieser Tasse trinken und an Croissants denken, auch wenn keine da sind.

Einen neuen Bikini habe ich mir gekauft, nach sechs Jahren mal wieder. Wenn man drei Wochen lang die Frauen am Strand beobachtet, stellt man fest, dass die auch nur mit Wasser kochen. Was für Figuren! Und sie tragen trotzdem Bikinis! Ich wäre verrückt, wenn ich mich noch länger im Badeanzug verstecke. Ich werde zu Hause ab und zu schwimmen gehen. Nicht, weil Schwimmen so gesund ist. Sondern damit ich den Mut nicht verliere, meinen Bikini zu tragen. Damit ich die Dicken im Schwimmbad sehe und nicht die Dünnen im Katalog.

Ich werde nie mehr Kinderpos abwischen.

Ich werde mich zu Hause nicht in Wäsche und Haushalt stürzen.

Ich werde mich zu einem Französischkurs anmelden.

Mir jeden Tag eine halbe Stunde Pause mit einem Kaffee in der Blümchentasse gönnen. Und nächstes Jahr wieder in Urlaub fahren, auch wenn ich erst mal keine Lust hab.

Helga Braun

Sayonara, Japan

Auf Wiedersehen, Nippon, mit deinen liebenswerten Frauen, neugierig, klatschsüchtig und zugleich hilfsbereit der *gaijin* – der Ausländerin – gegenüber.

Ihr habt mich stundenlang durch Städte begleitet, obwohl ihr den Weg selbst nicht wusstet. Bei strömendem Regen habt ihr so lange am Straßenrand gewinkt, bis endlich ein Taxifahrer anhielt und mich aufnahm. Vertrauten Umgang in der kleinen Siedlung im Inaka – im Ödland – fand ich allerdings erst, als ihr mich über Wochen hinweg genau beobachtet hattet. Wie fügt sich die Fremde ein, passt sie sich uns an, ist sie freundlich oder reagiert sie überheblich?

Erst als man sich gewiss war, dass es sich mit mir leben ließ, wurde ich von meinen Nachbarn, deren Männer alle für dieselbe japanische Firma arbeiteten, auf Englisch angesprochen. Die verbindende Sprache eröffnete lange Dialoge mit den verschiedensten Frauen. Warum musste ich mich so lange mit meinem stammelnden Japanisch herumplagen? Schwierigkeiten hatte ich doch genug mit zwei kleinen Kindern in einem fremden Land, dazu mit einem

Ehemann gesegnet, der rund um die Uhr eine Baustelle leitete und mich bat, ihn doch ja mit meinen Alltagsnöten zu verschonen.

Ich erfuhr, dass die Sprachbarriere nützlich für den Abstand zu Fremden ist. Wer sich auf enge Bekanntschaften oder gar Freundschaften in Japan einlässt, übernimmt eine gewisse Verantwortung auf Dauer für die andere Person, kann seine Beziehungen nicht ohne wichtigen Grund und ohne das Gesicht zu verlieren plötzlich wieder abbrechen. Deshalb nur keine Übereile. Europäische Ungeduld eckt an.

Zum Zelebrieren der Teezeremonie, zur Betrachtung eines Rollbildes, eines Gartens oder einer einzelnen Blüte braucht man Zeit. Ich lernte es, diese Zeit zu haben, einen Augenblick der Stille in den gedrängten Tageslauf einzufügen.

Sayonara, ihr Tempel in eurer strengen Schönheit, mit den klaren Linien, mit den Gärten ohne Blumen und den blühenden Kirschbäumen im Mai. Ich sah, wie ein Mann Felssteine vor einem Tempel immer wieder mit Wasser übergoss, damit sie dem Auge des Betrachters entgegenglänzten. Manchem Käufer ist solch ein Stein ein paar Tausend Euro wert. Er lässt ihn sich in seinen Garten transportieren und platziert ihn so, als ob die Natur ihn dort hingesetzt hätte.

Wie meine japanischen Freundinnen beruhigte ich meine Nerven mit der Harmonie grüner Gärten, bewunderte aus einem Tempelfenster heraus die Geometrie eines geharkten Kiesgartens, der zum Meditieren anregt. Wie japanische Reisende, die sich ein paar Tage Kurzurlaub gönnen, bin ich weit gefahren, um die Pracht des Herbstlaubs und den Zauber blühender Kirschbäume zu genießen. Ich badete mich unter dem Gekicher meiner Geschlechtsgenossinnen in den heißen Quellen auf Kyushu und habe mit euch, meine Freundinnen, auf Volksfesten getanzt, gesungen und gefeiert. Das allerdings erst, als ich für meinen Jüngsten zeitweilig eine japanische Hüterin gefunden hatte. Für zwei Kinder war die Verantwortung dem Babysitter zu groß. Deshalb begleitete mich der Ältere auf meinen Kurzreisen und magerte, da ich noch unermüdlicher als die reiselustigsten Japanerinnen war, sichtbar ab.

Nie konnte ich mich, wie ihr es tut, an die Müllberge nahe den Häusern, an die offenen Kanalisationssysteme außerhalb der Städte, die im Sommer infernalisch stinken, an die Zivilisationsreste am Strand und sogar auf dem Fuji-san – eurem Prachtberg – gewöhnen. Zur japanischen Konzentration auf das Wesentliche braucht es wohl mehr als ein Jahr im Gastland. Aber noch heute ziehe ich meine Schuhe vor Betreten meiner oder einer fremden Wohnung aus, ich verbeuge mich, statt Hände zu schütteln, und ich trage gern einen Hauskimono.

Sayonara, ihr japanischen Schulen mit dem Besuchstag für die Eltern, der musischen und sportlichen Erziehung selbst der Erstklässler. Nach vierzehn Tagen Unterricht in seiner Klasse klapperte mein Ältester wie ein Spanier mit seinen Kastagnetten, die zur Grundausrüstung gehörten. Er konnte auch bereits ein Lied auf der Mundharmonika spielen. Wie sehr habe ich den Einsatz der Eltern für Schule und Kindergarten bewundert, vom Bau eines Sportplatzes über die Renovierung der Schule bis zur Errichtung eines Schwimmbeckens in gemeinschaftlicher Eigenarbeit nach Feierabend, weil die Staatsmittel nicht reichten. Wie sehr habe ich euch um die Einheitlichkeit eures Lehrplans und der Schulbücher im ganzen Lande beneidet bei dem Wust an Lehrmitteln, der auf Lehrer und Schüler in Deutschland einströmt. Wie freute ich mich, dass der Tornister meines Sohnes nur schwach beladen war, weil es überall in den Schulen Aufbewahrungsmöglichkeiten für Bücher, Turnzeug und Schuhe gab.

Sayonara, ihr japanischen Arbeiterinnen mit den strahlend sauberen Kitteln, ihr Bäuerinnen, Fischerinnen und Rentnerinnen mit den gebeugten Rücken, aber der ungebeugten Kraft eures Herzens. Auf Wiedersehen, all ihr Frauen, die ihr erst das Wirtschaftswunder in Japan ermöglicht habt. Geholt, wenn man euch brauchte, ins Heim zurückverwiesen, wenn Männer eure Plätze einnehmen sollten. Als selbständige Unternehmerinnen könnt ihr beweisen, was eure Kraft und Intelligenz zu leisten vermögen. Noch immer beschimpfen euch Rückständige als »Ladenhüterinnen«, wenn ihr euer Lebensglück ohne die Ehe findet. Für euch Frauen sind die geringsten Arbeiten und die am schlechtesten bezahlten Arbeitsplätze oft gut genug.

Ich unterhielt mich außerdem mit Geishas, mit Hostessen, mit Prostituierten, die »den Frühling verkaufen«. Selten habe ich eine Frau ohne sichere Würde angetroffen. Woher nehmt ihr bei euren Lasten euren Charme, der mich immer wieder bezaubert hat, diese natürliche Freundlichkeit, die verhärtete Schichten meines Wesens durchdrang? Unter der Oberfläche eurer harmonisch wirkenden Gesichter fühlte ich die Spannungen lauern. Auf euren Rücken laden bestechliche und reich gewordene Politiker die Lasten für eine unvollständige Sozialgesetzgebung ab. Eure Unterdrückung durch eine Gesellschaft, die für den Mann und nochmals für den Mann gemacht ist, müsste zu Explosionen führen, und doch ist es angenehm, mit euch zu leben. Erinnert ihr euch noch an die Fremde, die lächelte, wenn ihr lächeltet, die wie ihr am Tag sich hundert Mal verbeugte, im schnellen Lauf durch die Siedlung zum täglichen Einkauf ein wenig in den Knien einknickte, um euch nahe zu sein und nicht als unnahbarer Fremdkörper zu wirken?

Ein Teil meines Herzens ist bei euch zurückgeblieben, ihr japanischen Frauen. Bis auf wenige Ausnahmen geht ihr behutsam miteinander um auf einer Insel, die überbevölkert, übertechnisiert und in bedrohlichem Maße umweltverschmutzt ist.

Ich stehe auf der Rolltreppe eines deutschen Kaufhauses, sehe in die harten unbeteiligten Gesichter meiner Landsleute und plötzlich steigen mir vor Sehnsucht nach euch die Tränen in die Augen.

Gudrun Schilken

Die Tasse Kaffee danach

Nun gut. Die Familie fährt in Urlaub. Die Mutter muss auch mit.

Das heißt: organisieren und waschen, waschen, waschen. Die Verlegung von Mutters Arbeitsplatz muss sorgsam organisiert werden. Wer gießt die Blumen und schaut nach der Post? Wer braucht welches Spielzeug und was nicht? Wie viel T-Shirts und Pullover, Gummistiefel ja oder nein? Chaos im Kopf, Pudding in den Beinen. Hierhin und dorthin rennen. Sonnenmilch, Filme, ausländische Währung – ach nein, der Euro.

Wo war ich stehen geblieben? Ach ja, bei den Gummistiefeln.

Wenn die stetig wachsende Vorfreude der Kinder auf den Urlaub nur unauffälliger ausfallen würde. Leider äußert sich Freude abwechselnd in grundlosem Heulen und jauchzenden Fragen Wannfahrenwirdennendlich? Das Familienoberhaupt hat leider erst noch ganz viel im Büro zu erledigen. Die Großen räumen ihre Kleiderschränke aus und um und befördern Unmengen schmutziger Wäsche aus den entlegensten Winkeln ihrer Zimmer. Die Waschmaschine stöhnt, der Trockner ächzt. Besonders fiese Elektrogeräte geben in dieser Zeit ihren Geist auf. Auch schön.

Regenjacken sind ganz plötzlich im Schrank eingelaufen und

müssen durch neue ersetzt werden, dasselbe gilt für Badehosen und Sweatshirts.

Kofferpacken – eine wahre Wonne. Einpacken, was nötig ist. Das bedeutet von Kind zu Kind etwas völlig anderes. Das mittlere Kind braucht nur eine Unterhose und ein Unterhemd und ein T-Shirt für jede beliebige Urlaubsdauer. Das große Kind braucht 60 Unterhosen und 60 Unterhemden und 150 T-Shirts für eine Woche. Das kleinste Kind braucht eine Matschhose und eine Badehose und den Schlitten. Auf den kann man sich schließlich draufsetzen und aufs Meer gucken. So ist das. Keines der Kinder benötigt Zahnbürsten. Klar.

Und die Mutter? Ach, die ist ganz bescheiden. Sie nimmt das Eckchen im Koffer, das noch übrig ist und klemmt ihre paar Armseligkeiten dort hinein. Müssen Schürze und Topflappen auch mit? Oder fahren wir kühn ohne? Und die Gummihandschuhe?

Das Familienoberhaupt packt selbst – den eigenen Koffer, natürlich. Statussymbol.

Jetzt wird es ernst. Die Familie fährt nach wegen Reisefieber allgemein schlecht verbrachter Nacht verschlafen los. Zunächst Ruhe im Auto. Gähnen. Leise regt sich der Schmetterling in Mutters Bauch. Ob's wohl diesmal auch Urlaub für Mütter wird? Man darf die Hoffnung als Hausfrau nie aufgeben.

Nach zwei Stunden Autofahrt ist alles vergessen. Die Kinder sind wach. Sie haben Hunger, Durst, müssen Pipi, ihnen ist langweilig, wann sind sie endlich da und der Fuß des Vaters ist auf dem Gaspedal eingeschlafen. Die Mutter reicht Brote, verschüttet Kaffee auf Vaters Hose, brüllt nach hinten, lächelt nach vorne, verteilt Äpfel und macht gute Miene zum bösen Spiel. Schon wieder hat man sie auf die falsche Fährte gelockt und ihr Ferien versprochen. Aber es ist nichts als ein Ortswechsel des Arbeitsplatzes. Ach war das schön früher, Urlaub – ohne Kinder. Seufzen. Nachdenken. Träumen. Man saß Hand in Hand verliebt im Flugzeug und kuschelte und freute sich auf die gemeinsame Urlaubszeit – und schielte einander glücklich anlächelnd nach der netten kleinen Familie nebenan mit dem süßen Baby. So etwas wollte man bald auch mal haben. Und am Strand baute man dann verklärt guckend mit fremden Kindern Sandburgen. Ja, ja so sollte es auch sein. Wir beide – eine glückliche Familie mit netten Kindern … Ausgeträumt. Die Realität sitzt mit im Auto. »Lass mich in Ruhe« – »Ich hab doch gar nichts getan« – »Das ist mein Platz, dein Ellenbogen darf da nicht sein« – »Du Blödmann« – »Selber –« Hat das denn nie ein Ende?

Die Stunden verrinnen, die Temperaturen steigen. Die Nerven zerfetzen. Und als es fast zum Massaker kommt, ist das Ziel endlich erreicht.

Sommer, Sonne, Strand. Die Kinder strahlen und helfen beim Hereintragen und Auspacken. Der Vater pfeift. Die Mutter summt. Alles ist gut. Lediglich gleiche Arbeit an anderem Ort? Ach, wo. Das Leben ist leichter im Süden. Das bisschen Haushalt im Urlaub. Wer wird denn da so pingelig sein? Alle helfen doch mit. Oder etwa nicht? Klar. Mutter hat doch auch Ferien. Nur nicht vom Ich. Mutter bleibt Mutter. Vielleicht mal ein bisschen mutiger. Mit Blüte im Haar kochen?

Aber später, wenn die schönen Tage vorbei sind, dann gibt's die Bestrafung: Berge von Wäsche müssen erklommen und abgetragen werden. Urlaubssouvenirs müssen verstaut, die freundliche Nachbarin beschenkt, die Großeltern informiert werden über glückliche Ankunft. Immer wieder »ja, das Wetter war schön«. Oder auch nicht.

Und dann – dann kommt die wirkliche Erholung. Wenn alle wieder bei der Arbeit, in der Schule, im Kindergarten sind (wehe denen, die ganz kleine Kinder haben), die Wäsche ordentlich im Schrank liegt, dann – ja, dann geht's uns bei einer Tasse Kaffee und einer lieben Freundin saugut und wir sind froh, dass wir den Urlaub wieder einmal überlebt haben und unsere Familie doch nicht verlassen werden.

Tina Wiegand

Take it easy! Aber nicht immer!

Mein Leben teilt sich in zwei Phasen, nämlich in v. Pth. und s. Pth., wobei v. Pth. »vor dem Psychotherapeutendasein« und s. Pth. »seit dem Psychotherapeutendasein« bedeutet. Die Ära des v. Pth. beschied mir eine beträchtliche Anzahl an Geschichten und Erfahrungen, die mir den weitläufigen Behandlungsbedarf der Welt unmissverständlich vor Augen führte – von meinem eigenen mal ganz abgesehen. So war später die Entscheidung, meine Babypause zu benutzen, um mich auf die Abenteuerreise Psyche zu begeben, nichts weiter als die logische Schlussfolgerung aus meiner Lebensgeschichte. Die vier Jahre, die ich in Los Angeles zubrachte, waren in dem ganzen Prozess ein wesentlicher Meilenstein:

An einem heißen Sommertag besuchte ich zum ersten Mal einen Gynäkologen in meiner neuen Wahlheimat L. A.

Die Sprechstundenhilfe begrüßte mich mit der für Kalifornien typischen Freundlichkeit und führte mich sofort in das Untersuchungszimmer mit der Bitte, mich zu entkleiden. Mir wäre es lieber gewesen, dem fremden Arzt erst mal bekleidet zu begegnen, so, wie ich es von zu Hause gewöhnt war. Aber ich war finster entschlossen, mich auf die merkwürdigen Gebräuche im Land der unbegrenzten Möglichkeiten einzulassen und zu lernen es »easy zu taken«.

Also gehorchte ich.

Es gab keinen Untersuchungsstuhl, wie in Deutschland, sondern nur eine Pritsche. Also ließ ich mich darauf nieder, ließ meine Beine baumeln und bemühte mich, trotz meiner Nacktheit, gelassen die Kühle der Aircondition zu genießen. I was easy, just easy!

Und dann kam's:

Mit einem Temperament, das mindestens Stärke 7 auf der Richterskala eines Seismographen ausgelöst hätte, stürmte ein rübezahlartiger Zwei-Meter-Mensch in den Raum. Bei meinem Anblick wurden zwei stahlblaue Augen in blankem Entsetzen aufgerissen und das sommersprossige Gesicht färbte sich puterrot. Er machte auf dem Absatz kehrt und suchte fluchtartig das Weite, wobei er seine Sprechstundenhilfe, die ihm höchstens bis unter die Achseln reichte, einfach über den Haufen rannte.

Erschrocken und etwas verwirrt blickte ich an meinem 24 Jahre alten Körper herab. So schlimm?

Der Blick der Sprechstundenhilfe, deren Frisur unter dem heftigen Zusammenprall mit ihrem Chef sichtlich gelitten hatte, war geneigt, mir den Rest an Fassung zu rauben. Mit einer Entschlossenheit, die an die inquisitorischen Ausführungsorgane der Hexenverbrennung des Mittelalters erinnerte, flog sie auf mich zu, nahm eines der weißen Tücher, die auf der Pritsche lagen und schleuderte es mir auf den Schoß. »Anziehen!«, fauchte sie und entschwand türenknallend.

Wie in Trance glotzte ich die Türe an. Erst ausziehen, dann wieder anziehen – irgendetwas war hier völlig unlogisch. Gehorsam fingerte ich, krampfhaft um Ruhe bemüht, den weißen Stoffwisch auseinander, der sich als OP-Hemd entpuppte. Ratlos drehte ich es hin und her ... Na, vermutlich Schlitz nach vorne. Schließlich war dies eine gynäkologische Untersuchung, bei der es angebracht schien, dass der Arzt etwas sehen konnte... Also rein ins Flügelhemd und Schleifchen unterm Kinn binden.

Diesmal hatten sie sich abgesprochen. Die Sprechstundenhilfe äugte erst vorsichtig um die Ecke, um zu sehen, ob die Luft rein war. Mein Anblick entlockte ihr ein hysterisches Keifen. »Nein, nein, nein, nicht so!« Ungeduldig riss sie mir das Hemd vom Körper. Also doch Schlitz nach hinten? »Hinlegen!« Wie ferngesteuert gehorchte ich. Sie nahm ein zweites, überdimensionales Laken, breitete es über mir aus und begann es unter meinem Körper festzustopfen.

Mit einem Mal verstand ich! Sie verwechselten mich mit jemandem, der operiert werden sollte! Unendlich erleichtert, die Bedeutung dieses denkwürdigen Verhaltens erfasst zu haben, rief ich: »Entschuldigung, aber ich bin nur zur Untersuchung hier!«

Sie schnappte nach Luft, wie ein Karpfen, den man ohne Vorankündigung aufs trockene Ufer geschleudert hat. »Ja, was glauben Sie denn, was das hier ist? Eine Peep Show?«

»Was ...?«

Krachend fiel die geplagte Türe ins Schloss. Mein erleichtertes Lächeln war zu einem blöden Grinsen erstarrt, das sich wie eingemauert auf meinem Gesicht festhielt. Ich lag da, eingemummelt wie in einem Kokon, und es war mir völlig schleierhaft, wie ich in diesem Zustand untersucht werden sollte. »Easy!«, dachte ich und bemühte mich, mein klapperndes Gebiss unter Kontrolle zu halten »Take it easy!«

Mit gleichem Schwung wie zuvor rauschte Dr. Rübezahl in den Raum, gefolgt von seiner Sprechstundenhilfe Rumpelstilz. Er war wirklich riesig. Mit einem Schlag begann ich zu beten, dass ich mich nicht in der Türe geirrt hatte und versuchte mich zu erinnern, was auf dem Schild neben der Klingel stand, die ich gedrückt hatte. Hoffentlich befand ich mich nicht in der chirurgischen Abteilung eines Schönheitschirurgen, der alle Nasen, die ihm begegneten, in die Form von Michael Jacksons brachte, ohne auf die arme Seele des bearbeiteten Wesens zu achten, versteht sich.

Mit einem erzwungen-gelassenen Gesichtsausdruck begann der Doktor seine Pranken, die einem Klodeckel alle Ehre machten, erst umständlich durch das Laken und anschließend durch das OP-Hemd zu wurschteln, um meine Brüste abzutasten. Der Mann verhielt sich fast wie ein richtiger Arzt – aber die Tatsache, dass er seinen Blick stur auf die Wand über mir heftete, als wolle er die Knubbeln im Rauputz zählen, störten den professionellen Eindruck – zumindest meiner Einschätzung nach.

Anschließend die gleiche umständliche Prozedur von unten – nur, dass er diesmal auch seinen gesamten massigen Oberkörper unter das Laken wühlte. Bewegungslos, wie eine Statue, stand Rumpelstilz daneben und ließ mich nicht aus den Augen. Trotzdem kehrte langsam die Durchblutung in meine Gesichtsmuskeln zurück, und diese signalisierten beginnende Bereitschaft, sich meinen Anweisungen wieder zu unterwerfen. Endlich war ich in der Lage, den Mund zu schließen. Nur den verzweifelten Unterton in meiner Stimme hatte ich nicht unter Kontrolle. Und so konnte ich nur hauchen: »Was zum Teufel machen Sie da?«

Ruckartig schoss Rübezahls gerötetes Gesicht unter dem Laken hervor. Mein Anblick veranlasste ihn diesmal zu einem väterlich-beruhigenden Lächeln, und mit sanfter Stimme erklärte er mir, dass dies eine gynäkologische Untersuchung sei und ich nichts zu befürchten habe, da alles, was er tue, zu einer Untersuchung dieser Art notwendig sei!

Hatte der einen Knall oder ich?

Ein gnädiger Adrenalinstoß erlöste mich von meiner Sprachlosigkeit. »Dass Sie unter dem Laken nicht nach Gold suchen, nehme ich an – aber Sie können doch gar nichts sehen!« Jetzt keifte ich fassungslos, während ich das typisch kalifornische »fuck'n« überall da unterbrachte, wo es mir angebracht schien.

Er stutzte, bevor er verwirrt-verschmitzt lächelnd eine Taschenlampe hervorzog, um mir diese mit einer Geste entgegenzuhalten, als wolle er sagen: »sieh mal, was ich für ein Fuchs bin«. Verblüfft beäugte ich die Taschenlampe. »Seit zehn Jahren unterziehe ich mich zweimal jährlich einer gynäkologischen Untersuchung. Aber das ist das Bescheuertste, was ich jemals erlebt habe!«, giftete ich.

Jetzt bestaunte er seine Taschenlampe: »Sie haben schon mal ... wieso bescheuert?« Das war zuviel, mir platzte der Kragen. Meine Stimme hatte mich wieder und ich begann zu wettern. »Erst verpacken Sie mich wie eine Mumie und dann gehen Sie mit einer Taschenlampe auf Tauchstation. Das *ist* bescheuert. Jetzt setzten Sie mir endlich die Spirale ein und lassen Sie mich nach Hause gehen!« Das heißt, das wollte ich brüllen. Aber in meiner völligen Verwirrung hatte ich, ohne es selbst zu bemerken, den englischen Begriff »IUD« (intrautenary device) mit dem Begriff »HBO« verwechselt – dem Namen eines amerikanischen Kabelkanals. Was folgte war die berühmte Stecknadelstille.

Jetzt war er es, der sich um Ruhe bemühte. Mit einer Kopfbewegung schickte er Rumpelstilz aus dem Zimmer, die die Türe zum ersten Mal ganz leise hinter sich schloss. Dann setzte er sich neben mich, strich mir über die Wange und fragte mich vorsichtig, ob ich wisse, welches Datum wir haben. Er hielt mich tatsächlich für verrückt und untersuchte meinen Geisteszustand – meine Kokonzwangsjacke trug ich ja schon. Mir drängte sich der Oldie »I wanna go home« auf, aber ich verkniff mir den Impuls, in dieser Situation auch noch zu singen. Stattdessen hauchte ich ein verzagtes: »In Deutschland machen die Ärzte das alles ganz anders!« hervor. Und endlich verschaffte sich Verständnis Zutritt in die verfahrene Situation. Er hatte nicht begriffen, dass ich Ausländerin war.

Erst jetzt erfuhr ich, dass die amerikanische Gesetzgebung es verbietet, Patientinnen unbekleidet zu untersuchen. Die Sprechstundenhilfe hatte nicht im Traum daran gedacht, dass ich ihre Einladung »to undress«, mich zu entkleiden, so wörtlich nehmen würde. Der Gedanke, dass von einem Gynäkologen die Gefahr eines sexuellen Missbrauches ausgehen könnte, war mir noch nie in den Sinn gekommen. Aber in USA liefen etliche Strafanzeigen gegen Gynäkologen, weil unerfahrene Amerikanerinnen nicht damit gerechnet hatten, dass eine gynäkologische Untersuchung sich auch auf das Innere ihrer Vagina bezog.

Und so lernte ich, dass Arztbesuche in L.A. zu den Dingen zählten, die man unter keinen Umständen easy taken darf.

Diese Haltung wurde vielmehr immer dann erwartet, wenn es sich um die Bewertung politischer oder sozialer Missstände handelte – und da dies mein eigenes Wertesystem völlig auf den Kopf stellte, bewegte ich mich zielsicher von einem Fettnapf zum anderen. Kritik an der Regierung, das Zerstören guter Stimmung, das Ablehnen von Joints auf Partys, das sich nicht-von-Produzenten-anfassen-lassen-wollen und das Durchbrechen des Wohlfühlzwanges waren mega-out und nach kurzer Zeit mein Markenzeichen.

Bei meinem Mann genoss ich weitgehend Narrenfreiheit. Unsere erste große Ehekrise erzeugte ich jedoch, als ich angesichts unseres beträchtlichen Geldmangels meine deutsche Vorstellung von Vernunft durchsetzte. Bei einem wichtigen Empfang im »Pimps« fuhr ich, statt eine der teueren Luxuslimousinen zu buchen, mit meinem silbernen VW-Käfer namens Bubbleporsh vor. Zum ersten Mal seit ich ihn adoptiert hatte, benahm Bubbleporsh sich an diesem Abend jedoch daneben und machte, selbstverständlich direkt auf dem Parkplatz des Nobellokals, mit einigen gepfefferten Fehlzündungen auf sich aufmerksam. So sorgte er dafür, dass das ganze Haus in Erwartung eines russischen Militärangriffs zusammenlief. So ein Angriff wäre zu verkraften gewesen, aber der Anblick meiner Billigkarre, aus dem zu allem Überfluss ein abendbekleidetes Huhn, nämlich ich, ausstieg, das es auch noch wagte, lauthals zu lachen – war zuviel.

Und so lernte ich: Understatement ist auch bei akutem Geldmangel mega-out und unter keinen Umständen easy zu taken.

Mein Schwiegervater war deutscher Botschafter. In meiner Vorstellung war die Diplomatie ein großartiges Geschenk an die Menschheit. In meiner Phantasie waren Botschafter weise, gütige Menschen, die die verschiedensten Mentalitäten der Erde kannten und mit Toleranz und Bildung den Krieg in der Welt verhinderten. Soweit die Theorie. Ich war beeindruckt, bis ich ihn kennen lernte. Die eine oder andere Million oder ein adeliger Name hätten mir sicher Zugang zu dieser Familie verschafft. Aber unter den gegebenen Umständen war ich einfach nicht stubenrein. Fassungslos erkannte ich, dass der Weltfrieden in der Hand von Orden- und Diamanten-geschmückten Fassaden lag, die sich, durch die unsichtbaren Fäden der Etiquette geführt, wie die Marionetten auf zahllosen Empfängen bewegten, die Unsummen verschlangen. Wo lag der Unterschied zu Hollywood? Alle spielten eine Rolle, Geld zählte hier wie dort, ebenso der Name. Hier adelte eine Königin, dort ein berühmter Filmproduzent. Die ganze Szenerie eine lächerliche, verlogene Anstalt. Die Mehrheit dieser Menschen zeichneten sich durch einen derart ausgeprägten emotionalen Analphabetismus aus, dass ich ihnen allenfalls die Unzurechnungsfähigkeit bescheinigen konnte, die das Strafmaß bekanntlich auf mildernde Umstände zurückschraubt.

Nach vier Jahren kapitulierte mein Mann vor meiner ausgeprägten Lernresistenz in Sachen easy taken oder nicht. Mein Verhalten war in geschäftsschädigender Weise mega-out und eine Trennung ließ sich nicht länger vermeiden. Da die Anerkennung seiner Eltern von seinem Kontostand, und sein Selbstwertgefühl von der Anerkennung seiner Eltern abhing, packte ich meine Klamotten und kehrte erleichtert nach Deutschland zurück.

Die Zeit war noch nicht reif für s. Pth. und so geriet ich dort vom Regen in die Traufe. Doch davon erzähle ich ein anderes Mal.

Denken mit den Eierstöcken

Marie Theres Kroetz-Relin

Hirn, du kannst weiterpennen

> *»Alles, was wir an dem wahren Weibe Weibliches bewundern und verehren, ist nur eine Dependenz der Eierstöcke.«*
>
> *Rudolf von Virchow, Wissenschaftler und Mediziner, 1821–1902*

»Seid ihr bereit? Wir starten die Produktion!« – *»Ja!«* Sie war 15. *»Nun mal los!«* Und zum ersten Mal richtig verliebt. *»Jetzt hat sie dem Typen schon wieder in die Augen geguckt.«* – *»Hab's bemerkt. Hat tüchtig vibriert. Haha.«* Sie war in der Pubertät. Und sie verliebte sich noch öfter. *»Wieder nichts. Können wir auch diesen Monat wegschmeißen.«* Sie war sehr schwierig in der Pubertät, sagten alle. *»Immer schieben sie alles auf uns.«* Sie wurde zur jungen Frau. *»Mann, der ist es, ich schwör's dir!«* Sie lernte *ihn* kennen. *»Strengt euch an, damit sie weiß, wozu wir da sind!«* Sie liebte, aber sie verhütete. *»Mist, die will uns ausschalten. Wickelt ihre ganzen Gefühle über uns ab und will uns lahm legen!«* Er verließ sie, wegen einer anderen. *»Frau, ich kann das Ziehen bald nicht mehr ertragen!«* Sie fühlte sich einsam und hatte Sehnsucht. *»Wenn die so weiter macht, werd ich krank!«* Sie setzte die Pille ab, war ja eh alles sinnlos. *»Hey, wir haben wieder ein Mitspracherecht. Beeilt euch, wir haben eine Aufgabe!«* Da trat *er* in ihr Leben. *»Beeilt euch!«* Sie war glücklich und wurde schwanger. *»Fiesta! Wir haben es geschafft. Sie denkt mit uns und folglich kann sie uns verstehen!«* Sie genoss die Schwangerschaft. *»Mann, ist das klasse. Neun Monate Ruhe und keiner fragt*

uns nach dem Sinn des Lebens. Wir sind der Sinn!« Sie bekam ihr Baby. »*Achtung. Herausgeberin liegt in den Wehen. Bitte restliches Hirn ausschalten. Wir übernehmen die Sache.«* Sie hielt ihr Baby in Händen und begann zu heulen. »*Da siehste mal wie wichtig wir sind. Fühlt sich kurz nach der Geburt schon sinnlos! Bitte Milchproduktion und Gebärmutterrückzug beginnen!«* Sie stillte. Sie war ganz Mutter. »*Wenn wir Glück haben, dann ist sie noch ein Weilchen zufrieden, solange sie stillt.«* Sie wollte noch ein Kind. »*Schwein gehabt, wir können mit einer Neuauflage starten! Frage nach dem Sinn erledigt. Hirn, du kannst weiterpennen«* Sie war im Saft des Lebens und hatte eine Aufgabe. »*So friedliche Zeiten! Genießen, kann ich da nur sagen!«* Wenn sie ihre Tage bekam, war sie etwas unleidlich. »*Das finde ich so was von ungerecht, dass die immer uns die Schuld geben!«* Sie war viel allein mit den Kindern, der Mann viel unterwegs. »*Die trocknet uns noch aus. Und dann geben sie uns wieder die Schuld. Motivation zur Eigeninitiative.«* Sie schämte sich wegen ihrer Lustgefühle. »*Na, bloß weil sie Mutter ist, kann sie doch ein bisschen Spaß haben. An Gehirn: Bitte Schuldgefühl ausschalten! Danke!«* Sie wollte wieder weiblich sein, nicht nur Mutter. »*Dass sie auch immer alles verwechseln muss! Weiblich ist sie doch, so oder so – Dank uns!«* Sie flirtete, nur ein wenig. Er wurde eifersüchtig. »*Sorry, wenn die Angst sich einschaltet, dann sind wir machtlos.«* Das Leben plätscherte dahin. Die Kinder wurden groß. »*Langsam können wir uns verabschieden. Ich glaub, da ist der Ofen aus.«* Sie war jetzt 42. »*Okay, jetzt heizen wir ihr beim Abschiednehmen noch ein bisschen ein, damit sie weiß, was sie an uns hatte.«* Sie wollte keine Wechseljahre, sie wollte leben. »*Shit, die versucht uns zu manipulieren, will lebensverlängernde Maßnahmen einführen.«* Aber sie vertrug die Hormone nicht. »*Komm schon, Baby, noch ein letzter Frühling und das war's. Wir stellen die Produktion ein.«*

Sie wusste, dass sie ihr Leben verändern musste. Und sie begann zu denken.

»Eierstöcke an Hirn: Bitte übernehmen Sie!«

Sie ging in die Politik und passte sich an.

Nur mit der Erektion klappte es nicht so ganz.

Brigitte Hieronimus

Die Lust der Frauen

Nichts als die Wahrheit über die Lust reifer Frauen und die Unlust (un)reifer Männer! Oder anders ausgedrückt – bahnt sich schon wieder eine sexuelle Revolution an? – Das kann ja heiter werden.

Frauen können immer. Sie müssen aber nicht. Das ist die eine Wahrheit. Männer wollen immer. Können aber nicht. Ist das die andere Wahrheit? Na ja. Wie man(n) es nimmt. Bei ihm ist es vor allem eine Sache des sich allmählich neigenden Erektionswinkels. Männer zwischen 40 und 50 kämpfen verbissen dagegen an, laufen oder radeln davor weg, verweigern sich oder futtern Viagra und erleiden unter der Geliebten einen Herzinfarkt, oder schlimmer noch, sie zeugen mit der Jüngeren ein Kind und müssen sich dann im Großvateralter einem Stall voller Kinder widmen. Denn oft hat die Geliebte eigene Kinder. Manche tun das übrigens gerne, glauben sie doch, im Alter die besseren Väter zu sein.

Sie glauben, ich übertreibe? So schlimm ginge es nicht in ehelichen Betten zu? Nein, so schlimm nicht, weil da tut sich sowieso nix mehr. Ein Schweizer kalauerte dazu: Weihnachten ist öfter! Ein Deutscher erwiderte grinsend: Sex nach 50 ist mühsamer, als einen Berg zu besteigen! Welcher Berg, bitte schön, ist denn gemeint? Midlifecrisismänner umkreisen doch wie blöde den Berg Eros und finden nur selten den Aufstieg zum Gipfel der (geistigen) Lust. Sie rammeln und stoßen sich die nicht vorhandenen Hörner ab und bemerken nicht, dass reife Lust etwas ganz anderes bedeutet. Davon soll hier die Rede sein.

Sind wir jung, tanzen die Hormone und wir brauchen die Lust, um uns zu binden. Werden wir älter, will die Seele gestreichelt werden, damit sich die Lust nicht vom Acker macht. Sind wir dann älter geworden, sagen wir mal so um die 40, nimmt die Lust der Männer schneller ab als Frauen dachten. Und dann glauben die Frauen irrtümlich, dass sich auch ihre Lust verflüchtigt hat. Dem ist aber nicht so. Wenn der beste Freund des Mannes erschlafft, sich dünne macht und herumhängt, ist das kein Zeichen von Impotenz, sondern ein Zeichen dafür, dass nicht nur der Hormonrückgang, sondern Stress und ungesunde Lebensweise sich dort als Erstes zeigt. Die Lust der Frau kann aber während der Wechseljahre zunehmen. Das hat sich nur noch nicht überall herumgesprochen. Warum wohl nicht?

Testosteron fördert das Lustempfinden und die Angriffslust. Bei Männern nimmt dieses Hormon um die 40 herum ab (sie werden dann einfühlsamer oder jämmerlicher), während bei Frauen durch den Östrogenrückgang der Testosteronspiegel deutlicher wird. (Sie werden konfliktfreudiger und gingen gerne aufs Ganze, wenn man(n) sie nur ließe!) Es ist ein von Göttern in Weiß erdachtes Ammenmärchen, dass Frauen im Klimakterium weniger Spaß am Sex haben und aufgrund trocken werdender Schleimhäute frigide werden können.

Herrschaftssakrament noch mal! Woher wollen diese alten Säcke, die auch keinen zweiten Frühling durchmachen, das so genau wissen? Zum einen hat Frau auch zwei gesunde Hände und beugt beizeiten der Trockenheit da unten vor, zum anderen kann sie sich auf die Socken machen, und sich um ihre abhanden gekommene Lust kümmern.

Noch im Mittelalter galt die Klitoris, die schöne Unbekannte, als Fortpflanzungsorgan und wurde überaus liebevoll von Männern behandelt. Frauen waren sexuell voll befriedigt und haben sich ihrer Lust mit Freude gewidmet. Irgendwann erkannte ein Arzt, dass sie ein reines Lustorgan der Frau sei und bestimmte deren Entfernung, da er einen Zusammenhang mit Hysterie vermutete. Das Drama nahm seinen Lauf. Den Frauen wurde die Lust gestohlen. Wer sie dennoch lebte, wurde verteufelt oder als Sünderin erklärt. Selbst in unseren modernen Zeiten wird eine lustbetonte Frau, noch dazu wenn sie älter ist, in der Gesellschaft misstrauisch beäugt.

Wer sich seinem steigenden Lustpegel hingibt und gut für sich sorgt, kann darauf verzichten, Stellvertreterkriege zu führen.

Ob Mann oder Frau, es ist höchst gefährlich, nichts für die Erhaltung der Lust zu tun. Alte Männer zetteln Kriege am Nachbarzaun und in der Welt da draußen an, alte Frauen am heimischen Herd. Make Love, not War. Lange her, nicht wahr? Der Krieg der Geschlechter ist unterschwellig immer auch ein Krieg um sexuelle Macht gewesen. Und die kommt im Älterwerden neu auf den Tisch.

Können wir darauf hoffen, dass sich Mann und Frau im Bett befrieden, wenn sie unterschiedliche Bedürfnisse haben?

Unzulänglich im Bett geworden, zieht der Mann seine Kreise am Horizont des Weltgeschehens, während die Frau den Befriedigungsfrust am offenen Klodeckel rauslässt.

Unterdrückte und geleugnete sexuelle Energien von Frauen

suchen sich einen anderen Kanal als bei Männern. Beide leiden darunter, bloß anders. Oft übt ein Mann Gewalt aus, wenn er eine Frau sexuell bedrängt. Dabei geht es ihm nicht um erotische Lust, sondern um Macht, Unterdrückung und Demütigung. Natürlich gibt es Frauen, die mit Sex nicht das Geringste zu tun haben wollen, für die war es noch nie schön, und sie können sich auch nicht vorstellen, dass es schön sein könnte. Merkwürdig ist aber, wenn gerade solche Frauen etwa in Karnevalszeiten, beim Kegelausflug oder auf Kur so richtig vom Leder ziehen. Von wegen keine Lust auf einen Mann.

Zwischen 40 und 50 verändert sich das sexuelle Erleben von Mann und Frau derart stark, dass einiges in die Schieflage geraten und aus dem Ruder laufen kann. Es geht nicht darum, sich einen Lover oder eine Affäre zu gönnen, sondern sich selbst als Frau mit ihrer Potenz anzunehmen, statt sie zu verneinen oder gar abzuwürgen. Das macht vor der Zeit alt, verbittert und krank noch dazu. Frühpensionierte Männer schwingen gerne das Zepter am Kochtopf, weil ihnen sonst nichts mehr steht ... sorry ... das ist leider keine Zote, sondern bittere Wahrheit für viele Frauen, mit denen ich in Kontakt gekommen bin. Sie könnten vitaler am Leben teilnehmen, wenn sie sich ehrlich mit ihrer anerzogenen Moral auseinander setzen würden, die sie hindert zu leben, statt am Herd mit ihm zu zanken.

Bei Umfragen über Männer und Frauen kommt immer das Gleiche zutage. Sie ärgert sich über seine dreckigen Socken, die neben den Wäschekorb geschmissen werden, er, dass sie ihn mit dem Hintern nicht mehr anguckt. Sie nörgelt, dass der Klodeckel offen steht, er, dass sie zuviel telefoniert. Frauen glauben, unentwegt erzieherisch eingreifen zu müssen und wundern sich, wenn sie im vorruheständlerischen Gatten dann ein drittes Kind am Bein haben. Sie sorgen sich, dass er keine Hobbys hat, wenn der Tag X kommt, lamentieren aber, wenn er sich eins zulegt und sie womöglich sonntags allein zu Hause hocken.

Es gäbe so viel in der Welt da draußen zu tun, gerade für Frauen. Sie könnten sich einmischen, mitmischen, aufmischen, sich engagieren und revolutionieren. Mit potentem weiblichen Hirn an einer (politischen) Männerrunde teilzunehmen, ohne sich abdrängen zu lassen, wäre eine echte Herausforderung für alle Beteiligten. Achten Sie einmal darauf, wie viel Redezeit einer Frau gegenüber einem Mann eingeräumt wird. Talkrunden sprechen Bände!

Warum hat die Evolution dafür gesorgt, Frauen nach der Menopause ihre Lust übrig zu lassen und sie dem Mann in der Andropause zu nehmen?

In Gesprächen mit Frauen ist mir aufgefallen, dass die Lust der Frauen, die sich kanalisieren möchte, ein Wegweiser zu sich selbst ist. Frauen dürfen nur nicht den Fehler begehen, durch die Lust in eine neue Abhängigkeit zu geraten. Begehrt sie einen Mann, dann muss sie autonom sein und sich nicht auf hingeworfene Brotkrumen stürzen. Je älter Frauen werden, desto eher kann das gelingen! Das ist das Schöne am Älterwerden.

Allerdings ist zu beobachten, dass seelisch verletzte Frauen, die als Mädchen missbraucht, vergewaltigt oder genötigt wurden, oft ein gestörtes Verhältnis zur Sexualität haben. Einerseits wollen sie den Mann durch Sex an sich binden, andererseits verabscheuen sie Sex. Viele spalten ihre Gefühle ab und üben den Akt mechanisch aus. Kein Mann aber kann heilen, was ein anderer zerstört hat. Kommen Paare zusammen, die eine Leidensspur an zerrütteten Beziehungen hinter sich herziehen, kommt es selten zu einer echten Begegnung. Es gibt Männer, die uneingestanden immer noch an der ersten Ehefrau hängen und nicht um den Verlust trauern können. Mit dieser depressiven Struktur ist keine Erektion zu halten. Darüber muss die neue Frau Bescheid wissen, damit sie nicht etwa glaubt, sie sei die Ursache.

Beiden Geschlechtern mangelt es im Älterwerden an Selbstliebe und nur wenige können Sexualität wie Heilige sublimieren.

Es gibt keinen Grund warum Frauen nach der Menopause keinen Sex mehr haben sollten. Meist stehen sie sich aber selbst im Weg. Natürlich ist es nicht gerade ermutigend, wenn sie bemerken, wie sich ihre Männer nach jungen Frauen umdrehen und sie deshalb betrügen oder verlassen. Meist können aber gerade solche Männer einer reifen Frau gar nicht die Sexualität bieten, die sie haben möchte und sie sollte so einem Bock seine Sprünge lassen. Lange hält er das eh nicht durch.

Frauen ab 40 merken, wie sich der Körper sperrt, wenn sie trotz Stress und fehlender seelischer Streicheleinheiten mit einem Mann schlafen sollen. Nur ihm zuliebe und wegen seiner sonst einsetzenden schlechten Laune tun sie es halt. Würde das je ein Mann tun? Haben Sie schon mal versucht, einen durch und durch unwilligen und abgrundtief müden Mann zu begatten?

Ab 50 ist spätestens Schluss. Frauen lassen sich nicht weiter beschlafen, wenn ihre Männer sie nicht begehren und mit schlurfenden Schritten und pissgelben Unterhosen vor ihnen zu Bett gehen. Gebundene Männer verlieren im Laufe der Beziehung erschreckend oft die Lust am Liebe machen und kümmern sich einen Dreck darum, sie wieder zu finden. Die Andropause bewirkt zwar, dass auch die Lust im Hirn nachlässt – um dies nicht zu merken, halsen sie sich noch mehr Arbeit auf, zappen sich vom Sofa aus durch sämtliche Kanäle, frönen dem Alkohol und sind dann zu blau – doch das ist alles keine Entschuldigung.

Frau möchte ausrufen: Reißt euch zusammen ihr herrlichen

Männer und spendet eine neue Art von Freude. Wenn Frauen die Muskeln ihrer Vagina durch Beckenbodentraining kräftigen, haben beide doppelte Freuden. Falls Männer das nicht wollen, gehören sie nicht ins Abenteuerland, sondern ins selbsterschlaffte Paradies. Reife Frauen wollen mehr und können öfter, welcher Mann fühlt sich da aber nicht gleich wieder unter Druck und Zugzwang? Für das sinnliche erotische Liebesleben muss man(n) und frau in jedem Ater etwas tun, sonst ist man(n) und frau ratlos, wenn seine Triebe nachlassen.

Der Wunsch nach Berührung bleibt immer. Deshalb streicheln manche Hund und Katz und lassen sie in der Liebesritze schlafen. Oder buchen Wellness und Massage. Selbst als Pflegefall holen manche sich die vermisste Berührung zurück. Witwen berichten, dass sie einen unstillbaren Wunsch verspüren, selbst unbekannte Menschen anzufassen, wenn diese ein nettes Wort an sie richten.

Frauen und Männer brauchen eine neue Liebeskultur und könnten sie zum Fest machen. Viele Frauen kostet es aber schon Überwindung, kapriziöse Unterwäsche anzuziehen, sie fühlen sich damit verkleidet und unanständig. Wie schade. Meist sind es die verinnerlichten Gebote der Eltern und der Kirche, die das nicht zulassen. Ehrlich gesagt, eine Frau in roter Seidenunterwäsche, egal wie alt, sieht einfach anziehender aus, als eine im kalkweißen Rippenstrick. Es geht nicht darum, dreimal hintereinander – obwohl das sehr schön wäre, aber wohl nur mit jungen Männern zu schaffen ist –, sondern einmal drei Stunden lang Liebe zu machen. Wenn Männer das nicht wollen und sich auch keine Mühe geben, müssen Frauen eigene Wege der Lust erkunden.

Da gibt es kein Richtig und Falsch, keine Moralvorschriften und Wertbekundungen. Wenn Sexualität ein wichtiger Punkt in der Beziehung war, dann sollte sie im Älterwerden nicht zwangsläufig an Bedeutung verlieren. Aber wie gesagt, die Lust und die Zeit müssen schon aufgespürt werden. Manchen Frauen steht dann ein falscher Stolz im Weg. Gerade in alten ehelichen Beziehungen wird oft ein ungutes Muster gelebt.

Erinnern Sie sich an Zeus und seine Gattin Hera? Diese antiken Bilder werden von Autoren gerne verwendet, wenn sie die Dynamik einer Ehe aufzeigen wollen. Zeus war ein notorischer Fremdgänger. Hera eine eifersüchtige Frau. Eines Tages kam die Geliebte Semele ins Spiel. Wenn eine Geliebte in einer festen Beziehung für Dynamik sorgt, muss sich jeder mit seiner eigenen Rolle auseinandersetzen und herausfinden, was er in der Beziehung zu leben verweigert.

Herafrauen haben in der Regel verlernt, sich als sinnliche Frau zu betrachten. Zeusmänner haben sich nicht mit ihrem Vater/Söhne-Bild auseinander gesetzt und hadern mit der Macht der Frau – oder fürchten die der Mutter. Semelefrauen, die immer nur Geliebte sind, wollen die Rolle der schmachtenden, sich verzehrenden Kindfrau nicht aufgeben. So unerreichbar wie einst der Vater war, so warten sie auf die Liebe eines gebundenen Zeusmannes. Es ist schon erstaunlich, wie alle in einer Beziehung von der Geliebten profitieren. Zeus holt sich bei Semele, was er bei Hera nicht mehr kriegt. Hera wird in Ruhe gelassen und muss ihre Sinnlichkeit nicht leben. Und Semele kann leidenschaftlich aus der Ferne lieben, muss nicht erwachsen werden und sich schon gar nicht entscheiden.

Frauen tun gut daran, sich mit ihrer vernachlässigten Erotik zu befassen. Sie sind nicht als Neutrum auf die Welt gekommen und müssen nicht ein Leben lang die Rolle der Tochter, Ehefrau oder Mutter einnehmen. Deshalb sind die Wechseljahre dabei behilflich, damit sich die Rolle wieder wandelt.

Wenn Frauen sich einen Geliebten nehmen, wie gehen sie dabei vor, damit er nicht wie ein Naturereignis über sie hereinbricht? Die klassische Geliebte führt kein wirklich feines Leben, sondern leidet an der Unsichtbarkeit, an der Unverbindlichkeit und an der Nichtentscheidung für sie. Kann das aufgelöst werden? Ja, kann es. Sie alle müssen lernen zu kommunizieren. So schmerzlich es sein mag, eine Chance besteht nur, wenn sich alle Beteiligten in ihren Bedürfnissen öffnen. Manche Frauen wollten einen Mann, um eine Familie zu gründen. Mehr wollten sie nie. Paarzeit ist nicht ihre Sache. Manche Männer nahmen eine Frau, um wie bei Mami weiterhin versorgt zu werden. Dazwischen sind die, die nicht so recht wissen, was Liebe eigentlich bedeutet.

Nimmt sich eine Frau einen Liebhaber, der ausschließlich ihrer Bedürfnisbefriedigung dient, kehrt sie das Rollenmodell um. Und sie muss damit rechnen, dass auch ein Mann nicht immer nur in der Versenkung bleiben will. Es sei denn, beide sehen sich als kleines Glück am Wegrand und machen keine feste Beziehung daraus. Wenn wir es also unter diesem Aspekt betrachten, wandelt sich vielleicht gerade jetzt das Modell.

Eine Revolution anzuzetteln, bedeutet, das Pendel ausschlagen zu lassen, um in Extreme zu gelangen, damit zu einer neuen Mitte gefunden werden kann. Lassen wir Umbruchphasen Zeit und kümmern uns um das gegenwärtige Weltgeschehen. Und vergessen wir dabei nicht, unser (Liebes)Leben zu kultivieren. Frauen dürfen ihre Lust leben. Es kommt kein zürnender, strafender Gott. Versprochen!

Marie Theres Kroetz-Relin

Do it again, Anna

Anna putzt die Bohnen. Fein. Säuberlich. Erst das eine Ende, schnipp, dann das andere. Sie kocht gern. Es ist die Zeit, in der ihre Gedanken tanzen können. Sie stellt das Wasser auf. Heute gibt es Schweinemedallions mit selbst gemachter Kräuterbutter, Reis und grünen Bohnen. Sie hat vier Kinder und dazu einen Mann. Und in einer halben Stunde wird die Familie am Tisch sitzen und es sich schmecken lassen.

Schnipp, schnipp. Ihre Handgriffe sind gekonnt. Sie ist schließlich schon seit 16 Jahren eine Hausfrau.

»Do it Anna!«

Oh, nein. Das war Annas innere Stimme.

»Come on, do it«, flüstert die Stimme und ganz leise: »Please . . .«

»Would you be so kind and shut up!«, gibt Anna laut zurück. »I'm cooking.«

»It's just so long ago . . . and you still got 25 minutes.«

Ihre innere Stimme hat Recht. Es ist lange her. Und sie hat noch Zeit. Und Lust. Sie denkt nach. Diese Stimme spricht sie immer in Englisch an. Warum weiß sie nicht. Sie schaut auf die Uhr. Ja, jetzt. Warum auch nicht. Ist doch ganz natürlich, oder. Hand? Nein, sie hält Ausschau. Sie will mehr. Sie entdeckt eine runde Verpackung, in der sich Calcium-Brausetabletten befinden. Sie nimmt die Packung in die Hand. Passt, hat einen guten Durchmesser. Sie entleert den Inhalt, wirft noch einen kurzen Blick auf die Uhr, ja, passt auch und verschwindet mit dem Röhrchen im Schlafzimmer.

»Oh, come on, I'm so excited!«

»Wenn du jetzt nicht das Maul hältst, klappt es nicht«, denkt Anna, »jedenfalls nicht in so kurzer Zeit!«

Sie zieht den Rock hoch und den Tanga aus und fängt an, mit dem Calciumröllchen an sich herumzufingern. Irgendwie kommt sie sich blöd vor.

Ob ihr Mann auch ...? Sicher doch. Und ihre 15-Jährige Tochter ... nein, das will sie sich jetzt nicht vorstellen ... Da sie nun mal angefangen hat, ist es zu spät zum Aufhören.

»Yeahhhhh!«, stimmt ihre innere Stimme zu.

Sie startet in ihrem Kopf ihre sexuelle Software, besser, das was nach 16 Jahren Ehe davon noch übrig geblieben ist. Ah, das tut gut. Obwohl das blöde Caciumröllchen doch etwas kratzt ... aber man kann eben nicht alles haben. Sie hat wilde Phantasien. Es ist schön. Sie blickt auf die Uhr. Verdammt, nur noch zehn Minuten. Jetzt aber schnell den Höhepunkt erreichen. Aha, aha, ja, ja, ahhhhhhhha. Geschafft.

»Was it good? Relaxed?«, haucht ihre englische Stimme etwas außer Atem.

»Oh, yes it was good ...«, seufzt Anna erleichtert ... but now shut up, I have to hurry up!«

Nun geht alles in Windeseile: Tanga an, Rock runter, Bettdecke gerade ziehen, Spuren verwischen, Calciumröllchen reinigen, Inhalt wieder darin verstauen und zurück zu den Gesundheitsprodukten sortieren. Sie rennt ins Bad, schaut in den Spiegel, ein Lächeln auf den Lippen, besser ein Schmunzeln und eine Röte auf den Wangen, wäscht sich die Hände, fährt mit der Bürste durch die Haare, rennt zurück zu ihren Bohnen, schmeißt sie ins kochende Wasser, wirft die Medaillons in die Pfanne und überprüft mit Profiblick den schön gedeckten Tisch. Alles ist bereit. Sie können kommen.

Sie hört den Schlüssel im Schloss und ihre vier Kinder samt Mann stürmen herein … Da sind sie.

»Schaust du nett aus«, sagt ihr Mann bei der Begrüßung. »Richtig rote Wänglein hast Du!«

»Ja«, sagt sie, »am Herd wird es einem richtig heiß! Dampf und so!«

»Liar!«, erwidert die Stimme aus dem Off.

»Shut up!«, denkt sie.

Tina Wiegand
Geheiligte Emanzipation

Die meisten Frauen kriegen einmal im Monat ihre Periode im Doppelpack mit einer Krise. Aus meiner Sicht ist das ein völlig normales Phänomen in einer Welt, die glaubt, ohne nähere Kenntnis der biologischen Zyklen auszukommen.

Jedes Mal, wenn ich meine Tage kriege, wünsche ich mir, ich wäre eine Muslimin. Die ziehen sich nämlich – da als unrein bezeichnet – in dieser Zeit in die Frauengemächer zurück und zeigen sich erst wieder, wenn sie sich wieder eingekriegt haben.

Ich höre den Aufschrei meiner weiblichen Leserschaft: diese verdammten patriarchalischen Machos! Wie kann eine Frau nur so etwas schreiben? Sie untergräbt die Emanzipation!

Ein Angriff auf mein weibliches Selbstwertgefühl, weil andere mich für unrein halten? Was geht es mich an, was die anderen denken? Für mich als berufstätiges Muttertier ist es eine göttliche Vorstellung, jeden Monat vier Tage allein zu verbringen. Keiner spricht mich an, keiner fasst mich an, keiner will was von mir. Aus welchem Grund ist mir in diesem Fall völlig egal. Hauptsache, ich habe viel Zeit, um mit meinem inneren Ratgeber zu plauschen, Tagebuch zu schreiben, zu schmökern und bei Bedarf ungestört in der Nase zu bohren. Dabei könnte ich die vergangenen 28 Tage in verdauliche Scheibchen schneiden und die Negativenergien in aller Ruhe ausbluten. Eine solche Auszeit würde mich vermutlich grenzenlos belastbar machen.

Aber was passiert stattdessen mit meinem weiblichen Selbstwertgefühl? Tagaus, tagein stehe ich meinen Mann, weil die Welt von mir erwartet, daß ich einen emanzipierten Eindruck hinterlasse. Diese emanzipierte Welt ist so rücksichtsvoll, daß ich mir schon eine ansteckende Krankheit, die Quarantäne erfordert, holen müsste, nur um ein bisschen alleine zu sein. Jede Arbeitgeberin würde mir fassungslos einen Vogel zeigen, ließe ich die Forderung nach periodischen Schontagen laut werden. Wie würde die Umwelt auf eine Mutter reagieren, die sich jeden Monat für vier Tage einen Babysitter nimmt, weil sie ihre Tage hat? Für eine Muslimin ist das selbstverständlich. Und Barbra Streisand ist an diesen Tagen niemals ins Studio gegangen!

Ich höre förmlich die gehässigen Schimpfkanonaden: Prinzessin auf der Erbse, nee, ist die zickig und so fort.

Die Natur hat den weiblichen Organismus so ausgestattet, dass er einem permanenten »Leben-Sterben Zyklus« unterliegt. Erst wird ein Nestchen eingerichtet, um einen eventuell eintreffenden kleinen Bewohner adäquat bewirten zu können, um bei Nicht-Benutzung alles einmal im Monat rundum zu erneuern. Dann beginnt das Ganze von vorne. Die Menstruation der Frau ist das offensichtlichste Sinnbild des Werdens und Vergehens und Erneuerns. Das ist anstrengend, Mann!

Auf der seelischen Ebene findet, wie immer, das Äquivalent

statt. Es soll an diesen Tagen das, was sich angesammelt hat, aber nicht mehr brauchbar ist, ausgeschieden werden. Die guten Erfahrungen ins Kröpfchen, die schlechten ins Töpfchen. Eine Frau, die mit ihrer Gefühlswelt in Verbindung steht, spürt das ganz deutlich. Es ist im wahrsten Sinne der Bibel oder des Korans ein »Unreinheitsgefühl«, das mit einem verstärkten Bedürfnis nach körperlichen wie seelischen Reinigungsprozessen einhergeht.

Aber wir Frauen sind ja unentbehrlich. Ohne uns geht ja nichts. Zumindest glauben wir, das immer wieder beweisen zu müssen. Also handeln wir wider die Natur und machen einfach weiter. Wenigstens rächen wir uns mit ungebrochen schlechter Laune an unserem Umfeld, um dann, durch Konflikte geschwächt, in den nächsten Zyklus zu gehen und weiterhin negative Energien zu horten.

Kleiner Hinweis am Rande: Negative Energien kompostieren nicht! Sie verdichten sich höchstens zu Schlacken, Gallen- oder sonstigen Steinen, verkrampfen die Muskeln, beeinflussen die Hormone und führen auf vielerlei Art zu Unwohlsein und Krankheit.

Macht aber nix, wir sind ja emanzipiert! Und diese Emanzipation schießt schon lange am Ziel vorbei. Es ist beileibe nicht die Schuld der Männer, wenn wir Selbstverstümmelung betreiben und dem Bedürfnis nachkommen zu beweisen, daß wir genau so gut sind wie sie.

»Das Weiche wird über das Starre siegen!«, hat Lao Tze gesagt.

Die Kiste mit der Birke und der Eiche im Sturm. Wer eine Birke kennt, die krampfhaft versucht, eine Eiche zu sein, der möge mich informieren. Die erste Neurose in der Pflanzenwelt wäre damit ans Tageslicht gekommen.

Wir sind natürlich viel zu zivilisiert, um uns an den »Weisheiten« der Natur zu orientieren. Lieber beschweren wir uns über unsere Schwäche und entwickeln Menstruationsbeschwerden. Des

Menschen Wille ist bekanntlich sein Himmelreich. Ich kann mich jedoch des Eindrucks nicht erwehren, daß wir unseren evolutionären Höhepunkt überschritten haben und unser Wille in die selbstzerstörerische Degeneration führt.

Wie ausgeglichen könnte eine Frau, die ihre Weiblichkeit akzeptiert, als Mutter mit ihren Kindern umgehen. Wie positiv könnte sie den Mann stärken, den sie liebt. Wie kreativ könnte sie sein und eigene Projekte auf die Beine stellen. Ganze Familien könnten vom seelischen Wachstum einer Frau profitieren, wenn sie sich einmal im Monat ihre Tage nehmen dürfte ... Aber nein. Wir stehen unseren Mann mit Haaren auf Brust und Zähnen, im verzweifelten Versuch, die Abwesenheit eines Penis zu kompensieren. Vielleicht wächst uns ja eines Tages einer. Ob es uns dann besser geht?

Na, wenigstens würden sich die Männer weniger bedroht fühlen ... Oh, Verzeihung, ich vergaß. Die Männer sind ja die Bedrohung. Deswegen müssen wir kämpfen. Weil Männer so unzulänglich, unemotional, kämpferisch aggressiv und nun eben Männer sind. Das Schlimmste an ihnen ist: sie sind keine Frauen. Anstatt es zu wagen, anders zu sein, als die Männer, machen wir ihnen alles nach – sind wir vielleicht doch weniger intelligent als sie?

Jetzt bin ich selbst verwirrt. Wer ist denn jetzt Schuld daran, daß ich Menstruationsbeschwerden habe? Die Männer, die Frauen, die Emanzipation, der Geschlechterkampf, der Stress? Ist ja völlig egal. Ab nächstem Monat werde ich mich in der kritischen Zeit dematerialisieren und auf irgendeinem einsamen Berggipfel meditieren. Und wenn während meiner Abwesenheit die Welt zusammenbricht – sei's drum. Dann habe ich wenigstens eine Aufgabe, in die ich meine neu gewonnene Energie einfließen lassen kann.

Aber, was mach ich, wenn die Welt in meiner Abwesenheit *nicht* zusammenbricht?

Dann ist wieder mal Selbsterfahrung angesagt, um zu lernen, mit der eigenen Entbehrlichkeit zu leben und mit den damit bewiesenen Managementfähigkeiten umzugehen.

Helga Braun
Wagnis

Wagnis
ich lasse mich ein
auf dich
auf Zärtlichkeit
auf Lust
und Schmerz
auf das Leben
im Höhenflug
den Absturz
erahnend
und breite dennoch
die gestutzten
Flügel aus

Gudrun Schilken
Wo bin ich?

Mein Ich ist fort. Ich weiß nicht, wo es mir abhanden gekommen ist.

War es damals, als ich das lange, weiße Kleid anhatte?

Oder ging es weg, als man mir dieses kleine Menschenbündel in den Arm legte, das soeben aus meinem Bauch geschlüpft war?

Das Ich war selbstbewusst und vielseitig interessiert. Es war neugierig und feierte gern Partys. Es sprühte vor Energie und Lebenskraft.

Und irgendwann hat das schlechte Gewissen es verjagt.

Manchmal kommt das Ich mich noch besuchen, nämlich dann, wenn ich mitten am Tag Musik anhöre und einfach vor mich hinträume. Leider fängt das schlechte Gewissen immer wieder Streit mit ihm an und das Ich macht sich dann schleunigst davon. Es ist sehr scheu.

Mein Ich würde sehr gern mal mit mir ein Wochenende verreisen. Es würde mit mir Museen besuchen wollen und in Straßencafés unbekümmert Leute angucken wollen. Es würde gern einfach mal viel Zeit mit mir verbringen. Aber kaum fragt das Ich an, ob wir das nicht mal machen können, kommt dieses schlechte Gewissen und macht Terror. Das Ich ist sehr friedliebend und harmoniebedürftig, deshalb zieht es sich immer wieder ganz schnell zurück. Schade.

Das Ich möchte auch mal gerne ganz unbekümmert bei mir sein, ohne daß meine Familie fragt, wo es denn so plötzlich herkäme.

Es sei doch sonst auch nie da.

Ich möchte gern, daß mein Ich ganz selbstverständlich bei uns sein kann.

Es soll ein Familienmitglied werden und sich wohlfühlen mit all den Dus und Ihrs. Mein schlechtes Gewissen ist der Freund meiner Familie und ist bei den anderen ein sehr gern gesehener Gast, der aufmerksam behandelt und gepflegt wird.

Aber mein Ich wird langsam stärker. Neulich hat es mit dem schlechten Gewissen richtig angefangen zu streiten. Da hat sich das schlechte Gewissen ertappt gefühlt und hat das Ich und mich in Ruhe im Garten liegen lassen.

Wir haben uns ewige Treue geschworen und genüsslich ein Glas Wein getrunken.

Die Familie hat sofort nach dem schlechten Gewissen gerufen, aber das Ich war so stark, daß es mich zurück in meine Sonnenliege gedrückt hat, wo ich dann genüsslich Wein schlürfend geblieben bin.

Ich weiß nicht, woher das Ich in letzter Zeit diese Kraft nimmt, aber ich glaube, es wird in Zukunft öfter kommen und vielleicht eines Tages für immer bleiben.

Jetzt hat es zusammen mit mir diesen Text geschrieben, obwohl das schlechte Gewissen gesagt hat, ich solle doch lieber Wäsche falten.

Wolfgang Sréter
Kiemenglück

Sie saß hinter ihm am Ufer. Er hatte sich einen Klappstuhl ans Wasser gestellt, vor sich zwei Angeln, links der Käscher, eine Reuse im Wasser, um die Beute frisch zu halten, außerdem griffbereit die Waage. Jeder Fisch wurde gewogen und eingetragen. So konnte er Auskunft geben, aufs Gramm genau, und ungefragt, denn die wenigsten interessierten sich für seine Leidenschaft. Wenn er mit einer schnellen Bewegung des rechten Armes die Angel auswarf, zischte es wie bei einer Peitsche. Nur der Knall fehlte. Er schob die Mütze aus dem Gesicht, beugte sich nach vorne, spannte eine Kugel Fischfutter in die Schleuder und schoss sie exakt neben den

Schwimmer. Manchmal löste sich die Kugel in der Luft auf und sprenkelte die bleierne Fläche. Er starrte stundenlang auf das Wasser. Man hätte meinen können, er schlafe mit offenen Augen, aber wenn ein Fisch anbiss, war er hellwach und zog ruckartig die Angel nach oben, damit der Stahlhaken sich fest im Gaumen verfing.

Ihre Gedanken kreisten, deshalb hatte sie den Augenblick verpasst, als der Fisch gebissen hatte. Er riss ihn aus dem Wasser und fing ihn mit dem Käscher auf. Das Tier glänzte und zappelte. Der Fisch hatte den Haken verschluckt. Gefühlvoll fuhr er mit einem Metallbügel in den Schlund, mit zwei Fingern das Maul spreizend. Er hatte feste Hände mit breiten Daumen. Als der Haken frei war, schob er den nackten Arm weit in die Öffnung der Reuse und entließ den Fisch in die Gefangenschaft. Sie hätten Festmahle mit Fisch bestreiten können, stattdessen warf sie in regelmäßigen Abständen das tiefgefrorene, weiße Fleisch in die Mülltonne, kurz bevor sie geleert wurde.

Sie kam sich schäbig vor, wenn sie ihn alleine ließ. Sie achtete darauf, vor ihm zu Hause zu sein, und genau wie er hatte sie einen fremden Geruch an sich. Wenn sie die Augen schloss, wurde der Geruch stärker. Am Anfang war sie überzeugt gewesen, er müsste es merken. Manchmal wünschte sie es geradezu. Aber er sah es ihr nicht an.

Er sagte: »Du und das Fischen, dazwischen gibt es für mich nichts!«

Als sie einmal ausnahmsweise spät nachts zitternd vor Aufregung nach Hause kam, schlief er fest, den Wecker auf vier Uhr gestellt. Sie hatten gerade noch eine Stunde, die sie gemeinsam im Bett verbrachten. Sie lag wach, als er aufstand. Er versuchte leise zu sein. Da drehte sie sich auf die Seite und sehnte den Schlaf herbei. Sie wusste, sie würde gerädert von ihren Träumen aufwachen und es würde Stellen an ihrem Körper geben, die schmerzten.

Über seinen Kopf hinweg sah sie auf den See hinaus. Früher hatte sie gerne Ausflüge mit ihm gemacht. Sie stand auf und ging zurück über die Wiese, hinauf in das abgedunkelte Zimmer der Pension. Sie entnahm ihrer Handtasche einen zerlesenen Brief, der sie oft über solche Augenblicke hinweggetröstet hatte. Dann packte sie ihre Sachen und bestellte ein Taxi.

Am Abend sagte einer zu ihm an der Bar: »Es ist wie beim Fischen, je mehr Ruhe du bewahrst, desto schneller kommt alles in Ordnung.«

Anja Quattlender
Sehnsucht in den Fingernägeln

Ganz im Ernst: Einmal habe ich einen Mann so verrückt geliebt, dass mir vor lauter Sehnsucht die Nägel buchstäblich von den Fingern bröselten …

Oder anders angefangen: Gehörst du auch zu den Frauen, die ganze Passagen aus »Wenn Frauen zu sehr lieben« auswendig zitieren können? Hast du auch mehrere Meter von diesen zu jeder erdenklichen Leidenssituation irgendwie passenden Frauenbüchern im Regal?

Dann bist du sicher auch schon mal an einen dieser »bösen

Jungs« geraten, auf die alle Frauen angeblich so stehen (natürlich bis auf die Mädels, die gebügelte Nachthemden tragen, innen angeraut ...).

Alles fing so harmlos an: Ich war Single und nach meiner Scheidung noch nicht wirklich Willens, mich wieder fest zu binden (mal ehrlich: Warum sollte es denn ausgerechnet jetzt mit dem Nächsten klappen?). Da hopste ich lieber nachts durch diverse Chatrooms und plapperte mir die Finger wund. Manchmal fand man dann jemanden, mit dem man telefonieren wollte, manchmal wollte man sich danach sogar treffen, und manchmal ... ähm, wo war ich?

In einem Chat hat man schnell das Gefühl, jemanden irgendwie schon ganz lange zu kennen, man fühlt sich geschützter im eigenen Wohnzimmer, traut sich schneller, ganz persönliche Dinge in die Weiten des Internets zu schicken, als man sie der engsten Freundin erzählt hätte ... wenn überhaupt.

Bei Ihm war das gar nicht so.

Bei meinem virtuellen Stammtisch war gerade er lange Zeit relativ neutral für mich, zwar ganz nett, aber nicht weiter interessant.

Bis er erzählte, gar nicht so weit weg von mir zu wohnen, 80 Kilometer. Das war doch mal was, wo doch im Internet Entfernungen relativ sind, da sind 700 Kilometer gar nichts.

Mobil-Nummern hatten wir schon lange ausgetauscht, aber bis auf ein oder zwei »Hallo, wie geht's«-SMS war nichts weiter passiert. Das änderte sich schlagartig, als wir das erste Mal telefonierten – was für eine Stimme!

Es kam, wie es kommen musste: Wir vereinbarten ein Wochenende für das erste Treffen.

Fehlanzeige.

Ab Freitag, 18 Uhr, dem vereinbarten Termin unseres ersten Dates, war sein Telefon für den Rest des Wochenendes ausgeschaltet.

Meine Güte, war ich sauer.

Bis mich am Montagvormittag diese Stimme wieder zum Schmelzen brachte: Er hätte sein Telefon im Taxi verloren, der Fahrer hätte es dann für ihn ausgeschaltet und er hätte das Gerät erst Montagmorgen wiederbekommen.

Das nächste Mal hatte er einen Auffahrunfall und war zur Beobachtung das ganze Wochenende über im Krankenhaus.

Das nächste Mal hatte er ganz plötzlich einen beruflichen Termin in Hannover.

Nenn mich ruhig verrückt, aber von sportlichem Ehrgeiz mittlerweile ziemlich besessen, bin ich aufs Geratewohl hingefahren.

Und ich habe ihn tatsächlich getroffen.

Und wie.

Und genauso ging es weiter. Er lockte mich an und ließ mich auflaufen. Ich stellte mich taub und er kam wieder auf mich zu. Wurde ich weich, war er wieder weg.

Dass er doch nicht ganz so solo war, wie er behauptete, hatte ich längst herausbekommen, aber er bestätigte nur immer gerade so viel meiner Vermutungen, wie ich ihm beweisen konnte.

Das Ganze hat fast anderthalb Jahre gedauert.

Bitte frag mich nicht, wo mein Verstand, meine Wut und mein Stolz geblieben waren, die machten wohl gerade Urlaub.

Aber meine Fingernägel gaben mir überdeutlich den Hinweis, mein Leben wieder in meine eigenen Hände zu nehmen.

Gudrun Schilken

Endlich allein

Mein Mann ist mal wieder auf Geschäftsreise.

Dieser Abend ist mein. Ich kann tun, was ich will. Endlich allein.

Na gut, nicht ganz. Da sind ja noch die Störenfriede, die es geschickt auszutricksen gilt.

Es sind die Kinder, die mich noch ein wenig an der vollkommenen Entspannung hindern.

Bei dem Kleinsten wende ich Schlachtplan A an: Ich mache ihn glauben, er dürfe länger aufbleiben, beginne das Zu-Bett-Geh-Zeromoniell aber früher!

Toller Trick bei Kindern, die die Uhr noch nicht lesen können. Genial, nicht? Lass ich mir patentieren.

Den Ältesten setze ich mit Zeitlimit vor den Computer. Danach wird er dankbar und ohne Murren zu Bett gehen.

Herrlich. Ruhe für mich! Freiheit!

Es ist ein bisschen so ein Gefühl, wie früher, wenn Mama und Papa nicht da waren.

Ich kann jetzt alles tun, was ich sonst nicht unkommentiert tun kann.

Kein Kampf um das Fernsehprogramm, kein »Musst du denn so lange telefonieren?«

Wundervoll. Ein Abend allein nur mit mir.

Hoffentlich hat er was Gescheites gegessen heute!

Ich lümmele mich gemütlich auf die Couch und sehe fern.

Warum ruft er denn wohl noch nicht an?

Ich gieße mir ein Gläschen Wein ein und räkele mich genüsslich.

Was hat er noch gesagt, welchen Termin er heute Abend hat? Herrlich, so ein Liebesfilm ohne Kommentare. So völlig konzentriert kann ich der Handlung folgen.

Ist das Telefon wohl kaputt?

Wie schön es doch ist, wenn keiner neben einem schnarcht in der Nacht.

Gleich liege ich einsam in meinem großen, kalten Bett.

Genüsslich zappe ich durch alle Fernsehkanäle. Die Schokolade ist ganz für mich allein.

Die anderen sitzen jetzt mit ihrem Liebsten schön kuschelig auf dem Sofa.

Das Telefon klingelt!

Ich nehme ab. Er ist's. Alles ist gut. Seine Stimme umfängt mich mit Wärme.

Ich schalte den Fernseher aus, nehme ein Wohlfühlbad und freue mich auf den nächsten Abend –

endlich zu zweit.

Brigitte Hieronimus

Sehn-Sucht ... während der Mond lacht

Der Mond pappt am Himmel. Ich stehe im Hemd in der Küche und habe Hunger. Ein Topf mit Spaghetti steht auf dem Herd. Ich hebe den Deckel und fische mir ein paar heraus. Mein Blick fällt auf die Fensterscheibe und ich kann mich darin sehen.

Fett sehe ich aus. Wie ein Schwein mit dem richtigen Schlachtgewicht. Mein Bauch wabbelt, der Busen hängt. Ich bin alt und hässlich. Niemand liebt mich. Und ich mich schon gar nicht.

Ich lösche das Licht in der Küche und betrachte den Mond. Gib mir Antwort, bleiches Pfannkuchengesicht. Er tut es nicht, glotzt mich nur blöde an. Ein Mann ist aus meinem Leben verschwunden und ich sehe keinen Sinn, mein Leben zu leben. Es ödet mich an. Es kotzt mich an. Das Leben. Gib Antwort, Mann im Mond.

Ich wende mich ab. Mir ist kalt. Ich drehe die Heizung höher, hole mir Wollsocken und stelle das Radio in der Küche an. Leise Musik kriecht mir in die Ohren. Wärmt mein Herz. Da war mal jemand drin. Ich war bewohnt. Und nun? Bin ich leer. Kein Karton steht rum, alles ist entsorgt und entmüllt. Der Mann war mein. Und ich war sein. In guten Tagen haben wir uns versprochen, in schlechten zusammen zu halten. Ich war nicht bereit dazu. Hab ihn betrogen und belogen. Wollte mich nicht einlassen, flüchtete in andere Arme. Es waren schöne Arme. Stark und fest. Aber sie boten keinen Halt. Sie ließen mich fallen. Wie Sterntaler polierte ich eine nicht vorhandene Liebe. Und kein neuer Stern fiel in mein Hemdchen hinein.

Die Musik im Radio stört mich. Ich drehe sie aus und schiebe eine Kassette hinein. Eine, die mir der Mann aufnahm, den ich verließ. Worte wie Pralinen. Noten aus Marzipan. Er sah etwas, was ich nicht sah. Groß, schön, weich und warm soll mein Körper gewesen sein? Meine Seele aus Gold, mein Herz nicht aus Stein?

Ich setze mich auf die Fensterbank und lausche der Musik. Der Mann scheint nicht bei Sinnen. So war ich nie und so will ich nicht sein. Ich will unabhängig sein. Ich brauche keinen Mann zum Glücklichsein. Und bin so allein. So all. So eins. Mit mir.

Die Musik ist aus. Ich will nicht ins leere Bett zurück und drehe die Kassette um. Scheiße noch mal. »Nothing compares … to you«, nichts und niemand ist vergleichbar mit ihm gewesen. Niemand brach mir mein Herz, ich brach es mir selbst. Niemand düngt meinen Garten, wenn ich es nicht tu. Niemand liebt mich, wenn ich es nicht kann. Ich drehe mich um. Der Mond spielt Verstecken. Trotzdem betrachte ich mich im Glas der Fensterscheibe.

Ich bin nicht fett. Wenn ich meinen Bauch einziehe und die Luft anhalte, erkenne ich meinen alten Körper wieder. Wenn ich meine Brüste anhebe, sind sie da, wo sie hingehören. Ich ziehe mein Hemd aus und wiege meine Hüften. Ich finde mich schön im Mondlicht. Guter Mond. Gnädiger Mond. Warum bist du der Einzige, der mich heut Nacht anschaut?

Ich gieße mir ein Glas Rotwein ein und nehme es mit ins Bett. Morgen werde ich dem Mann meines Lebens einen Brief schreiben, und sagen, dass ich irrte und fehlte. Ich werde ihm anvertrauen, dass die schlechten Tage mich zu den guten zurückgeführt haben. Wir müssen Kränkungen nicht länger polieren. Ich sehe sein Gesicht wie durch Milchglasscheiben. Willst du mich noch?, werde ich fragen.

Der Mond pappt immer noch Himmel und lacht. Ja, wirklich, er lacht aus vollem Halse.

Martin Meggle

Die Augen der Prinzessin

Die Prinzessin blieb sich treu. Sie hat ihren typischen Blick nie wirklich abgelegt. Diesen mysteriösen, nicht ungefährlichen Prinzessinnenblick, der aus den Augenwinkeln kommt. Nie jedoch frontal. Diese Prinzessin verstand es, Dinge wahrzunehmen, ohne dass sich ihre Pupillen auf diese Dinge richteten. Sie schielte ohne sichtlich zu schielen. Und dieser verdeckte Blick war die Waffe, mit der sie die Welt eroberte. Ihre Verehrer erledigte. Einen nach dem anderen.

Die Prinzessin interessierte alles, was sich aus ihrem Gesichtskreis entfernte, was sich verabschiedete, flüchtete und in jenes Dunkel driftete, das kein Dunkel sein konnte. Nein – hell war es bestimmt. Unwiderstehlich hell. Die Dinge, die sich direkt vor den Augen der Prinzessin auftaten, erweckten bei ihr nicht das geringste Interesse, ließen sie im Grunde genommen kalt. Verehrer konnten nur in dem Fall ihre Aufmerksamkeit erregen, wenn sie scheinbar unsichtbar waren. Wenn sie en passant vorbeihuschten, seitlich, flüchtig, heimlich.

Die unzähligen Verehrer aber, die vor den Augen der Prinzessin defilierten oder herumschwänzelten, langweilten sie. Diese Langweile durfte sich die Prinzessin natürlich nicht anmerken lassen. Das war nicht ganz einfach. Denn ein Minimum an Beachtung war stets geboten. Aus dem Minimum an Beachtung meinten aber nicht wenige Verehrer ein eventuelles Maximum herauslesen zu können. Ein Teufelskreis, der dazu führte, dass immer mehr Verehrer vor ihren Augen Schlange standen und sie belagerten.

Es war allseits bekannt: Ihre Augen ermüdeten auffallend schnell. »Es liegt an ihrem schwachen Blutdruck«, hieß es in ihrem Umkreis. Doch weit gefehlt. Es war für die Prinzessin nur verdammt anstrengend diesen Balanceakt dauernd durchzuhalten, die Verehrer vorn zu beachten und gleichzeitig all das zu verfolgen und nicht außer Acht zu lassen, was es wagte, sich da rechts und da links und da hinten aus ihrem Gesichtskreis zu verabschieden. Sie war sich sicher: Ihr Prinz würde sich nie vor ihren Augen plump in Szene setzen. Er konnte kein Wichtigtuer sein und tauchte – wenn überhaupt – nur elegant und unscheinbar am Rande auf. Prinzen haben ohnehin eine Vorliebe dafür als Randfiguren zu erscheinen oder irgendwo in entlegenen Gegenden herumzuquaken. In Sümpfen. Dort, wo es bis zum Untergang nicht weit ist. Nur Verehrer, die kurz davor standen unterzugehen, hatten also eine Chance vor ihrem Untergang gerettet zu werden. Die Chance war zwar klein. Aber sie war da. Und sie war allemal größer als die Chance der Verehrer, die sich vor ihren Augen aufplusterten.

Tief in ihr drinnen quälte sie die Angst, die entscheidende Randfigur zu übersehen. Inmitten der Bedrängnis und der lästigen Pflichten im Alltag unternahm sie alles, um zu vermeiden, dass sie am Rande aus purer Unachtsamkeit *ihn* übersah. *Den* Prinzen, der endlich Hell in ihr Dunkel bringen konnte. Endlich Glück. Der Kopf der Prinzessin hatte klassische Züge. Allerdings wirkte er sonderbar steif. Fast wie einbetoniert. Die Prinzessin hielt ihn so steif, um der Welt zu beweisen, dass sie sich unerschütterlich zu ihr bekannte. Dass sie zu allem fähig sein würde, nur nicht dazu, sich von irgendeiner Randerscheinung ablenken oder gar verführen zu lassen.

Schon in der frühen Kindheit hatte man der Prinzessin diese Haltung antrainiert. Und ihr geraten, dem allzu Offensichtlichen mit einer vornehmen Herablassung zu begegnen. Aus dieser vornehmen Herablassung entwickelte sie im Laufe der Jahre eine regelrechte Kunst. Die Kunst seitlich zu blicken. Die vornehme Herablassung konnte aber die meisten Verehrer nicht beeindrucken. Im Gegenteil. Sie reizte sie über die Maßen und trieb immer mehr Verehrer in Scharen zu ihr. Manchmal verstand sie nicht so recht, warum man ihr das alles beigebracht hatte. Aber ändern daran konnte sie nichts mehr. Die Gewohnheiten saßen einfach zu tief.

So litt die Prinzessin. Sie litt an der Welt, die sich wie eine Endlosschleife vor ihren Augen abspielte. Manchmal kam es ihr vor, als ob sich diese Welt nicht einmal abspielte. Sie wurde einfach nur heruntergenudelt, diese Welt. Oder heraufgenudelt. Wie oft sehnte sich die Prinzessin danach, einfach nur wegschauen zu dürfen oder die Augen zu schließen. Doch das war unmöglich. Es gab kein Entrinnen. Wenn sie eine Prinzessin sein wollte, hatte sie sich nun einmal mit dieser Welt abzugeben. Warum nur?, fragte sie sich. Wozu ist man eigentlich Prinzessin, wenn man keine Wahl hat und dauernd dazu gezwungen ist, diesen billigen und aufdringlichen Vorstellungen beizuwohnen und sich ihnen zu unterwerfen? Irgendwas stimmte nicht in ihrem Leben. Irgendetwas war falsch programmiert.

In ihrer Verzweiflung und Einsamkeit flüchtete sich die Prinzessin in die Fantasie. Sie stellte sich vor, dass der Prinz, der für sie bestimmt war, ihre Verstrickung erkannte. Dass er wusste, dass er nur als Randerscheinung in Frage kommen konnte. Und dass er es in jedem Fall vermeiden musste, platt wie die anderen vor ihre Augen zu treten. Diesen Verehrer suchte sie. Diesen Prinzen. Diesen Untergangsliebling ihrer Aufmerksamkeit. Sie träumte davon, dass sie diesen Prinzen, ohne ihn auch nur ein einziges Mal anzusehen, lieben, begehren und glücklich machen konnte. Sie stellte sich vor, dass ihre Liebe diesen direkten Blickkontakt nicht nötig hatte. Dass sie und ihr Prinz auf frontale Begegnungen total verzichten konnten. Eine ziemlich aufregende Gratwanderung war das, die von beiden Verliebten äußerstes Geschick erforderte und ein erhebliches Maß an Zurückhaltung. Nur aus dem Gefühl heraus war so eine Beziehung möglich. Aus der Intuition.

Doch am Ende gab es nicht einen Verehrer, der auch nur im Ansatz zu dieser Intuition, zu diesem Gefühl und zu dieser

Zurückhaltung fähig gewesen wäre. Die Verehrer der Prinzessin waren einfach unfähig. Versager waren sie allesamt, kein einziger Herr ihrer Pupillen. Die meisten glaubten tatsächlich, dass man einer Frau ganz tief in die Augen schauen müsse, um sie zu erobern. Diese Idioten, dachte die Prinzessin. Sie haben ja keine Ahnung. Stattdessen gafften alle Verehrer ihr in die Augen und glaubten zu allem Überfluss, in ihnen etwas Unschuldiges, Rehhaftes entdecken zu müssen. »Sie hat Bambi-Augen«, stellten einige in ihrer hoffnungslosen Verklärung fest. Manch ein Verehrer ahnte jedoch, dass mit dem Bambi etwas nicht stimmen konnte. So ein Verehrer musterte die Prinzessin misstrauisch von der Seite. Er fand, die gebogene Nase der Prinzessin passte nicht zu einem Bambi, eher zu einem Vogel. Zu einem Raubvogel vielleicht, der es verstand heimlich zu blicken. Seitlich.

Wenn ein Verehrer ihr auf die Schliche kommen wollte und solchen Verdacht schöpfte, reagierte sie kaltblütig. Mit ihrem mörderischen Raubvogelblick bannte sie dann das Opfer. So schnell bannte sie es, dass keiner es merkte. Bis auf den Verehrer, der – vom Raubvogelblick getroffen – zu Boden sackte. Ein Verehrer nach dem anderen sackte zu Boden, wenn er zu neugierig war. So lagen sie da, hingestreckt, erledigt. Zwar nicht mit Blut überströmt. Nicht hingegossen in ein Bett aus Rosenblüten. Dafür benommen und abwesend. Gelegentlich zuckend schienen sie sich nach einer Welt zu sehnen, in der es noch Prinzessinnen und Bambis gab, aber noch keine Raubvögel.

Und während die niedergestreckten Verehrer mühsam versuchten sich zu besinnen und wieder aufzurichten, da hatte sich der stolze Blick des Raubvogels von seiner Beute schon längst wieder abgewandt. Da war der Raubvogel schon längst wieder ganz Prinzessin. Nach hinten glitten die erledigten Verehrer in ihren

Augen. Immer weiter nach hinten. Bis sie am äußersten Rand ihres Gesichtsfelds angekommen waren. Denn dort, wo die Prinzessin ihre Verehrer aufgepickt hatte, dort sollten sie auch wieder hin.

Wie eh und je erhaben blickte sie steif nach vorn. Ungerührt, so als ob nichts passiert sei. Souverän ruhte ihr Kopf auf ihrem Nacken. Verehrer, die sich im Umkreis dieser Prinzessin aufhalten, seien also gewarnt. Sie haben eine Chance. Aber sie leben gefährlich.

Gudrun Schilken

Meine Freundin

Manchmal denke ich, ich wär gerne meine Freundin.

Dann würde ich mich um mich kümmern. Ich würde um mich besorgt sein und lange Gespräche mit mir führen.

Und wenn es mir nicht gut ginge, würde ich mir Kaffee kochen und einfach für mich da sein.

Manchmal wäre ich schrecklich albern mit mir, denn Lachen befreit die Seele.

Und ich würde mit mir mein Herz sauberweinen.

Endlich würde ich mich verstehen. Ohne viele Worte. Aber mit viel Gefühl.

Und auch ein ehrliches Wort täte gut. Weil – mir könnte ich es ja sagen.

Ich such mich jetzt einfach mal.

Vielleicht finde ich ja dann dich!

Wolfgang Hoehn

Ehedämmerung

Ich versuche es immer wieder aufs Neue, nicht die Nerven zu verlieren, aber ich scheitere. Nicht an unglücklichen Umständen, nicht an meiner Dummheit, nicht an seiner Ungeschicktheit. Selbst Autofahren ist leichter, aber wie eine Großkatze jederzeit sprungbereit zu sein, stets in Erwartung einer kleinen Katastrophe, dazu die Emotionalität, die in den Beziehungen stecken, die unerschütterliche Gewissheit, obschon ständig auf der Suche nach Auswegen, aber das schlechte Gewissen im Hinterkopf – kein leichtes Unterfangen. Sex soll da nicht seinen Reiz verlieren? Was bedeutet schon Sex in diesem Zusammenhang ... verdammt, es bedeutete einmal eine ganze Menge, sogar so viel, dass ich mich darauf einließ! Wie sollte ich also meine Antworten finden, wenn mich meine Fragen zuschütten?

Gestern war heute ist morgen. »Sich darüber zu beklagen, ist wohl nicht angebracht«, sagen die Schwiegereltern. »Das hättest du dir schon vorher überlegen müssen!« Sie sagen es nicht wirklich, aber ihr Blick verrät es. Und dazu lächeln sie gekonnt. Ha! Hätte ich mir das vor jedem Beischlaf überlegt, wäre ich heute noch unbefleckt. Würde sich das jeder Mensch in all seiner Konsequenz überlegen – Vernunft und Verstand vorausgesetzt –, der Wahnsinn läge nicht in der Überbevölkerung, sondern dem drohenden Aussterben.

»Du bist pathetisch geworden!«, höre ich seit einiger Zeit öfter. »Und polemisch! Und ungerecht!«

Ja, denke ich mir nur, das ist meine Art geblieben, Wehrhaftigkeit gegen diese Ausrufezeichen zu zeigen. Seit einiger Zeit kann ich so gut hassen wie lieben, etwas, das mir früher schwer fiel, das ich ganz am Anfang gar nicht kannte. Im nächsten Augenblick sind dann die dunklen Wolken wie durch einen stillen Zauber plötzlich verschwunden und ich kann hemmungslos grinsen. Das dämliche Grinsen ist nur von kurzer Dauer. Als Resultat dieser Unaufmerksamkeit packt mich später ein Zorn, dann übermannt er mich, bis ich fast ersticke, danach spüre ich nichts mehr in mir. Wo ich einstmals erfüllt mit Wärme und Hingabe war, herrscht nun attributlose Leere. Noch ein Arbeitspunkt des Tages: diesen zu kaschieren.

Eine Leere wie die in meinem Hirn, wenn ich bisweilen nur daliege und mich nach einem Augenblick Ruhe sehne, von dem ich weiß, dass er nicht eintreten wird, was es umso schwerer macht. Er sieht mir in die Augen, aber ich ertappe mich dabei, wie ich verlerne, auch nur irgendwo ernsthaft hinzusehen, nicht auf seine Hände, nicht auf seine interpretationslastigen Augen, nicht auf sein Geschlecht. Auch weil ich Angst habe, dann wieder etwas zu wichtig zu nehmen. Es ist perfektes Multitasking, auf der Mauer, auf der Lauer, ein wachsames Auge immer ins Blickfeld geworfen. Es könnte ja. Doch eine Sirene geht erst los, wenn das Unheil nach ihr ruft. Etwas ungeschehen zu machen, heißt, mit dem Geschehenem gerechnet zu haben. Nein, ich glaube nicht, dass ich stolz auf irgendetwas sein kann, aber man klopft mir von allen Seiten auf die Schulter, so als könnte sich sein Lächeln wie eine Seuche in mir ausbreiten. Aber ich brauche euer Lächeln nicht, viel lieber wäre mir ein wenig aufrichtiges Verständnis, wenn ich nicht strahle, aber ihr empfindet das ja als Verrat an Menschheit, Partner und Verantwortung.

Klar, für jeden, der sich nur hin und wieder ins Geschehen einmischt, erscheint alles so ungemein süß. »Kann ich noch ein

Schnittchen haben?« Keiner hält sich zurück bei Gelegenheiten. Aber alle, die mich überlächeln wollen, kennen das Gefühl nicht, den Mund voller Zucker zu haben, oder sie kennen es nicht mehr oder wollen es einfach nur nicht eingestehen, vor allem vor sich selbst nicht. Es ist das Augenblick-Gefühl, die Jahre, die zurückliegen, in denen man steckt wie in einem zähen Brei, und die Jahre, die unausweichlich noch kommen werden, die einem dieses Lächeln abverlangen, ein Kilowattfresser. Und gleichzeitig das Gefühl des schlechten Gewissens, dies keinem anzuvertrauen zu dürfen. Es ist wie dieser sinnlose Kampf gegen Falten und Speckrollen, der von einem erwartet wird, und der einem die dazu passenden Kommentare abnötigt, abwürgt.

Positiv daran ist (wenn man es positiv betrachtet): Ich schreite auf einem Grat, von dem ich nicht abstürzen kann. Die Luft ist lau, der Himmel klar, aber meine Füße sind schwer wie das Gestein unter mir. Der Grat hat eine Länge, die ich nicht abschätzen kann, weil Zeit hier oben nichts bedeutet. Ich blicke voller Neid in die gefährlichen Täler, in denen ich mich auch bisweilen befunden hatte, aber wenn man immer nur oben hockt, ödet einen diese Schönheit auf Dauer mächtig an. Der Ausblick ist absehbar. Die Sehnsucht hat sich automatisch zu einer käuflichen Größe geformt.

»Was willst du denn?«, fragt er mich vorwurfsvoll. »Du hast doch alles! Dir geht es doch gut!«

Ja, ich habe alles, vor allem seinen Schwanz, der aussieht wie seine Ausrufezeichen. Ich habe nur keine Veränderung mehr im Leben, das ist: alles. Aber den Hinweis, auszubrechen, wenn mir danach ist, kann ich in Wirklichkeit weder ernst noch wahrnehmen, es ist, als böte einer einem höhnisch grinsend das Anstandshäppchen an, von dem man doch noch weiß, dass es mit einem Schlag auf die Finger endet.

Ich wollte einmal Tabus brechen und alles anders als alle anderen machen, früher, vor langer Zeit, als die Höhen noch in einem besonderen Licht glitzerten. Nun wird es schneller dunkel, schneller hell, aber diese Lichtwechsel lassen mich verblöden. Ich rechnete nicht mit dem Energiebedarf, der damit verbunden ist, vor allem, wenn man damit allein auf weiter Flur steht; man sieht das Licht, aber die Steckdosen geben Saft nur zum Staubsaugen, Waschen und Bügeln.

»Du machst das schon, nicht wahr!?«, sagt er, wälzt sich um oder schließt lächelnd eine Tür hinter sich, um einen Tag zu haben.

»Klar, mein Schatz, mache ich!«, gebe ich ihm sein Ausrufezeichen zurück und kotze in die Ecke.

Klar mache ich es, ich könnte es auch mittlerweile allein hinkriegen, aber das ist nicht das Entscheidende, Tatsache ist, dass mein Leben so eng und müde geworden ist, dass ich mich zusammenreißen muss, nicht einfach nur so zurückzulächeln, wie man mir auffordernd zulächelt. Von allen kommt dieses einfältige Lächeln: den Schwiegereltern, den Freunden, dem Ehemann, den Kindern. Ich habe die Angst verinnerlicht, nicht tiefer in Gesichter zu blicken, damit ich nicht durch dieses Lächeln erdrückt, erstickt, erschlagen werde.

Eines Tages werde ich ausbrechen. Ich werde meine Kotze in der Ecke nicht mehr wegwischen, sondern sie vergammeln lassen. Ich werde die Tür zuknallen und beobachten, wie ich das Lachen – *mein* Lachen – wieder lerne. Vielleicht vergeht dann den anderen das Lächeln.

Natürlich werde ich es nicht tun. Der Kinder wegen.

Tina Wiegand
SAM oder Die Waffe der Weiblichkeit

Es gibt vieles, was dagegen spricht, dass die Frauen kapieren, wie mächtig sie wirklich sind. Die Machtmittel, mit denen die Frauen systemische Missstände sofort und mühelos kippen könnten, stehen, und standen schon immer, zur ihrer Verfügung: Sexualität, Aggression und Magie (SAM). SAM ist jedoch eine derart beunruhigende Waffenkombination, dass zwei Drittel der weiblichen Leserschaft ihren nicht vorhandenen Schwanz sofort einziehen, sobald man das Wort nur flüstert.

Ich habe meinen Söhnen (zwölf und zehn Jahre alt) mitgeteilt, dass ich von ihnen erwarte, dass sie sich für jede Leiche, jede Tötung und jeden Mord, jeden aggressiven Übergriff, den sie in ihrem jungen Leben im Kino oder Fernsehen angesehen haben, einen Orgasmus in einem Sexfilm anschauen müssen. Ich höre die Dummheit der Welt in Ekel und Entsetzen aufschreien, und mir ist momentan nach zurückkeifen zumute: In jedem dämlichen Western (dämlich kommt von Dame, sonst würde man es mit H schreiben) werden Leute erschossen, was gesellschaftlich völlig akzeptiert ist. Aber bei erotischen Szenen, die jegliche Existenz von Geschlechtsteilen verschwommen andeuten, legen wir unseren Sprösslingen verschämt die Hände über die Augen. Merke: dafür, dass Sex nicht salonfähig ist, sind in erster Linie die dämlichen Damen verantwortlich.

Für alle, die diese Paradoxie jetzt immer noch nicht begriffen haben, hier die Übersetzung in Kindersprache: Liebe machen ist etwas ganz Schlimmes und Ekelhaftes, noch viel schlimmer als totmachen. Bloß nicht hinschauen! Lieber töten als lieben! Sexualität ist ein größeres Tabu als Gewalt! Dabei ist es schon lange kein Geheimnis mehr, dass ein Mann, der sexuell ausgelastet und glücklich ist, keine Kriegsabsichten mehr hegt. (Da wird doch nicht etwa jemand versuchen, meine Söhne jetzt schon auf eine kriegerische Zukunft als Kanonenfutter vorzubereiten?)

Das weibliche Pendant dazu ist der Schlankheitswahn. Bekanntlich lehnen magersüchtige Frauen Sex grundsätzlich ab. Da könnte man dann schon mal fragen, warum dieses Schönheitsideal schon kleinen Mädchen aufs Auge gedrückt wird (und wir dämliche Damen schauen auch noch zu und halten das für richtig). Meine lieben Geschlechtsgenossinnen, ich behaupte, wir haben alle einen Riesensprung in der Schüssel! Auf die Gefahr hin, dass meine Aussagen dazu führen, dass ich geteert und gefedert werde – macht euch bitte klar, dass etwas derart Bescheuertes nur unter dem Einfluss einer Gehirnwäsche geschehen kann. Wem oder was gehorchen wir? Wer hat uns unsere Werte in den Kopf geblasen? Meister Proper?

Kleine Hypnoseunterweisung am Rande: Hypnose findet einen Großteil ihrer Wirksamkeit in der oft archetypischen und dadurch das Unterbewusstsein beeinflussenden Wortwahl. In den geheim-wissenschaftlichen esoterischen Kreisen ist das Wort »Meister« eine Bezeichnung für einen versierten Magier, bzw. einen erleuchteten Lehrer (= Guru). Proper heißt im Englischen: angemessen und sauber. Archetypisch bedeutet das (selbst, wenn eure Ratio den Begriff nicht kennt), dass euer Unterbewusstsein »Meister Proper« zu einem »Guru der angemessenen Sauberkeit« macht, dem man nicht widersprechen darf. Bitte immer beachten: Eure Ratio spricht eine andere Sprache, als euer Unterbewusstsein – aber dazu werde ich irgendwann einen anderen Artikel schreiben …)

Dem Brainwash-(Gehirnwäsche)-Guru-Proper gehorchend, ist die Mehrheit der Hausfrauen so damit beschäftigt, brave, angemessen saubere Mädchen zu sein, dass sie ein sauberes Heim tatsächlich für eine Notwendigkeit erster Priorität in diesem Leben halten. Deshalb schlagen sie auch lieber ihre Kinder, anstatt schlagende Argumente zu entwickeln, denn unsere sauberen Früchtchen vereiteln den Traum vom sauberen Heim gründlich – was uns gewaltig unter Stress setzt. Meister Proper wiederum weiß schon lange: wer viel putzt, hat wenig Lust auf Bildung und ist leichter dumm zu halten!

Ist man stur und abgehärtet genug, sich gegen das Hausfrauengequatsche über die »wirklich wichtigen Dinge des Lebens« durchzusetzen und berührt ansatzweise den Kern ihrer Persönlichkeit, schlägt einem das nächste Meister-Proper-Argument der Hausfrau entgegen: Was denken denn dann die anderen? Keine Bevölkerungsgruppe zerbricht sich derart den Kopf darüber, was die anderen sagen könnten, wie die Hausfrauen. Ist auch weiter kein Wunder, denn die Stutenbissigkeit einer eifersüchtigen Schwiegermutter, die mitkriegt, dass ihr Sohn heißen Sex mit seiner Frau praktiziert, schlägt an Brutalität jede Aktion der verklemmten Inquisitoren des Mittelalters. Ich behaupte, dass so manche Frau den Frauen viel gefährlicher wird als Männer. Männer wissen sehr genau, wie abhängig sie von der sexuellen Zuwendung durch die Frauen sind und versuchen natürlich, diese zu kontrollieren, um Zugriff auf das Lebenselexier Sex zu behalten. Nach dem Motto: Spieglein, Spieglein an der Wand, versuchen Frauen jedoch, sich untereinander von hinten durch die Brust ins Auge aus dem Feld zu schlagen. Und so flüchtet sich frau – damit Schwiegermutter nicht sauer wird – aus Sicherheitsgründen lieber in die starken Arme des Guru Proper.

Hier kommt die Aggression ins Spiel. Wer mit dem aggredere (lat. in Angriff nehmen) nicht richtig umgehen kann, ist dazu verdonnert, ein Leben in der Harmlosigkeit eines Sofakissens zu verbringen. Sofakissen tendieren selten dazu, in der Welt etwas zu bewegen, sondern dienen der Bequemlichkeit. Eine Hausfrau, die ihre Aggression nicht dazu nutzt sich abzugrenzen, schlagende Argumente zu entwickeln, Projekte in Angriff zu nehmen, um sich weiterzuentwickeln, und von Auf- oder Durchbruch nichts wissen will, ist bequem, wie ein Sofakissen – und ebenso langweilig! Stellt euch mal vor, ihr wärt ein Mann. Findet ihr Sofakissen erotisch, oder spannend, oder sonst irgendwie anziehend? Wollt ihr euch damit unterhalten und auseinandersetzen? Nö, sicher nicht! Wie anders eine Frau, die sich etwas einfallen läßt, die Projekte auf die Beine stellt, die kreativ ist und sich was traut. Eine Frau, die dem Genörgel um ungespültes Geschirr entwachsen ist und schlagfertig etwas wirklich Wichtiges zu sagen hat. Nur einem bewegungslosen Sofakissen kann man Guru Proper seine kastrierenden Werte in den Arbeitsspeicher blasen, denn Sofakissen hinterfragen nicht, sondern erschöpfen sich im Hübschsein.

Als drittes kommt nun die Magie ins Spiel, die es natürlich überhaupt nicht gibt! Eine Flut von hirnverbranntem Licht und Liebe sülzendem Esoterikmüll erreicht, dass es wirklich schwierig wird, hier ernst zu nehmende Anteile zu finden. Wie alles, was aus Profitgier entsteht, erzeugt dieser Massen-Mumpitz einen Haufen warme Luft. Magie steckt jedoch in dem Wort I-Magie-nation und damit sind Visionen gemeint. Ein Topmanager ist deswegen so hoch dotiert, weil er in der Lage ist, visionär zu denken, und diese Visionen in die Tat umzusetzen. Magie bedeutet den Weg von der Idee zu greifbaren, materiellen Realitäten im Hier und Jetzt. Jeder Haushaltsgegenstand war ehemals nur eine Idee. Alles, was existiert (existere = lat.: hervortreten) tritt aus dem Geistigen heraus, will heißen: entsteht aus einer Idee. Magie ist eine Frage des Wissens, der Erfahrung und der Übung um die Kunst, eine Idee wahr werden zu lassen. Und, liebe Leute, bitte kapiert endlich, dass *alles,* was euch in eurem Leben widerfährt, eine Folge eurer – zumeist unbewußten – Wünsche ans Universum ist. Es gibt keine Schicksalsschläge, sondern nur fehlgeleitete Magie. Eine Klientin, die nicht erkannte, dass ihre Lebenssicht von Resignation und Hilflosigkeit geprägt war, erging sich in dem wiederholten Wunsch zu sterben. Ob wir den daraus resultierenden Leberkrebs in den Griff bekommen, wird davon abhängen, wie wir die anderen Möglichkeiten aus Sackgassen herauszukommen, rechtzeitig erarbeiten können. Die Chancen stehen gut, denn sie gehört zu den wenigen Menschen, die wissen, wie sie selbst den Krebs gerufen hat!

Kurz: Magie betreibt jeder, ob er/sie es weiß oder nicht. Der Unterschied zwischen einer Hexe und einer geistig kastrierten Hausfrau ist lediglich der, dass die Hexe nicht auf Guru Proper hört, ihre Schwiegermutter in eine Fledermaus verwandelt, anstatt sich ihr zu unterwerfen, und sich der Macht ihrer Gedanken bewusst ist – ganz abgesehen von dem Heilwissen, das sie sich im Lauf ihres Lebens erarbeitet.

SAM (S = Sex, A = Aggression, M = Magie) ist eine hochkomplizierte, aber hundertprozentig wirksame Waffe, um alles zu erreichen, das man erreichen möchte. Es gibt nur einen Unterschied zu herkömmlichen Waffen. Um zu töten, bedarf es meistens nur eines Knopfdrucks. Um mit SAM erwünschte Ziele zu erreichen, braucht man Phantasie, Kreativität, Liebe, Lernbereitschaft, Würde, Weisheit, Solidarität und wichtigere Visionen als eine geputzte Wohnung und »hübsche« Kinder. SAM ist die Waffe der Weiblichkeit und es ist an der Zeit, dass Frauen bereit sind, da hineinzuwachsen, anstatt ihr Opferdasein zu bejammern. Dieser Saustall muss ein anderer werden. Die Welt verändert nur diejenige, die bereit ist, ihr Bewusstsein zu verändern. Also, Hausfrauen, ran an den Speck und erst mal mentales Großreinemachen! Überprüft eure Überzeugungen, denn diese Überzeugungen sind der Käfig, in dem ihr lebt. Wir haben sicherlich die Macht und wir haben SAM – aber bildet euch bloß nicht ein, dass eine Verbesserung unserer Lage durch Bequemlichkeit zu erreichen ist – oder gar, weil Marie Theres für uns auf die Barrikaden geht! Alle Magie beginnt mit einem rituellen Opfer und ich schlage vor, dass wir unsere Bequemlichkeit bei Vollmond in einem großen Ritual verbrennen. Wenn wir dazu nicht bereit sind, werden wir mit einem Gewaltzuwachs wohl oder übel leben müssen. Sich zurückzulehnen und auf hohem Niveau zu jammern ist bekanntlich sehr bequem, und wir behalten als unschuldige Opfer zumindest unsere weiße Weste. Guru Proper wird triumphieren! Aber die Hexe in uns allen kennt das kosmische Grundgesetz, das Bequemlichkeit der Trägheit zuordnet – eine der sieben Todsünden. Wenn Guru Proper siegt, werden wir weiterhin den Dornröschenschlaf schlafen. Wenn unsere höhere Weisheit gewinnt, werden wir alle unsere innere Hexe zum Leben erwecken und mehr tun, als nur sauber sein. Es lebe die »Anderswelt«, in der die Macht der Liebe regiert, der Zauber der Magie dem Leben die mystische Note gibt und Aggression dazu genutzt wird, nie gekannte Projekte in Angriff zu nehmen. Es lebe SAM! Wenn die Hausfrauen für diese Vision genügend Eier im Sack haben, stelle ich mein gesamtes Wissen dafür zur Verfügung.

Aber, meine liebe Geschlechtsgenossinnen, wenn ihr dazu zu feige seid, möge das, was ihr sät siebenfach auf euch zurückfallen. Ihr werdet in der Gewalt der Gegenseite ersaufen – und das habt ihr euch dann redlich verdient.

Martin Meggle
Der Gecko

Geckos sind bekannt als Glücksbringer. Manche Frauen versichern, dass es ihnen beim Sex hilft, wenn sich ein Gecko im Raum befindet oder in der Nähe des Bettes versteckt hält. Die Britin Susan Keepaway spricht aus Erfahrung. Sie stellt fest, es sei ihr ganz und gar unmöglich mit ihrem Partner zum Höhepunkt zu kommen, wenn sie nicht wüsste, dass sich ein Gecko irgendwo in ihrem Schlafzimmer versteckt halte. Sex ohne Gecko ist in ihren Augen »just no fun«.

Die klimatisch eher rauen Verhältnisse in Großbritannien führten jedoch bedauerlicherweise zum Tod der Geckos, die Susan Keepaway aus ihrem Urlaub in Andalusien mitgebracht hatte. Sie ist inzwischen der festen Überzeugung, dass gerade andalusische Echsen ein ungeahntes Feuer im Sexualleben einer Frau entfachen können. Ihr Gatte Peter Tromboil konnte das bestätigen und bedauerte aufrichtig den Tod jeder einzelnen Echse.

Es verging nicht sehr viel Zeit, da machte sich Tromboil auf den Weg nach Andalusien, um Nachschub zu besorgen. Doch die flinken Geckos entwischten seinem Zugriff stets im letzten Moment mit einer Flucht nach links oder mit einer Flucht nach rechts. Es war wie verhext. Tromboil konnte machen, was er wollte. Er griff stets daneben. In Andalusien hatte es sich bald herumgesprochen, dass ein Engländer Geckos auflauert und nachstellt – was Anlass zu einigen unseriösen Spekulationen gab. Als Tromboil nach zwei Wochen immer noch keine Beute gemacht hatte, gab er auf. Niedergeschlagen war er, ein Häuflein Elend. Schließlich zahlte er das Hotel, stopfte seine Sachen zurück in den Koffer und ließ sich mit dem Taxi zum Flughafen bringen.

Dann jedoch geschah das Unglaubliche in der Flughafenhalle von Sevilla beim Check-In. Ein gewisser Pepe Camisa entdeckte den Engländer in der Schlange und näherte sich ihm. Camisa hatte vom Versorgungsproblem des Engländers gehört und wusste, wie ihm aus der Patsche zu helfen war. Er sprach ihn an, sagte, er habe sich auf den Export von andalusischen Geckos spezialisiert. Eine Marktnische mit Zukunft, wie Camisa annahm.

Tromboil war sprachlos, konnte sein Glück kaum fassen. Er fragte Camisa: »Wie haben Sie es denn nur geschafft, die Teufelsdinger einzufangen?« Camisa lächelte souverän und meinte lapidar, er wäre ja dumm, wenn er das verraten würde, was Tromboil natürlich sofort verstehen konnte. Nachdem er den Liefervertrag für andalusische Geckos mit unbegrenzter Laufzeit unterschrieben hatte, sagte Tromboil mit funkelnden Augen: »Sie sind ein Engel.«

Dann verabschiedete er sich, stieg stolz wie ein Spanier ins Flugzeug und kehrte zu seiner Geliebten nach England zurück. Seit dieser glücklichen Zusammenkunft war für den nötigen Nachschub gesorgt. Der Trip nach Sevilla hatte sich gelohnt. Als Tromboil die zwölfte Ladung Geckos am Londoner Flughafen Heathrow in Empfang nehmen wollte, trat ihm überraschend ein Zollfahnder entgegen und begrüßte ihn mit den unheimlichen Worten: »Are you Mister Tromboil?«

Hinter verschlossenen Türen kam es daraufhin zum Verhör. Tromboil gelang es dabei jedoch nicht, den Zollfahnder von der Notwendigkeit seines Gecko-Imports zu überzeugen. Am Ende war er bereit, sich von seinen Geckos blutenden Herzens zu trennen und dem Zollfahnder die Ladung zu schenken. »Sie müssen«, riet er dem Zollfahnder, »die Geckos mit Ihrer Frau ausprobieren. Sie werden es sicher nicht bereuen.« Dieser großzügige Ratschlag wurde abgewiesen und ihm zum Verhängnis. Nicht nur wegen verbotenem Tierhandel, auch wegen Beamtenbeleidigung kam er hinter Gitter.

Nach dem fünften Jahr hinter Schloss und Riegel war er in seiner Zelle völlig verwahrlost. Die Nachricht vom Umzug seiner Geliebten nach Andalusien traf ihn wie ein Schlag. Sie lähmte ihn und verschlug ihm die Sprache. Keinen einzigen artikulierten Laut brachte Tromboil seitdem mehr über die Lippen. Nur noch ein verzagtes Schnalzen gab er ab und zu von sich. Reglos klebte er mit Händen und Füßen am Gitter, was dazu beitrug, dass er den Spitznamen »Der Gecko« unter den Gefangenen bekam.

In Wörterbüchern werden Geckos Haftzeher genannt, weil Finger und Zehen Haftlamellen haben, die elektrostatisch aufladbar sind. Der Schwanz, bei einigen Arten als Fettspeicher verdickt, bricht ziemlich leicht ab, wächst dann aber wieder nach. Das jedoch konnte man von Peter Tromboil beileibe nicht behaupten.

Gudrun Schilken
Die gefährlichen Tage

Ihr kennt das. Ich bin sicher. Einmal im Monat werdet auch ihr zu Monstern.

Die Stimme wird schrill. Der eigene Geruch prägnanter – höflich ausgedrückt. Und man selbst unberechenbar. In dieser Zeit ist mit uns nicht gut Kirschen essen. Auch nicht Tomaten, Butterbrote, nicht einmal Pizza.

Überhaupt sollte man uns am besten zu diesem Zeitpunkt fernbleiben. Auch die beste Freundin.

Ehemann und Kinder müssen da durch. Können sich aber nie daran gewöhnen. Und schüren jeden Monat aufs Neue das Feuer.

Dabei sind wir ganz leicht zu erkennen: Wir stopfen Essen in uns hinein, was das Zeug hält. Wir frieren, um danach wieder zu schwitzen. Und schwitzen, um danach wieder zu frieren. Wir sind freundlich, geradezu euphorisch, um im nächsten Augenblick in Tränen auszubrechen. Es ist so ähnlich wie eine alle vier Wochen wiederkehrende Pubertät. Und genauso anstrengend.

Und wir sind zu diesem Zeitpunkt unter Umständen echt gewaltbereit.

Niemals sonst rutscht uns die Hand so schnell aus, wie an den Tagen vor den Tagen. Ja, wir sind an diesen Tagen tatsächlich gefährlich.

Wir zarten, immer freundlichen Seelchen sind durchaus in der Lage, unsere »dunkle Seite« einmal im Monat hervorzukehren und befremden unsere Mitmenschen.

Es gibt sogar Frauen, die werden zu kriminellen Opfern ihrer Hormone. Ist alles schon da gewesen. Ist aber keine Entschuldigung.

Also, Mädels, ihr wisst um die Gefahr! Am besten verkriecht ihr euch mit einer Tafel Schokolade aufs Klo und wartet, bis die Zeit der Reizbarkeit vorbei ist. Die eine sitzt dort mal etwas länger – und ruft durch die geschlossene Tür, dass es eben nur zur Sicherheit der Familie ist, dass sie dort ausharrt.

Also, ich geh dann mal!

Mit Nougatschokolade!

Tina Wiegand
Verbale Gewalt

Die Abwertung anderer ist eine allgemein akzeptierte Kommunikationsmöglichkeit. Es ist normal, jemanden schon deshalb mit verächtlichen Schimpfworten zu belegen, weil er/sie verunsichert Auto fährt. Gleichgültig, ob im Beruf, in der Politik oder in den Medien (Beispiel: »TV total«), die psychische Atomwaffe der Erniedrigung wird rückhaltlos eingesetzt. Kein Wunder, dass unsere Kinder diese gesellschaftliche Norm in die Schule weitertragen. Wer sich mit seiner Mutter gut versteht, wird als Muttersöhnchen verhöhnt, wer gute Noten schreibt als Streber, und das sind nur die harmlosesten Beispiele. Cool und gefühlskalt zu sein, erscheint in dieser schmerzhaften Realität als wirksamer Schutzmechanismus, führt langfristig jedoch zu seelischer Verarmung, die es den Betreffenden verbietet, gefühlvolle Beziehungen einzugehen. In vielen Fällen schießen die Schutzmechanismen so über das Ziel hinaus, dass sich Kinder, ebenso wie Erwachsene, aus Angst vor Verletzung in den selbst gemauerten Kerker der Unnahbarkeit zurückziehen. Da ein Mensch ohne emotionale Anteilnahme jedoch nicht lebensfähig ist, findet er/sie im »Ventil Fernsehen« die Möglichkeit, am Erleben anderer emotional teilzunehmen, ohne selbst in die Schusslinie zu geraten.

Verachtung schadet der Psyche ernsthaft. So reagieren nicht nur die Kinder mit Angst auf das, was wir »normalen Alltag« nennen, und befinden sich mehr oder weniger permanent im Selbstverteidigungszustand. Diese dauernde Anspannung legt sich wie eine mentale Panzerwand um die Lernfähigkeit. Entspannung löst diese Abwehr und führt dazu, dass das Unterbewusstsein assoziativ mitarbeitet, das heißt, es integriert den Lernstoff in seinen Erfahrungsschatz, und man kann diesen deutlich besser behalten und anwenden. Einen lernfördernden Entspannungszustand, den so genannten »Alphazustand«, erreicht man, indem man die Augen unbeweglich auf einen Punkt konzentriert. Die Fixierung der Augen auf den Fernsehbildschirm erzeugt genau diesen entspannten, hypnotischen Zustand, in dem sich angebotene Bilder im Erfahrungsschatz regelrecht einbrennen. Durch die im Alphazustand starren Augen des Zuschauers verankert die Fernsehrealität durch wiederholte Werbung und Filme strahlende Vor-Bilder im hypnotisch geöffneten Unterbewusstsein. Das Unterbewusstsein übernimmt die gloriosen Bilder auf der Gefühlsebene als Maßstäbe, obwohl diese im wahren Leben gar nicht erreichbar sind. Dabei ist wichtig zu wissen, dass das Unterbewusstsein nicht zwischen Film und Realität unterscheidet. Der meist unbewusste Versuch, genau so schlank, reich, schön, stark, oder heldenhaft zu sein wie die verankerten Bilder der Scheinmenschen, führt zu ständigen Versagensgefühlen. Das Bedürfnis andere klein zu machen dient dann dazu, sich selbst zu erhöhen. Die eigene Flamme wirkt etwas größer, wenn man die der anderen Idioten kleiner drehen kann. Vor den eigenen Versagensgefühlen flüchtet man in die Entspannung des Fernsehsessels, am besten, um dort einzuschlafen, was dann einer Tiefenhypnose gleichkommt.

Es gibt keinen einzigen Menschen, der nicht bei näherer Betrachtung ein liebesfähiges, großartiges Wesen mit vielschichtigen Potenzialen wäre. Schwierig daran ist nur, dass sich eine durch Verachtung und Versagensgefühle blau geschlagene Seele nicht umarmen lassen kann. Es tut zu weh.

Marie Theres Kroetz-Relin

Mails einer Betroffenen

Gewalt hat viele Formen.

Mir ist es ein Anliegen, in diesem Buch auch zu dokumentieren, wie und warum Gewalt entsteht und wie schwer es ist, sich von einem Menschen zu trennen, den man mal geliebt hat.

Luisa ist 38 Jahre alt, hat zwei Kinder (sechs und neun Jahre), kommt aus kleinen Verhältnissen und hat sich »hochgearbeitet«. Sie war 16 Jahre lang mit Detlev verheiratet und hat sich Anfang des Jahres von ihm getrennt. Seitdem verstehen sie sich wieder besser, die Gewalt wurde »eingestellt«. Auch wenn sie jetzt getrennt leben, haben die Kinder nun wenigstens wieder eine gute Mutter und einen guten Papa. Dazu schrieb Luisa, als ich um die Veröffentlichung ihrer Mails bat:

September 03

Liebe Marie Theres,
schön, dass ich wieder mal von dir lese! Toll, dass es dir gut geht. Als ich deine Zusammenstellung meiner Mails gelesen habe, stiegen mir wieder die Tränen hoch und ich merke, wie verletzt ich doch noch bin. Auch wenn Detlev und ich uns insgesamt besser verstehen, so gibt es doch immer wieder Rückfälle. Ein Hauptproblem, meine ich, ist einfach, dass ich erfolgreicher, aber auch eingespannter bin als er. Das knappst an der männlichen Ehre und das Spielzeug für die Langeweile steht nicht mehr so zur Verfügung. Das habe ich jetzt natürlich böse ausgedrückt und es ist auch

alles stark vereinfacht. Dennoch steckt da schon ein Körnchen Wahrheit drin.

Was mir in unserer Beziehung am meisten fehlt, ist das Vertrauen. Vertrauen, dass ich okay bin, Vertrauen, dass er mich nicht im Stich lässt, Vertrauen, dass er zu mir steht, egal was ist, Vertrauen, dass es nichts zu verbergen gibt, Vertrauen, dass es eine Sicherheit im Sinne von Geborgenheit gibt.

Mir ist klar, dafür fehlt immer wieder die Zeit. Er hat wenig zu tun und langweilt sich, ich weiß nicht, wie ich alles schaffen soll, um trotzdem alles am Laufen zu halten. Je mehr wir uns unterschiedlich ausprägen, umso schlechter wird alles.

Nun, ich will mich nicht nur beklagen. Ich habe Arbeit in Zeiten, wo so viele jammern und Probleme haben, ich habe zwei super Kinder, ein wunderschönes Haus und eigentlich auch einen durchaus attraktiven Mann, der halt immer wieder spinnt.

Zu deiner Frage: Klar darfst du die Texte so veröffentlichen.

Umarmung

Deine Luisa

September 02

Hallo, Marie Theres,

wie geht es dir? Ich muss mich entschuldigen, dass ich mich nicht längst bei dir gemeldet habe, aber entweder war einfach zuviel zu tun – momentan habe ich sehr viel Arbeit, letzte Woche waren noch Kindergartenferien und die Tagesmutter auch eine Woche in Urlaub ... Das andere ist, dass ich ziemlich schlecht drauf bin, weil ich mit Detlev einfach nicht klarkomme. Beruflich hat er Schwierigkeiten ...

Das ständige existenzielle Hin und Her macht mich fertig. Und in den Tag hineinleben in solch einer Situation ist mir vollkommen fremd. Gleichzeitig macht er mich für alles verantwortlich, ich würde nur meinen Stiefel durchziehen, ich wäre eigentlich ein Sadist, ich würde mich ja nur an meiner Familie, insbesondere meinem Vater, rächen wollen und wäre sowieso eine schlechte Mutter, ganz abgesehen davon, dass ich ihn immer abweisen würde. Er tut mir weh und will mit mir schlafen. Ich fühle mich so was von scheiße, ich kann es dir gar nicht beschreiben.

Ich hätte nie gedacht, dass ich mal in so einer besch … Situation sein werde.

Ich hoffe sehr, es geht dir gut.

Es wäre so schön, wir würden uns sehen …

Sei herzlich umarmt,

deine Luisa

Oktober 02

Liebe Marie Theres,

du kannst dir gar nicht vorstellen, wie gut es tut zu wissen, dass da jemand ist, der an einen denkt. Die Sache mit Detlev ist ziemlich verfahren, weil ich fürchte, dass er nicht wirklich aus dem Haus will. Kann man ihm ja auch fast nicht verdenken.

Manchmal bekomme ich wieder Angstattacken oder Panikanfälle, dann bin ich wieder die Ruhe selbst, manchmal bin ich total aufgekratzt, manchmal laufe ich rum wie ein heulendes Häufchen Elend.

Jedenfalls bin ich aus der Bahn – irgendwie.

Und um einen herum der Alltag mit den Kindern, dem Haushalt, dem Beruf usw. und all die Dinge, die sonst noch so geregelt gehören, durchzustehen.

Bitte drück mir die Daumen, dass er so schnell wie möglich geht!

Ich melde mich bald wieder.
Sei kräftig umarmt,
deine Luisa

Oktober 02

Liebe Marie Theres,
irgendwie habe ich das Gefühl, es geht momentan einfach alles quer.

Detlev behauptet zwar, er wolle ausziehen und angeblich hat er eine Wohnung in Aussicht.

Blöd wie ich bin, habe ich mich am Sonntag leider doch wieder von ihm rumkriegen lassen und wir sind im Bett gelandet. Aber so wirklich geklappt hat es nicht und ich weiß, dass es auch gar nicht mehr klappen wird. Ich war danach stinksauer auf mich selbst.

Ich habe Detlev viel zu lange und viel zuviel Spielraum gegeben. Ich könnte mich in den A … beißen!

Ich fühle mich teilweise so schlapp, dass es mir sehr schwer fällt, all die Dinge anzugehen, die anstehen. Und teilweise habe ich so eine Wut auf Detlev, weil ich vor allen Dingen einfach unsicher bin, ob – und wenn ja – was für ein Spiel er treibt. Inzwischen traue ich ihm überhaupt nicht mehr. Von unserer Liebe ist schon so viel tot und ständig stirbt noch mehr ab – es ist einfach grausam. Ich habe Angst vor dem Krieg und sehe ihn doch unausweichlich kommen. Warum bin ich nur so ein Versager?

Nein, es ist nicht wahr, dass alles nur schlecht ist. Es fällt mir nur sehr schwer, den Himmel hinter den Wolken zu sehen und dieses ständige Hoffen, was bei uns so fehlgeschlagen hat, zermürbt und man will einfach nicht mehr nur hoffen.

Warum können zwei Menschen, die sich einmal so sehr geliebt haben, so auseinander kommen? Ich hab noch keinen Weg gefunden, wie ich damit wirklich umgehen soll und vor allen Dingen gegenüber den Kindern? Was ich nicht verstehe, wie soll ich ihnen das erklären? Es war nicht alles Sch …, aber wie konnte es so weit kommen und warum habe ich es nicht früher bemerkt?

Ach, Marie Theres, warum kann man nicht in solchen Situationen einfach wieder ein Kind werden, das zu seinen Eltern gehen kann, die dafür sorgen, dass alles wieder gut wird? Meine Kinder jedenfalls werden diese Erfahrung leider nicht machen, denn es ist nichts gut für sie. Weder das Trennen, noch wenn wir zusammenblieben. Ich fühle mich sehr unglücklich.

Ich habe mich einfach auch noch nie so hilflos gefühlt …

Danke für alles.

Deine Luisa

November 02

Liebe Marie Theres,
seit feststeht, dass Detlev auszieht, verstehen wir uns deutlich besser. Das empfinde ich als völlig schizophren. Warum trennt man sich, wenn man sich gut versteht. Wenn wir uns nicht trennen, verstehen wir uns nicht.

Ciao

Luisa

Januar 03

Liebe Marie Theres!

Ich wünsche dir ein supertolles, wunderbares 2003!

Weihnachten verlief eigentlich recht schön, jedenfalls wirklich ohne Stress und Streit und sehr harmonisch. Danach wurde es zusehend spannungsreicher. Silvester war durchwachsen und am Tag darauf ging er morgens wieder auf mich los, kniete sich auf meinen Oberkörper, als ich noch im Bett lag, hielt mir den Mund zu (und leider teilweise auch die Nase, so dass ich wieder keine Luft bekam) und biss mich ins rechte Handgelenk. Dieser Arsch!

Anlass: Ich sollte mit ihm schlafen und wollte nicht!

Jetzt hoffe ich sehr, dass es mit seinem Auszug klappt. Entweder verbessert sich dann unsere Situation, oder sie bleibt oder verschlechtert sich zudem.

Umarme dich

Luisa

Januar 03

Liebe Marie Theres,

ja, das mit der Leidenschaft, die noch da ist, mag schon stimmen. Allerdings habe ich mehr und mehr den Eindruck, dass die Beziehung von Detlev zu mir vorrangig auf Sex und Leidenschaft aufbaut(e) und weniger auf Liebe, Sorge, Vertrauen.

Jedenfalls musste ich immer wieder feststellen, dass er mehr Zeit und Geld dafür aufwendet, zu solchen Massagen zu gehen, wohl entspr. im Internet zu surfen, Heftchen zu lesen oder Videos zu kaufen, als für die Kinder, mich, den Haushalt oder gar seine Geschäfte. Können Frauen so blind sein? Manchmal ist er da, der Detlev, in den ich mich so gnadenlos verliebt habe, den ich so gerne geheiratet habe, auf den ich so stolz war und mit dem ich diese beiden wundervollen Kinder bekommen habe. Und dann gibt es diesen Kotzbrocken, der ausrastet, zuschlägt, vor den Kindern tobt, Sachen und Seelen zerstört, sich nie entschuldigt und eigentlich auch für nichts die Verantwortung übernimmt.

Also dann drück mir mal die Daumen, dass Detlev nächstes Wochenende wirklich auszieht und ab dann vielleicht wieder mehr Silberstreif am Horizont zu sehen ist.

Fühle dich feste umarmt.

Deine Luisa

Februar 03

Liebe Marie Theres,

Detlev ist am Wochenende in seine neue Wohnung gezogen, wobei er noch nicht alles dort hat, aber bis in einer Woche vermutlich schon. Am Sonntag kam er, nachdem er zwei Nächte bereits dort verbracht hatte, weil er die Kinder abholen wollte für den Sonntag. Noch in der Früh schickte er mir eine E-Mail: Morgen Süße, wollen wir zusammen duschen? Bis ich sie entdeckte, war er bereits da und ich schon fertig angezogen. Da fummelte er wieder an mir rum und unter dem Pullover usw.

Als ich ihm sagte, dass ich viel zu sehr durch den Wind wäre und überhaupt jetzt, wo unsere Beziehung eigentlich gar keine mehr ist, das macht doch alles keinen Sinn... Nun, er hörte auf, wir frühstückten zusammen mit den Kindern, aber irgendwie bekamen wir kein vernünftiges Gespräch in Gang. Dann fing Detlev an, demonstrativ seine Sachen einzupacken, als ob er nur zehn Minuten Zeit hätte und ansonsten alles zurücklassen müsste. Ich hab mich erst mal verzogen, weil es einfach wehtat zu sehen, wie alles auseinander gerissen wurde und eine Art Schlachtfeld zurückblieb.

Später kam ich in die Küche und entdeckte, dass die Obstschale mit den Blumen, die ich noch von meiner Großmutter hatte, verschwunden war. Als ich Detlev darauf ansprach, stritt er ab zu wissen, von was ich sprach, und er wüsste nicht, wo diese Schale sei. Schließlich trat er an seinen Karton, den er gerade eingepackt hatte, und siehe da, da war die Obstschale! Voller Wut schleuderte er sie durch die Luft und ich konnte sie mit Müh und Not noch abfangen, bevor sie am Schrank zerschellt wäre. Detlev meinte, das könne schon mal passieren. Ich sagte, klar, deswegen habe ich ja auch nachgefragt. Und eh ich es mich versah, sprang er hinter mir her. Ich jonglierte die Porzellanschale irgendwie noch heile auf den Herd, da schubste er mich schon gegen die Wand beim Küchenfenster, schlug meinen Kopf an die Laibung und schrie mich wild an.

Die Kinder standen in der Küchentür mit weit geöffneten entsetzten Augen und fingen an zu weinen. Als ich Detlev sagte, er solle aufhören, auch wegen der Kinder, schubste er sie raus in den Gang, machte die Küchentür zu und schleuderte mich wieder auf den Boden. Dann setzte er sich auf mich drauf und schlug mir auf den Kopf, packte mich an den Haaren und schleuderte meinen Kopf mehrfach hintereinander auf den Dielenboden, immer auf dieselbe Stelle. Gleichzeitig brüllte er mich direkt neben meinem Ohr voll an. Ich kann dir nicht mal mehr sagen, was es war, weil alles so schnell ging. Endlich ließ er mich los, packte noch einige Sachen und fuhr schließlich mit den Kindern los. Helena war völlig fertig. Sie schluchzte und war ganz verzweifelt, weil der Papa ihr doch versprochen hatte, dass er nicht mehr mit mir streiten würde – und dann das!

Es war furchtbar. Nachdem ich geheult hatte wie ein Idiot, telefonierte ich mit einer Freundin. Dann ging ich ins Krankenhaus, um die Prellungen und Verletzungen dokumentieren zu lassen und damit ich ihn anzeigen kann. Ich habe auch bei der Polizei angerufen, aber da war echt so ein Trottel dran, der mir so schwache Fragen stellte, mit dem Tenor: Warum ich so blöd wäre, so einen Schläger ins Haus zu lassen und was die Polizei nun wohl machen solle, wo er doch eh nicht mehr da wäre. Ich habe mir erlaubt ihm zu sagen, dass ich nicht in der Verfassung wäre so mit mir reden zu lassen und habe aufgelegt. Die Anzeige kann ich auch immer noch machen.

Neben den Beulen rund um den Kopf, habe ich einen etwa zwölf Zentimeter langen blauen Streifen quer über der rechten Pobacke, wo er mich mit der Schüssel in der Hand gegen das Fensterbrett geschleudert hat. Ich kann kaum sitzen. Und heute beginnt es am ganzen Körper wehzutun, weil überall Muskelkater auftritt. Ich kann mich kaum rühren.

So gegen 21 Uhr rief er mich an, dass er das so nicht gewollt hätte und es ihm leid täte. Aber eine echte Entschuldigung kam nicht.

Sei umarmt und bis bald,
deine Luisa

Jutta Rotter
So sehr

Er wollte sie immer um sich haben.
Er reagierte ärgerlich, wenn sie mit anderen flirtete.
Er mochte ihre Freundin nicht.

Sie dachte: Er liebt mich so sehr, sonst wäre er nicht so eifersüchtig.

Er kontrollierte ihre Taschen.
Er ließ sie nicht alleine fortgehen.
Er wollte sie heiraten.

Sie dachte: Er liebt mich unendlich, sonst würde er nicht heiraten wollen.

Er kontrollierte ihre Telefonate.
Er öffnete ihre Briefe.
Er untersagte ihr den Umgang mit ihren Freunden.

Sie dachte: Er ist doch nur so, weil er mich so sehr liebt.

Er sperrte sie zu Hause ein.
Er merkte nicht, dass sie sich innerlich von ihm entfernte.
Er tobte, als er es doch bemerkte.

Sie dachte nichts mehr, sie war tot, weil er sie doch so sehr liebte.

Der echolose Raum

Marie Theres Kroetz-Relin

Die ungewollte Einsamkeit

> *»Das Jahrhundert, das vor kurzem begonnen hat, wird das Jahrhundert der Einsamkeit sein.«*
>
> *Erwin Pfister*

Einsamkeit betrifft uns alle und begegnet uns überall. Laut Lexikon bedeutet Einsamkeit, sich in einer menschenleeren Situation zu befinden:

Vor drei Jahren war ich ein Wochenende mit vier Freundinnen an der Ostsee. Auf dem Rückweg im Zug telefonierten sie alle mit ihren Ehemännern und teilten ihre Ankunft mit. Voller Vorfreude stiegen sie aus dem Zug und wurden stürmisch in die Arme genommen. Bei den meisten wartete zu Hause ein brennender Kamin und/oder eine Flasche Sekt, wie ich erfuhr.

Ich aber stieg am Bahnhof in mein Auto, fuhr nach Hause in meine kalte und dunkle Wohnung. Da habe ich mich sehr einsam gefühlt!

(Marita Beckmann)

Aber gibt es auch eine ungewollte Einsamkeit? Begegnen wir ihr nicht täglich gerade in überbevölkerten, also »Menschen-vollen« Situationen?

Gott ist ein Kaufhaus (Franz Xaver Kroetz) – Konsum ist unsere Religion geworden. Wir rennen mit den Massen in die »Kathedrale Supermarkt«, um dem Dialog im Tante Emma-Laden zu entfliehen.

Ich kaufe, also bin ich.

Wir sitzen gemütlich vor unserem »Altar« Fernseher und »sehen« gebannt auf die Welt in dem kleinen Kasten. Wir inhalieren das Medienbild und verinnerlichen die von der Industrie vorgekauten Werte. Wir verarbeiten kaum noch die Fülle der Informationen. Wir sitzen stundenlang vor dem Computer, bewegen uns in virtuellen Welten, Chats und Foren und versuchen in der Anonymität und einer erfundenen Identität, die eigene Sprachlosigkeit zu durchbrechen.

Unsere Kinder wachsen in diese mediale Konsumwelt hinein und identifizieren sich über das Internet, den Gameboy, die Playstation, das Fernsehen und den Wohlstand, immer dem Trend hinterhereilend.

Passen wir aus irgendeinem Grund nicht in dieses, von außen suggerierte Medienbild, sei es durch Krankheit, Alter, soziale Ausgliederung, durch finanzielle Not oder Sucht, missglückte Integration oder nicht zuletzt aus fehlendem Selbstbewusstsein, rutschen wir schnell in die ungewollte Einsamkeit. Egal ob jung oder alt.

»Hausfrauenrevolution heißt, endlich den Mut zu finden, unter dem kleinen, dunklen Stein hervorzukommen.«

Barbara Fabricius-Exner

Elena Golfidis

Arasch hat Aids

Arasch, 41 Jahre alt, hat Aids. Das Virus ist bei ihm vor 20 Jahren entdeckt worden. Wegen einer Aidsfolgeerkrankung kann er seit 1996 kaum noch sprechen.

Hallo Arasch, du hast dich bereit erklärt, mir ein Interview für die Hausfrauenrevolution zu geben, sollen wir das per Telefon machen oder per SMS!

Lieber per SMS. Tippen kann ich mit meiner »guten Hand« so einigermaßen. Am Telefon wird das nichts – zu schwer für mich.

Wie gefällt es dir im Pflegeheim in Bad Aibling?

Es geht so! Das Zimmer ist furchtbar kahl, kein Bild an der Wand, kein Blümchen, kein Nichts. Am schlimmsten ist auf jeden Fall die Entfernung.

Wieso Entfernung?

Na – weil alle, besonders mein Sohn und Angelika so weit weg sind. Ich bekomme selten Besuch. Sieht man ja an dir – du kommst auch kaum!

Naja, stimmt, ist eben auch mehr als eine Stunde Fahrtzeit pro Strecke mit dem Auto – das geht nicht so mal schnell.

Siehst du – und ich bin hier so furchtbar einsam! Ratschen am Telefon geht auch nicht – weil ich so schlecht spreche.

Und wie sieht das aus mit den Mitpatienten?

Ich teile mein Zimmer mit einem Wachkomapatienten. Außerdem hat er einen Luftröhrenschnitt und muss jede Stunde abgesaugt werden. Das ist ziemlich laut und ich kann schlecht schlafen.

Wie ist die Pflege?

Natürlich nicht so toll wie im Hospiz, die haben hier einen ganz anderen Pflegeschlüssel. Eine Pflegerin schreit immer gleich mit mir – wenn ich nicht schnell genug kapiere, was sie von mir will oder wenn ich ängstlich bin, wenn sie mich in den Toilettenstuhl setzt. Leider habe ich keinen Rollstuhl mehr – wenn ich also sitzen will, muss ich in den Toilettenstuhl. Da kann ich aber nicht gut sitzen, mir tut sofort alles weh!

Wo ist dein Rollstuhl geblieben?

Den hat wohl das Sanitätshaus aus meiner Wohnung wieder abgeholt.

Bekommst du einen neuen Rollstuhl?

Keine Ahnung.

Und die schreiende Pflegerin? Kannst du ihr nicht klar machen, dass du nicht angeschrien werden möchtest?

Ach, die schreit auch mit dem Wachkomapatienten. Außerdem, ich kann es mir mit der nicht verscherzen. Sonst muss ich das vielleicht büßen.

Was würdest du dir im Bezug auf das Heim wünschen?

Dass ich einen Fernseher haben kann. Vielleicht komme ich in ein anderes Zimmer, dann würde das gehen. Am liebsten hätte ich jedoch einen Platz in München. Kannst du denn da nichts tun?

Ich weiß es nicht, Angelika und ich sind bereits dran! Auch die Aidshilfe versucht gerade etwas aufzutun.

Das wäre so schön – ich bin so alleine!

Wen vermisst du denn am allermeisten?

Joschi und Angelika.

Wie oft siehst du deinen Sohn und Angelika?

Joschi gar nicht seit ich hier bin, wir wollten ihm den Wachkomapatienten nicht zumuten. Er hat eh schon genug erlebt in diesem Zusammenhang. Angelika kommt zweimal. Leider kostet die Fahrkarte so viel. Sie kann sich das nicht wirklich leisten. Im Hospiz war ich nicht so alleine!

Du hast dich im Hospiz wieder so gut erholt, dass du raus musstest!
Ja, die haben gesagt, ich sei kein Sterbender mehr!

Wie denkst du jetzt über das Sterben?
Im Moment denke ich nicht ans Sterben. Ich denke eher an die schönen Zeiten mit euch allen. Ich habe schon zu viel übers Sterben nachgedacht.

Was wünscht du dir für die Zukunft?
Näher bei Joschi und Angelika zu sein.

Danke, Arasch für das Interview, Ciao!
Ciao Bella!

Dieses Interview brauchte sieben Tage und zahlreiche Telefonate und SMS-Nachrichten.

Angelika Golfidis-Laschai
Drogensucht – Ein Erfahrungsbericht

Hallo, mein Name ist Angelika, nächste Woche werde ich 38 Jahre alt. Ich lebe mit meinem Sohn Aljoscha circa 30 Kilometer von München entfernt. Von meinem Mann Arasch lebe ich seit vier

Jahren getrennt. Er hat Aids im Endstadium, seit 20 Jahren ist er HIV-positiv.

Wir waren viele Jahre drogenabhängig.

Kennen gelernt haben wir uns in einer Übergangswohngemeinschaft für Drogenabhängige. Arasch war und ist der schönste Mann, den ich kenne. Ich hatte sicher nicht vor, mich in ihn zu verlieben, aber wir konnten uns dort auch nicht aus dem Weg gehen, wir wohnten ja unter einem Dach. Einmal nicht aufgepasst und ich war schwanger. Die Freude bei allen Beteiligten, bei der Familie, Freunden und vor allem bei mir selbst, war riesig, als wir zwei Stunden nach Aljoschas Geburt erfahren haben, dass ich mich nicht infiziert hatte. Ich war gesund und die Ansteckung hätte nur über mich auf das Kind übergehen können. Das war wahrscheinlich das erste Mal in meinem Leben, dass ich etwas richtig gemacht habe, mich auf mein Gefühl zu verlassen und dieses Kind zu bekommen. Arasch ging es genauso. Aljoscha ist ein Geschenk, ein kleines Wunder. Nur für Aljoscha lebt und kämpft sein Vater. Die Krankheit ist 1994 ausgebrochen, erst TBC und dann ein Virus, der das Hirn geschädigt hat. Er ist seit sieben Jahren halbseitig gelähmt, kann fast nicht mehr sprechen. Es hat uns böse getroffen, von der ersten leichten Lähmungserscheinung bis zum kompletten Zusammenbruch und lebensbedrohlichen Zustand hat es nicht mal vier Wochen gedauert. Ich wurde rückfällig mit Codein, weil ich wegen Aljoscha nicht straffällig werden wollte, was bei Heroin aber der Fall gewesen wäre. Meine Familie sowie Araschs kamen angereist. Sein Vater aus Amerika, die Mutter aus Italien. Sie blieben Tag und Nacht im Krankenhaus. Bei Arasch, dem es immer schlechter ging. Es war ein absoluter Alptraum, der wahr geworden war. Ich habe funktioniert wie eine Maschine. Aljoscha habe ich nur nachts bei mir im Bett gehabt, die restliche Zeit verbrachte er mit meiner Tante. Ohne die Hilfe meiner Familie, meiner Schwester, die in München wohnt, hätte ich diese Zeit nicht überstanden. Einmal habe ich geträumt, früh um fünf Uhr, dass Arasch verzweifelt nach mir schreit, immer wieder, »Geli!«. Raus aus dem Bett gerast, ans Telefon, das inzwischen schon zu klingeln angefangen hatte. Es war die Klinik, ob ich schnell kommen könne. Er hatte mich tatsächlich gerufen, unsere Bindung war auch sehr stark, damals schon. Meine Schwester war als Erste bei Arasch im Krankenhaus angekommen, sie meinte, er hat über eine Stunde mit dem Tod gekämpft. Ich musste erst nach München mit der S-Bahn fahren, deshalb kam ich später an und bin vor Schreck erst mal heulend zusammengebrochen. Ich kam vom Balkon aus ins Zimmer und sah nur eine weiße Wand vor dem Bett, die aufgestellt wird, wenn einer im Zimmer stirbt, damit sein Mitpatient nichts davon mitbekommt. Da ich also leider immer zum griechischen Drama neige, mein Vater ist Grieche, musste mich meine Schwester erst mal trösten und beruhigen. Ich dachte, Arasch wäre tot, aber er schlief. Nach fünf Monaten Aufenthalt im Krankenhaus und danach in einem Sterbehospiz wurde er nach Hause entlassen, als Pflegefall. Unser Leben war zum Drama geworden, Arasch kam mit seiner Behinderung nicht zurecht, es gab Streit, sehr viel Streit. Nichts konnte ich gut genug machen, auch seine Mutter nicht. Mit ihr hatte er noch weniger Geduld als mit mir. Er hat sie gekniffen. Auch er hatte es schwer mit mir. Ich war viel zu egoistisch, war nicht gewohnt mich hinten anzustellen, meine Bedürfnisse zu unterdrücken.

Er hat wieder etwas besser sprechen und gehen gelernt. Vor vier Jahren dann, nach langem Kampf, mehreren Versuchen, unsere Ehe zu retten, ist Arasch ausgezogen. Zuvor hatten wir noch versucht, in getrennten Zimmern zu wohnen und nur Eltern von Aljoscha zu sein, unter einem Dach eben. Auch das hat nicht funktioniert. Ich habe auch versucht, immer wieder auszubrechen, kam mir vor wie gefangen. In einem Jahr habe ich viermal entzogen, manchmal wochenlang, nur um dann wieder rückfällig zu werden. Die Rückfälle, das Resignieren, war das Schlimmste. Ich wurde krank, mir fielen die Haare büschelweise aus, kreisrunder Haarausfall. Ich habe so gelitten, durch das Methadon habe ich 15 Kilogramm zugenommen und ich, die bis dahin wenigstens immer hübsch gewesen war, fand mich nur noch hässlich. Ich hatte immer einen größeren Verehrerkreis um mich geschart, auch die blieben aus, wahrscheinlich habe ich aber die meisten Kontakte, die ich hatte, vernachlässigt. Ich war gefangen in meinem Leid, erst als ich am Sterbebett meines Vaters stand, dick und aufgedunsen, fertig eben, schwor ich mir und ihm, nun endlich aufzuhören.

An Aljoscha ging das nicht spurlos vorbei. Er hatte seinen Schnuller bis er acht wurde. Deshalb muss er nun bald eine Zahnspange tragen, weil seine Zähne vorstehen. Trotz unserer Sucht stand Aljoscha immer an erster Stelle für uns. Tagsüber versuchte ich für ihn da zu sein, abends gab ich mir die Kante, Methadon und zehn Diazepam. Vor etwas über einem Jahr habe ich aufgehört. Ich war in München-Haar und habe auf einer Mutter-Kind-Station entgiftet. Wenn man schon so lange drauf ist, dauert die körperliche Entgiftung ewig. Auch wenn es egoistisch klingt, ohne Aljoscha, der die Wochenenden bei mir verbrachte, hätte ich es nicht überstanden.

Arasch und ich sind heute Freunde. Er ist nun nach einer monatelangen Krankenhausodyssee in einer Reha gelandet, dort soll er wieder gehen lernen. Er, der nun schon wieder dem Tod von der Schippe gesprungen ist. Diesmal sollte er Ostern nicht erleben, ein neuer Virus im Hirn, die Ärzte hatten ihn wieder aufgegeben. Es ist wieder ein Wunder mit ihm passiert, wie klein es auch ist, wie lange es auch dauert. Zusammen können wir nicht mehr leben, weil ich heute akzeptiert habe, dass ein so kranker Mensch viel mehr Ruhe braucht, als wir ihm hier zu Hause bieten könnten. Auch seine Medikamente wären ein Problem. Ich könnte nicht mehr mit Suchtmitteln unter einem Dach leben. Es gibt so viele Gründe dafür, alles so zu lassen, wie es ist. Früher hatte ich immer Angst, musste so oft wegschauen. Heute genieße ich das Nüchternsein, kann gelassen sein. Eins meiner Ziele ist ein Buch über mein und Araschs Leben zu schreiben, auch für Aljoscha, damit er alles besser versteht.

Die Wohnung, in der ich mit Aljoscha wohne, wurde mir letztes Jahr gekündigt. Ich habe noch immer keine gefunden, bin aber optimistisch. Heute habe ich nicht mal mehr ein Telefon, geschweige denn einen Internet-Zugang, bin am Schulden abzahlen. Ich weiß aber, dass es nicht so bleiben wird, weil das Leben ständig in Bewegung ist und ich gelernt habe, dass es im Leben um Ursache und Wirkung geht. Nun versuche ich mit etwas Sport und auch gesundem Essen (Zuckerverzicht) meinen Bauch wegzubekommen. In der Mitte habe ich noch ein paar Kilo zu viel. Man sieht mir die langen Jahre der Abhängigkeit zum Glück nicht an. Leider hat mich die Sucht fast alle Zähne gekostet. Ich trage ein Gebiss und das sieht man bei genauen Hinsehen. Darunter habe ich schon viel gelitten. Wenn ich Geld hätte, wäre das das Erste, was ich angehen würde. Meine Haare wachsen wieder, gehen schon über die Schultern. Demnächst werde ich eine Ausbildung machen. Zu Arasch habe ich immer noch engen Kontakt, das wird auch so bleiben, er gehört so lange er lebt zu uns. Nun muss ich auch keine Angst mehr haben, dass Aljoscha mir später entgleitet. Da ich für mich Klarheit in meinem Leben geschaffen habe, kann ich ihm nun auch auf seinem Weg helfen. Schwer ist es immer, aber man darf niemals aufgeben, das habe ich gelernt.

Mir war wichtig, dass andere Frauen auch mal von einem anderen Schicksal erfahren wie meinem und die Botschaft an euch ist: Passt auf euch auf, geht sorgsam mit eurem Leben um.

Elena Golfidis
Zum Interview mit Arasch

Warum fühle ich mich nur so leer, so unsagbar müde?

Es war doch nur ein Interview.

Noch nicht mal ein sehr langes.

Ich musste auch gar nichts recherchieren oder sonst etwas vorbereiten.

Ich wusste schon alles zum Thema – mein Interviewpartner ist mein Schwager.

Seine Geschichte ist mir seit vielen Jahren vertraut.

Trotzdem, es war, als wenn ich sieben Tage an seiner Seite gesessen und alle Widrigkeiten persönlich miterlebt hätte.

Wir brauchten für eine Frage im Schnitt einen Tag.

Entweder konnte ich ihn am Telefon wegen seiner Sprachbehinderung nicht verstehen oder mir war nicht wirklich klar, was er mit seinen SMS-Antworten gemeint hatte.

Dann war wieder Pflege angesagt oder er war müde und musste schlafen.

Oder ich war arbeiten oder mit Putzen oder Kochen oder Kind beschäftigt.

Immer im Hinterkopf: Arasch!

Schnell noch eine SMS, kurz noch mal anrufen und nachhaken.

Meine Gedanken schweifen wieder ab – warum ist das nur so verrückt?

Der Mann ist genauso alt wie ich – aber er liegt im Pflegeheim und wird nie wieder gesund werden.

Mir fällt dieses Plakat von der Aidshilfe ein:

»Wenn ich Krebs hätte, hätte ich eine Chance.«

Ist dieser Spruch nicht blasphemisch?

Aber es stimmt. Es gibt keine realistische Chance auf Heilung.

Und wenn sie morgen ein Medikament finden?

Träumt er davon?

Sein Sohn träumt davon.

Er sagt, er möchte in diesem Pflegeheim nicht sterben.

Das Hospiz sagt: zum Sterben kann er wiederkommen.

Er will gar nicht zum Sterben kommen.

Anmerkung der Herausgeberin:

Am 8. Mai 2004 ist Arasch im Hospiz gestorben.

Simone S.
Selbsterkenntnis

»Ich bin Alkoholiker!« So soll der erste Satz lauten, wenn sich jemand bei den anonymen Alkoholikern, den Guttemplern, dem Lukas Werk, dem blauen Kreuz und den vielen anderen Selbsthilfegruppen vorstellt.

Ich und Alkoholiker? Nein, ganz bestimmt nicht. Das sind doch nur die anderen, ich nicht! Ich brauche nicht zu den Anonymen gehen, ich brauche doch keine professionelle Hilfe. Ich zittere morgens nicht.

Das sind die Sätze, die sich jeder Alkoholkranke einredet. Richtig: Alkohol-krank. Denn Alkoholismus ist eine Krankheit. Eine Heilung ohne Hilfe ist aber meist unmöglich. Man braucht lange, um sich selber einzugestehen, dass man krank ist, süchtig ist. Wenn einem der Magen wehtut, dann ist es alles andere, aber es ist doch nicht vom Alkohol.

Und noch viel länger dauert es, bis man mit dieser Selbsterkenntnis Hilfe sucht. Es ist peinlich. Alkoholiker, das sind doch die Penner auf der Straße, die Bettler, die Punker mit ihren Bierdosen im Park. Dazu kann ich mich doch nicht zählen. Ich trinke doch nur Bier, ich mag doch keinen Schnaps.

Und doch ist es so.

Wie es anfing? Wohl wie bei jedem Alkoholiker. Man hat Probleme. Und versucht sie regelrecht zu ertränken.

Zuerst war es einfach entspannend, nach einer zwölf- oder sogar 14-Stunden-Schicht abends eine Halbe zu trinken, um abzuschalten. Das machen viele!

Dann wurden die häuslichen Probleme immer größer, der Bierkonsum auch. Nun war es nicht mehr nur ein Bier, es wurden drei. Nach der Arbeit zu Bekannten, nach 14 Stunden Schicht von morgens um sechs Uhr bis abends 21 Uhr, ohne den Tag über etwas Richtiges gegessen zu haben. Es gab drei Bier, zur Entspannung.

Aber man musste noch nach Hause, das Auto stand vor der Tür, wurde für den nächsten Morgen dringend benötigt. Draußen war es glatt. Das Auto brach in der Kurve auf einer Brücke aus und prallte gegen das Geländer. Die Folge war ein Bruch der Lenkstange, man kam aber noch nach Hause – schnell, damit man nicht der Polizei in die Hände fiel.

Bei diesen drei Bier täglich blieb es drei Jahre lang. Dann kamen die nächsten, schweren Probleme. Diesmal auch finanzieller Art. Aus den drei Bieren wurden schnell vier, dann später fünf. Der Kasten hielt nun nur noch vier Tage.

Man schaut auf die Uhr, wann man endlich die erste Flasche öffnen kann. Bloß nicht zu früh, 17 Uhr ist angemessen. Die erste Flasche geht runter wie Öl, drei Züge und sie ist leer. Fast umgehend wird die nächste geöffnet. Um 20 Uhr sind die ersten drei Flaschen geleert, man fühlt sich schon wohler. Die Probleme sind in Watte gepackt.

Das nächste Bier trinkt man, damit man diese Nacht vielleicht schlafen kann. Es macht etwas müde, aber erst der fünfte halbe Liter schenkt einem die nötige Bettschwere. Schlafen? Klappt trotzdem nicht richtig, keine Nacht länger als vier Stunden. Nachts wacht man auf, weil man auf die Toilette muss, weil man Durst hat. Man spürt so gut wie kein Hungergefühl mehr und kommt mit kleinsten Mengen an Essen aus, dabei tut einem aber der Magen immer mehr weh, man bekommt Sodbrennen.

Und immer den Vorsatz im Kopf, morgen nichts zu trinken. Nicht den schalen Geschmack im Mund zu haben, das brausige Gefühl im Kopf beim Aufstehen. Nicht auf die Uhr schauen zu müssen, wann man endlich an die erste Flasche »darf«, keine Angst haben zu müssen, abends vielleicht doch noch mal mit dem Auto loszumüssen. Keine Angst zu haben, dass man morgens im Treppenhaus vielleicht die Nachbarin trifft und eine »Fahne« haben könnte.

Alkoholiker sind gut im Vertuschen. Ich zittere auch nicht. Wer mich allerdings kennt, bemerkt eine steigende Unruhe, sobald es an der Zeit ist. Der Gedanke, dass abends nicht genug Bier parat steht, dass ich nicht pünktlich zur richtigen Zeit zu Hause sein kann – das beschämt mich. Es ist mir peinlich zuzugeben, dass ich ein Alkoholproblem habe. Versuche, mit der Familie darüber zu sprechen, werden lächelnd abgetan: »Du doch nicht!« – »Alkoholiker sehen anders aus!« – »Wenn du meinst, dann lass es doch einfach!«

»Dann lass es doch einfach« – wenn das so leicht wäre. Wie oft ist der Vorsatz da, es »einfach« zu lassen? Er ist täglich da – und täglich überlistet mich meine Sucht aufs Neue.

Noch ist eine große Angst da: zu einer Selbsthilfegruppe oder etwas Ähnlichem zu gehen. Ich weiß nicht, wieso. Auch wenn mir bewusst ist, dass ich mich langsam zu Grunde richte. Nein, es ist nicht einmal Angst, die mich davon abhält. Es ist eher die Peinlichkeit. Sich und Anderen einzugestehen, dass man alkoholkrank ist. Für andere Süchte hat man Verständnis, Magersüchtige zum Beispiel, ihnen wird geholfen. Vielleicht, weil man es ihnen ansieht, dass sie krank sind? Mir sieht niemand an, dass ich krank bin. Ich bin nicht ungepflegt, werde nicht ungehalten, wenn ich etwas getrunken habe und ich kann mich auch nach fünf Bier noch anständig artikulieren und sogar ohne zu schwanken gehen. Man merkt es mir nicht an. Man wird ein Meister im Vertuschen, belügt die Ärzte, wenn gefragt wird, ob und wie viel man denn trinkt. Und man belügt dabei nur sich selber.

Ich möchte es schaffen vom Alkohol wegzukommen. Ich möchte nicht, dass der Alkohol weiterhin einen immer größer werdenden Platz in meinen Gedanken einnimmt. Aber schafft man es alleine? Schafft man es ohne professionelle Hilfe? Ich bin noch nicht soweit, dass ich damit an die Öffentlichkeit gehen kann. Aber genau das ist der erste Schritt, den man bei einer Therapie lernt. Offen zu gestehen: »Ich bin Alkoholiker!«

Einen kleinen Schritt habe ich getan, nun muss ich den zweiten schaffen.

Marita Beckmann
Worauf ich eigentlich warte

Heute werden wir Menschen immer älter, aber leider nicht gesünder. In vielen Familien gibt es einen Pflegefall, in unserer ist es meine Mutter.

Sie war sehr streng zu mir und ich wurde viel geschlagen, sogar mit dem Teppichklopfer, was bei mir einmal sogar zum Nasenbeinbruch führte.

Eine Umarmung war undenkbar.

Ich weiß nicht, was geworden wäre, wenn ich meinen Vater nicht gehabt hätte.

Während der letzten Jahre kommt mir das alles wieder hoch, ich kann ihr das niemals verzeihen. Darum ist die Pflege meiner Mutter für mich nicht einfach, ich sehe es aber als meine Pflicht an, obwohl ich in meinem Leben schon genug gepflegt habe: erst fünf Jahre lang meine Großmutter, dann meine Tochter und jetzt eben meine Mutter.

Ich bin seit zehn Jahren allein erziehend mit zwei Kindern, einem Sohn, 21 Jahre und in der Ausbildung, und einer Tochter, 16 Jahre, mit Down-Syndrom.

Um meine kleine Familie zu ernähren, arbeite ich halbtags als

Kauffrau, dazu habe ich noch Haus und Garten, ich meine, das sollte an Beschäftigung eigentlich reichen. Aber es war noch nicht genug: als mein Vater von drei Jahren starb, ging es mit meiner Mutter (83) von einem Tag auf den anderen bergab. Heute kann sie weder laufen noch sitzen. Organisch ist sie gesund, nur ihr Gedächtnis hat stark nachgelassen. So liegt sie nun in ihrem Pflegebett und ist sehr unzufrieden und ungerecht, vor allem mit mir.

Vor Jahren hatte sie mir mal gesagt, dass sie nur ein Kind haben wollte und nur ein Mädchen, damit sie im Alter versorgt ist. Na ja, zumindest das hat ja geklappt. Ich bin ein Mädchen und versorge meine Mutter.

Die damit verbundene Arbeit ist nicht so schlimm, aber die Vorwürfe, was ich in ihren Augen alles falsch mache und gemacht habe, treffen mich sehr, denn ich tue, was ich kann, aber sie merkt es nicht.

Wir haben fast täglich unsere Kämpfe miteinander. Sie wirft mir vor, ich kümmerte mich nicht um sie, während sie den ganzen Tag alleine wäre. Dafür hätte sie sich nicht die Mühe gemacht, mich großzuziehen, um jetzt alleine sehen zu müssen, wie sie mit allem fertig würde. Und all das sagt sie auch jedem Besucher oder Anrufer.

Das ist ein großes Problem für mich, denn nicht alle sprechen mit mir darüber, sondern geben es wie gehört weiter.

Meine Mutter sieht noch gut und gepflegt aus, deshalb kommen viele nicht auf die Idee, dass sie durch Altersdemenz verwirrt ist und man nicht alles glauben darf, was sie erzählt. Das wissen nur diejenigen, die oft hier sind.

Die Versorgung meiner Mutter sieht folgendermaßen aus: Morgens kommt der Pflegedienst zur Katheterpflege und wäscht sie, danach schaut eine nette Nachbarin kurz vorbei und bringt ihr immer etwas Obst oder Blumen mit. Zweimal pro Woche kommt gegen zwölf Uhr eine Krankengymnastin zur Bewegungstherapie, außerdem alle vier Wochen der Frisör, die Fußpflegerin und der Hausarzt.

Gegen 13 Uhr komme ich vom Büro nach Hause und bereite das Mittagessen zu. Meist koche ich für meine Mutter extra, da sie vieles, wie Fleisch, Nudeln oder Reis, auch bestimmte Gewürze, nicht essen will. Am liebsten isst sie Kartoffeln und geschmortes Gemüse oder Eintopf, wie sie es »von früher her« kennt. Überhaupt war ja früher alles besser.

Das Essen bringe ich ihr dann ans Bett und sie isst es mit Begeisterung. Ihr Tag besteht sowieso hauptsächlich aus Essen: Sie hat eine große Obstschale, gefüllt mit Trauben, Äpfeln, Birnen, Bananen und Paprika, die täglich aufgefüllt wird. Nachmittags nimmt sie gern Kuchen oder Kekse zum Kaffee und abends Tomaten, Gurke oder anderes »Grünzeug« zum Brot. Dazu eine Kanne Früchtetee für die Nacht. Oft höre ich von ihr: »Ich habe überhaupt keinen Hunger«. Ist ja kein Wunder, was sie alles so verputzt an einem Tag, aber das ist ihr nicht bewusst. Sie meint, sie isst kaum etwas und ich habe es aufgegeben, dagegen zu reden.

Sie ist oft in Gedanken in Schlesien, wo sie geboren wurde. Aber was man ihr von heute oder letzter Woche erzählt, vergisst sie gleich wieder und streitet ab, jemals davon gehört zu haben.

Nachmittags räume ich ihre Wohnung (85 Quadratmeter) auf und dem Pflegedienst hinterher, der zum Beispiel oft nicht die Toilettenspülung nach der Stuhlentleerung betätigt. Anschließend bereite ich alles vor, was für den folgenden Tag gebraucht wird, gehe einkaufen und erledige die anfallenden Telefonate mit der Krankenkasse, der Pflegekasse, dem Pflegedienst etc. Meine Mutter ist in Pflegestufe II, damit ist gerade mal der morgendliche Pflegeeinsatz abgedeckt. Mehr ist nicht drin, denn laut Medizinischem Dienst macht meine Mutter ja kaum Arbeit, da sie dank dem Blasenkatheter nicht auf die Toilette muss und essen kann sie auch alleine. Wenn die wüssten! Alles muss mundgerecht zubereitet sein und trotzdem geht beim Essen viel daneben. Dadurch fällt natürlich auch ein großer Wäscheberg an. Zu meinem Leidwesen hat meine Mutter bergeweise Nachthemden und Bettwäsche aus der »guten alten Zeit«, das heißt: nicht bügelfrei. Natürlich legt sie Wert auf gut gebügelte Wäsche und neue Wäsche lehnt sie ab. »Das taugt doch alles nichts«, sagt sie. Nach und nach ersetze ich aber trotzdem die alten Sachen durch pflegeleichte.

Aber trotz allem: Ihre Pflege ist nicht das Schlimmste, sondern dass ich mittags nach Büroschluss immer sofort nach Hause muss, um meine Mutter zu bekochen. Wie gerne würde ich mal einen Stadtbummel machen oder mit einer Freundin einen Kaffee trinken. Ist nicht drin, da meine Mutter so leicht in Panik gerät, dafür reicht schon die leere Teekanne und sie ruft laut um Hilfe! Für die Nachbarn ein Grund mehr, genau aufzupassen!

Ganze Tage zu arbeiten ist nur mit sehr viel Planung möglich, das bedeutet, ich muss morgens ein kaltes Essen für mittags vorbereiten und meiner Mutter genau erklären, warum ich nicht zur üblichen Zeit für sie da bin. Damit hat sie dann wieder genug Gründe, allen Leuten vorzujammern, wie schlecht sie doch versorgt würde ... Urlaub? Niemals, die Vorhaltungen vorher und nachher würde ich nicht aushalten.

Ich bin mürbe geworden, wo bleibe ich eigentlich?

Es werden überall Einsparungen gefordert, in der Pflege sollen die Angehörigen stärker eingebunden, die Konten der Kinder und Enkelkinder überprüft werden für mögliche Zuzahlungen. Wo wird das hinführen? Wer denkt dabei an die Angehörigen?

Ich habe meine Kinder großgezogen (auch wenn meine Tochter immer unselbständig bleiben wird, aber das ist ein anderes Thema), und jetzt bin ich mit der Pflege meiner Mutter beschäftigt und wieder angebunden.

Ganztags arbeiten, um mehr Geld zur Verfügung zu haben, ist nicht drin, immerhin bekomme ich von der Pflegekasse Rentenbeiträge auf mein Rentenkonto bezahlt.

Worauf ich aber eigentlich warte, ist nur einmal den Satz von meiner Mutter zu hören: »Das hast du gut gemacht, Kind«.

Autor unbekannt

Denkt ihr ...

Denkt ihr, wenn ihr mich anschaut: Eine mürrische alte Frau, nicht besonders schnell, verunsichert in ihren Gewohnheiten, mit abwesendem Blick, die ständig beim Essen kleckert, die nicht antwortet, wenn ihr sie anmeckert, weil sie wieder nicht pünktlich fertig wird. Die nicht so aussieht, als würde sie merken, was ihr macht und ständig den Stock fallen läßt: Füttern, waschen und alles, was noch dazu gehört.

Denkt ihr denn so von mir, Schwestern, wenn ihr mich seht, sagt?

Öffnet die Augen, Schwestern, schaut mich genauer an!

Ich soll euch erzählen, wer ich bin, die hier so still sitzt, die macht, was ihr möchtet und ißt und trinkt, wann es euch passt?

Ich bin ein zehnjähriges Kind mit einem Vater und einer Mutter, die mich lieben, und meine Schwester und meinen Bruder.

Ein sechzehnjähriges Mädchen, schlank und hübsch, die davon träumt, bald einem Mann zu begegnen.

Eine Braut, fast zwanzig, mein Herz schlägt heftig bei dem Gedanken an die Versprechungen, die ich gegeben und gehalten habe.

Mit fünfundzwanzig, noch habe ich eigene Kleine, die mich zu Hause brauchen.

Eine Frau von dreißig, meine Kinder wachsen schnell und helfen einander.

Mit vierzig, sie sind alle erwachsen und ziehen aus. Mein Mann ist noch da und die Freude ist nicht zu Ende.

Mit fünfzig kommen die Enkel und sie erfüllen unsere Tage, wieder haben wir Kinder – mein Geliebter und ich.

Dunkle Tage kommen über mich, mein Mann ist tot. Ich gehe in eine Zukunft voller Einsamkeit und Not.

Die Meinen haben mit sich selbst genug zu tun, aber die Erinnerungen von Jahren und die Liebe bleiben mein.

Die Natur ist grausam, wenn man alt und krumm ist, und man wirkt ein wenig verrückt.

Nun bin ich eine alte Frau, die ihre Kräfte dahinsiechen sieht, und der Charme verschwindet. Aber in diesem alten Körper wohnt immer noch ein junges Mädchen, ab und zu wird mein mitgenommenes Herz erfüllt.

Ich erinnere mich an meine Schmerzen, und ich liebe und lebe mein Leben noch einmal, das allzu schnell an mir vorbei geflogen ist und akzeptiere die kühlen Fakten, dass nichts bestehen kann.

Wenn ihr eure Augen aufmacht, Schwestern, so seht ihr nicht nur eine mürrische alte Frau.

Kommt näher, seht mich.

Brigitte Hieronimus

Wann ist eine Frau eine Frau?

Wenn sie blond oder braun gebrannt ist?
Wenn sie lange Haare und einen kurzen Verstand hat?
Nicht zu dick und nicht zu dünn geraten ist?
Wenn sie sich selbst so liebt, wie sie sich das vom Mann ersehnt?

Beginnen wir so.

Ihr Körper ist die beste Freundin einer Frau.

Mit ihr bleibt sie ein Leben lang zusammen.

Auf Biegen und Brechen, auf Gedeih und Verderb.

Wer hat Frauen beigebracht, ihren Körper abzulehnen? Wer hat sie gelehrt, ihn zu lieben?

Der Körper steht auf der Skala ganz weit oben, wenn es darum geht, Missstände und Mängel aufzudecken, wird aufmerksam beäugt und jede noch so kleinste Veränderung wird registriert. Nicht nur bei sich. Nein, vor allem auch bei der anderen!

Falten, Dellen, Speckrollen, Krähenfüße, Hühneraugen, zu breite Hüften, zu viel Bauch, zu wenig Busen, ganz zu schweigen, von Schwangerschaftsstreifen, Besenreisern und Krampfadern.

War das immer so?

Liegt ein Mädchen in der Wiege, hat sie nur eine Aufgabe: Sie soll niedlich sein und dem Papi gefallen. Lernt sie laufen, soll sie sich nicht schmutzig machen und Mami gefallen. Geht sie zur Schule, soll sie fleißig sein und der Lehrerin gefallen. Kommt sie in die Pubertät, soll sie Kurven an der richtigen Stelle haben und den

Jungs gefallen. Wird sie Ehefrau, soll sie den Haushalt managen und dem Ehemann gefallen. Wird sie Mutter hat sie glücklich zu sein und muss nur dem Baby gefallen. Geht sie einem Beruf nach, soll sie kompetent und kompatibel einsetzbar sein, und natürlich dem Boss gefallen.

Kommt sie in die Wechseljahre, braucht sie niemandem mehr zu gefallen.

Höchstens dem Gott in Weiß, der ihr rät, sich Pillen einzuverleiben, damit sie weiter ganz Frau bleiben kann und nicht ins frühzeitige Siechtum verfällt.

Für wen aber soll sie jetzt Frau sein?

Niemand dreht sich nach ihr um.

Niemand hört ihr zu.

Niemanden scheint zu interessieren, was sie kann.

Sie fühlt sich älter als sie ist und kränker als sie sein müsste.

Die Haut wabbelt und schlabbert und wirft bedenklich viele Falten.

Das Herz schlägt unruhig.

Der Blutdruck steigt.

Schleimhäute vertrocknen.

Die Lust scheint ausgestorben.

Kein Mann weit und breit, der sich nach ihr sehnt.

Die große Sehnsucht blieb ungestillt.

Vater unser, der du nie da warst hier auf Erden.

Warte.

Nein so nicht!

Beginnen wir nochmal von vorn.

Die beste Freundin ist ihr Körper.

Frau liebt ihn und pflegt eine zärtliche Beziehung zu ihm.

Sie findet ihn in jeder Lebenslage schön und zieht weder den

Bauch ein, noch drückt sie die Brust raus, wenn ein Mann vorbeigeht.

Frau schminkt die Lippen für sich allein so rot und trägt schwarze Wäsche statt Schießer Rippenstrick.

Frau hat zwei gesunde Hände und weiß ziemlich genau, an welcher Stelle ihr die besonders gut tun.

Sie mischt sich ein, bringt sich ein, regt sich auf, steht auf, engagiert sich, streitet und verschwestert sich.

Sie ist glücklich ohne Mann und fühlt sich nach einer Trennung nicht gleich amputiert.

Ist der Möp vor ihr gestorben, hebt sie ihn nicht in den Himmel, wenn er zuvor schon in der Hölle schmorte.

Wenn Frau weiß, wohin sie will, muss sie machen, dass sie ankommt.

Time is on her side ... oder etwa nicht?

Anja Quattlender

Wie viel wiegt Persönlichkeit?

Eine Diät verändert deinen Körper, aber verändert sie auch dich?

Und wenn ja, wie lange dauert das?

Selbst die radikalste Diät dürfte in ihrer Gewichtsklasse ein paar Monate dauern. Und vielleicht folgt danach sogar eine Operation, weil ihre Haut sich nicht im gleichen Tempo zurückbilden wollte.

Doch das Geld für die Operation muss sie erst einmal aufbringen und die Narben müssen heilen.

Es wird noch eine ganze Weile dauern.

Endlich, endlich: alles, was sie tun konnte, ist getan, ab zum Einkaufen und die Kleider gekauft, die sie schon immer haben wollte, aber ... welche waren das denn noch mal?

Plötzlich passt ja alles!

Ist sie eher frech und sexy, sportlich-locker oder doch vielleicht der verspielte Typ?

Sie denkt an die Säcke, die sie früher trug.

Undefinierbar, einfach Sack und nichts weiter, meistens schwarz. Du weißt doch: schwarz macht schlank.

Und dann kommt sie, die Frage, vor der sie sich so lange drückte: »Wer bin ich eigentlich?«

Früher war sie einfach fett, die meisten wollten gar nicht mehr von ihr wissen.

Und für sie selbst war der Speck Sündenbock für alles, hatte Schuld an allen Miseren.

Aber warum hat sie jetzt immer noch nicht den Traumjob, den Traummann, die vielen Freunde?

Hey, ich bin jetzt schlank – wo bleibt mein tolles Leben?

Naja, für einen Neuanfang ist es noch längst nicht zu spät, warten wir einfach ab.

Aber so ganz nebenbei ist doch, wenn man mal nachrechnet, eins passiert:

Mindestens ein Jahr ist vergangen.

Noch ein Jahr, in dem sie nicht gelebt hat.

Bist du dünn, dann bist du jemand.

Aber wer bist du vorher und wer wirst du nachher sein?

Wie viel wiegt Persönlichkeit?

Das Leben ist zu kurz, um es zu verschieben.

Monika Zemene

Vom Dünnsein und Geliebt-werden-wollen

Sie muss etwa 18 gewesen sein, als ihr in Begleitung einer Freundin ein Bekannter begegnete, den sie länger nicht gesehen hatte. Er meinte: »Bist du aber dünn geworden«, woraufhin die Freundin sagte: »Die war doch schon immer so.«

Sie hätte selber nicht sagen können, wie sie »immer war«. Auf ihren Jugendfotos sieht sie zweifelsohne immer schon dünn aus – aber das, was die Fotos zeigen und das, was sie selber darauf sieht, sind völlig verschiedene Dinge.

Sicher ist jedenfalls, dass sie nicht wegen Dickseins begonnen hatte, Abführmittel zu nehmen. Sie ist auch nicht aus Hunger in den Supermarkt gegangen, um Unmengen an Erdnussflips und Schokowaffeln zu kaufen, solange es das Taschengeld halt hergab. Sie ist nicht wie eine Gejagte auf dem Fahrrad 30 Kilometer in einer Stunde hin- und zurückgestoben, weil sie so sportlich war. Sie hat auch nicht alles grundsätzlich aufgegessen, weil sie so brav war. Und sie hat nicht mehrmals am Tag alles mit dem Stiel der Zahnbürste wieder durch den Hals zurückgezwungen, weil es gesünder ist.

Nein, sie hat das alles getan, weil sie süchtig war. Süchtig nach Verständnis, gerechter Behandlung, nach Freundschaft und der Erkenntnis ihrer selbst.

Um es gleich zu sagen: Sie hat all dies nicht im Essen gefunden – vielleicht war das der Grund, warum sie es immer wieder ausgekotzt hat.

Es ist alles nur schlimmer geworden, da nach jedem übermäßigen Schlingen natürlich das schlechte Gewissen kam, nach jedem Missbrauch von Abführmitteln wahnsinnige Bauchschmerzen und nach jedem Kotzen die totale Scham.

Es geschah alles heimlich – die Familie hat bis heute kein Wort darüber verloren. In ihrer Klasse sind sogar zwei Mädchen am Tropf gelandet, das wollte sie nicht, sie war ja von Natur aus dünn und so hat's keiner gemerkt. Dachte sie.

Alle haben es gewusst, es hat nur keiner was gesagt.

Also ging sie sich Hilfe holen. Die Frau von der Suchthilfe rauchte stark und hatte Cognac auf dem Schreibtisch stehen. Sie sollte in eine Gruppentherapie, aber das wollte sie nicht, da waren lauter Dicke, da gehörte sie doch nicht hin.

Es heißt, dass Anorexie/Bulimie, dass die klassischen Ess-Störungen ein Leben lang nicht geheilt werden können. Das sind schlechte Voraussetzungen, wenn man bedenkt, dass man mit dem Rauchen und dem Alkoholtrinken ja aufhören kann, aber essen sollte man schon …

Sie zog also von zu Hause aus, und es wurde weniger. Sie hat es ihrem Freund erzählt, und es wurde weniger. Sie hat eine Freundin gehabt, die brüstete sich regelrecht damit, das fand sie eklig, da wurde es weniger.

Und hörte auf.

Jetzt, gut 15 Jahre später, gucken sie die Leute neidisch bis verständnislos an, wenn sie erzählt, dass sie am liebsten vor dem Fernseher Chips und Schokolade isst. Sie nimmt ja nicht zu, ist von Natur aus dünn. Sie sagen dann: »So gut möchte ich's auch haben.«

Ja, sag ich dann, stimmt, da hab ich wirklich Glück.

Louise Reuter

Einige nicht so ernste Anmerkungen zum Älterwerden

Mich ärgert es immer, wenn in den Medien eine alte Frau als »rüstige Greisin« beschrieben wird – über Picasso, Reich-Ranicki, Kohl oder Adenauer sagt doch auch niemand: »Der rüstige Greis«.

Als 14-Jährige Göre erschienen mir 18-Jährige alt, und mit 20 Jahren fand ich 30-Jährige uralt. In meinen Dreißigern wurde es dann unwichtig, wie alt jemand war, und nun bin ich selbst im »rüstigen Alter«. Man merkt es daran, dass plötzlich eine komplette Sanierung der Zähne ansteht, dass alle fünf Wochen die Haare gefärbt werden müssen und unsereins sich nicht mehr traut, einem attraktiven Mannsbild nachzusehen.

Als 30-Jährige weigerte ich mich entschieden, eine Einkaufstasche auf Rädern zu benutzen, stattdessen schleppte ich lieber schwer an prall gefüllten Tüten und Beuteln. Nun trage ich stolz einen Rucksack, aber wenn auch das nicht mehr geht, nehme ich eben eine dieser praktischen Einkaufstaschen auf Rädern, die jeder benutzen sollte, um sein Kreuz zu schonen.

Mittlerweile habe ich aufgehört, mir die Haare zu färben oder sie zu toupieren – soll ja auch gar nicht so gesund sein – und ich verzichte seit einigen Wochen auf meinen Lidstrich. Das liegt daran, dass ich nicht mehr so gut sehen kann, deshalb nicht treffsicher bin und der Lidstrich oft an verwegenen Stellen saß. Ich fand zwar, dass es mir etwas Dämonisches gab, doch meine Tochter überredete mich dazu, die Bemalung und das Toupieren wegzulassen:

»Mama, du siehst nicht dämonisch aus, sondern eher – äh – bizarr! Und von hinten ähnelt dein Haar einem Vogelnest!«

Für meinen Umzug schaute ich mir nur noch Wohnungen an, die nicht höher als im ersten Stock lagen – man denkt ja vorsorglich auch an die Kinder und die zukünftigen Enkelkinder, denen man das viele Treppensteigen nicht zumuten möchte. Einen Balkon mit Topfpflanzen halte ich eigentlich für viel praktischer als Gartenbeete, denn da entfällt das mühselige Unkrautrupfen. Für mich kaufe ich jetzt »gesunde« Schuhe – in meinen schicken Schuhen halte ich mich im Durchschnitt nur noch vier Minuten auf, danach fühle ich mich, als hätte ich an einem dreitägigen Pilgermarsch auf Erbsen teilgenommen.

Neulich besuchte ich meinen Sohn, stolz zeigte er mir sein neues Arbeitszimmer, in dem nun die niedrigen Ledersessel standen, die mein Göttergatte und ich in jungen Jahren erworben hatten. Entzückt ließ ich mich in einen fallen, seltsamerweise kam ich aber nicht wieder hoch (eigentlich finde ich es nicht richtig, wenn Kinder ihre Mama auslachen). Dabei fällt mir ein – als ich sieben Jahre alt war, verreiste ich mit meiner Großmama, und wir mussten zum Bahnhof rennen, weil wir sonst den Zug verpasst hätten. Damals war ich ganz überrascht, als sie loslief – ich wusste nicht, dass alte Leute noch rennen können. Es sieht ja auch tatsächlich etwas ungeschickt aus, wenn ich mal über die Kreuzung renne.

Mein Zahnarzt meint, wir Menschen wären in den vergangenen Jahrhunderten immer älter geworden und würden deshalb unseren eigenen, körperlichen Verfall miterleben müssen. Das ist der Punkt am Älterwerden, den ich für ausgesprochen unbekömmlich halte. Aber in Gedanken rutsche ich immer noch begeistert das Treppengeländer hinunter, mache eine Schneeballschlacht, tanze oder schicke Seifenblasen in den Himmel.

Ich glaube, dass man innerlich beweglich bleiben muss, auch wenn es äußerlich vielleicht nicht mehr so gut klappt. Man darf nie aufhören zu lernen, quer durch alle Generationen hinweg miteinander zu reden und neue Erkenntnisse zu sammeln. Es ist wichtig, jeden Morgen neugierig aufzustehen, auch wenn es im Kreuz zieht und die Gelenke plötzlich eigenartig knirschende und beunruhigend knackende Geräusche von sich geben. Ich glaube, dass ein Mensch nur dann – im negativen Sinne des Älterwerdens – »alt« ist, wenn er behauptet, nichts mehr lernen zu müssen, alles zu wissen und vor allem, alles besser zu wissen.

Übrigens – wenn man älter wird, werden die Füße breiter und die Ohren größer.

Barbara de Raad

Die alte Frau und die Katze

Gerda Stracke war eine Bergmannswitwe.

Sie wohnte neben einer stillgelegten Zeche in einer alten Bergarbeitersiedlung. Die Zeche war schon lange geschlossen und die Häuser der Siedlung so heruntergekommen wie ihre Bewohner.

Wer in die Straße, in der Gerda Stracke wohnte, hineinging, der meinte, eine farbenfrohe, unbeschwerte Welt zu verlassen, und in eine düstere, bedrückende Atmosphäre einzutauchen.

Die sehr kleinen Häuser standen in einer Reihe. Sie hatten mit der Zeit eine schmutziggraue Farbe angenommen, der Verputz war von Rissen durchzogen und blätterte an vielen Stellen ab. An den Rückseiten der Häuser befanden sich die Gärten. Vereinzelt hatte jemand den Versuch unternommen, Gemüse anzupflanzen, es gab außerdem ein paar Kaninchen- und Taubenställe, aber in den meisten Fällen war da nur ungepflegte Wiese und Gerümpel.

Im letzten Haus der Straße wohnte Gerda Stracke. Dahinter lag ein Grundstück, auf dem ein paar struppige Bäume und Sträucher wuchsen, alter Bauschutt abgeladen worden war und auch alle möglichen anderen Arten von Müll, den die Leute im Schutz der Dunkelheit zwischen die Büsche warfen.

Etwas weiter bergab floss ein schmaler, Abwässer führender Bach, der bei schlechtem Wind seinen Gestank über der Siedlung ausbreitete.

Das Haus von Gerda Stracke hatte, wie auch die anderen Häuser, keinen Vorgarten, worüber sie froh war. Mit ihren fast siebzig Jahren war ihr der Haushalt und der Garten schon genug Arbeit. Durch ihre korpulente Gestalt fehlte ihr die Beweglichkeit, und in ihrem Alter plagten sie auch ohnehin ein paar gesundheitliche Beschwerden.

Ihre beiden Töchter waren verheiratet und wohnten in einem anderen Stadtteil. Sie kamen nur noch sehr selten zu Besuch. Ihre Trauer über die Distanziertheit ihrer Töchter hatte sie tief in ihrem Herzen vergraben und dachte nur selten darüber nach. Dann allerdings konnte sie sich nie erklären, ob die Schuld daran bei ihr, in ihrer Erziehung, zu suchen sei, oder ob gerade ihre Töchter vom Schicksal so hartherzig geschaffen wurden, dass sie ihre alte Mutter einfach vergaßen.

Doch sie hatte auch keine Probleme, ihre einsamen Tage zu verbringen. Sie schlief jeden Morgen aus, frühstückte ausgiebig und ging dann in einem ganz kleinen Geschäft, dessen Inhaberin fast genauso alt war wie sie selbst, einkaufen.

Dort konnte sie immer herrlich plaudern, und sie freute sich oft, dass es diesen Laden noch gab.

Nach dem Einkaufen setzte sie sich in ihrer Wohnstube an den Couchtisch und las die mitgebrachte Zeitung, von der Titelseite über den Sportteil bis zu den Todesanzeigen. Sie nahm regen Anteil an dem aktuellen Tagesgeschehen.

Die im regelmäßigen wöchentlichen Rhythmus gekauften Illustrierten kamen erst nach dem Mittagessen, das sie sich nach wie vor mit Vergnügen in großen Mengen selber kochte, an die Reihe.

Bei schönem Wetter, wenn die Sonne warm genug schien, saß sie am Nachmittag auf ihrer Terrasse und häkelte, strickte oder las.

Den Rasen ihres Gartens mähte der kleine Abdul. Er wohnte mit seinen Eltern und vier Geschwistern drei Häuser weiter vorne, und er verdiente sich gerne ein kleines Taschengeld.

Für sie war der alte Schiebemäher auch zu schwer, und diesen kleinen Luxus konnte sie sich dank der Rente ihres verstorbenen Mannes durchaus leisten.

Bei schlechtem Wetter schaltete sie schon am Nachmittag den Fernseher ein und saß dann bis zum späten Abend davor. Die Zeit versüßte sie sich mit dem Genuss von Schokolade und manch anderen Süßigkeiten. So wurde ihr nie langweilig.

Eines Abends nun, sie hatte gerade den Rest eines hervorragenden Grünkohleintopfes gegessen und saß in gespannter Erwartung vor dem Fernseher, da gleich ihr Lieblingskrimi anfangen sollte, hörte sie von der Terrasse her ein Geräusch.

Erst nach längerem Hinsehen konnte sie erkennen, was dort saß. Es war eine große, schwarze Katze, die sie mit funkelnden, gelben Augen anstarrte.

Gerda Stracke sah schnell weg. Sie hatte für Tiere nichts übrig, und außerdem war ihr die Katze unheimlich. Da fing auch schon der Krimi an, doch die Handlung konnte sie nicht so fesseln wie sonst. Sie konnte die Katze mit ihren glühenden Augen nicht verdrängen, obwohl sie sich bemühte nicht hinzusehen und die Katze kein Geräusch von sich gab.

Ein paar Minuten später saß die Katze noch genauso da wie zuvor, doch schienen ihre Augen noch intensiver zu leuchten.

Gerda Stracke konnte den Blick nicht mehr abwenden. Die Augen der Katze schienen ihr sagen zu wollen, sie solle die Terrassentüre öffnen.

Gerda Stracke zuckte zusammen. »So ein Unsinn«, dachte sie laut, beschloss dann aber doch hinauszugehen, um sich die Katze genauer anzusehen.

Sobald sie die Terrassentüre geöffnet hatte, spazierte die Katze wie selbstverständlich hinein, sah sich ruhig um und schien zufrieden.

Gerda Stracke wusste nicht, was sie tun sollte, die Türe offen lassen oder sie schließen.

Sie sah die Katze an. Die Katze wendete den Kopf: »Du kannst die Türe schließen. Ich bleibe hier«, schienen ihre Augen zu sagen.

Gerda Stracke schloss die Türe. »Bestimmt hat die Katze Hunger«, dachte sie. Sie ging in die Küche und holte ein Schälchen mit Milch. Die Katze trank es geräuschlos aus und richtete den Blick wieder auf sie. Gerda Stracke versuchte, wieder in die Handlung des Krimis im Fernsehen zurückzufinden, doch sie spürte den Blick der Katze. Er lenkte sie ab. Sie konnte sich einfach nicht konzentrieren. Was könnte die Katze denn noch wollen? Die Augen der Katze glühten immer heller. – Fleisch, Fleisch, Fleisch! – Deutlich und laut hörte sie die Worte, obwohl der Fernseher lief. Sie überlegte angestrengt. Sie hatte für morgen zwei Schweinekoteletts gekauft. Die lagen im Kühlschrank. Schnell ging sie in die Küche, öffnete den Kühlschrank und holte ein Kotelett heraus. Aus dem Küchenschrank nahm sie ein Brettchen, aus der Schublade ihr scharfes Messer, und rasch schnitt sie das Fleisch in kleine Stückchen.

Auf einem kleinen Teller brachte sie es ins Wohnzimmer, wo die Katze auf dem Sofa saß und zu warten schien.

Vorsichtig stellte sie den Teller auf den Boden. Die Katze reckte sich, machte einen Buckel und kam mit langsamen, fließenden Bewegungen zu ihr. Sie schnupperte erst am Tellerrand, dann am Fleisch. Sie schien unzufrieden.

»Na«, sagte Gerda Stracke, »ist das nichts Gutes?« Die Katze sah sie an. Ganz deutlich konnte sie die Geringschätzung in den Augen der Katze lesen. »Ich habe nichts anderes«, sagte sie zu der Katze und hoffte, dass diese sie verstehen würde. »Die Geschäfte haben schon lange geschlossen, aber morgen früh kaufe ich etwas Feines für dich.«

Widerwillig sah die Katze auf den Teller, doch der Hunger schien zu überwiegen. Mit einem missmutigen Ausdruck in den Augen senkte sie ihren Kopf und fraß den Teller leer.

Ohne Gerda Stracke eines Blickes zu würdigen, ging sie zurück zum Sofa, sprang mit einem elastischen Satz darauf, rollte sich zusammen, schloss die Augen und schlief ein.

Gerda Stracke setzte sich auf den Sessel. Auf ihrem Platz auf dem Sofa, wo das schöne, gehäkelte Sitzkissen lag, da schlief die Katze. Sie konnte ihren Blick nicht von ihr abwenden. Jetzt hatte sie eine Katze, eine große, sehr schöne Katze.

Ein flaues Gefühl beschlich sie. Sie mochte doch gar keine Tiere.

Müde wandte sie ihren Blick wieder dem Fernseher zu. Nein, heute konnte sie dem Programm nicht mehr folgen, und der Krimi war sowieso längst vorbei. Sie stand auf, schaltete den Fernseher aus, warf einen letzten Blick auf die schlafende Katze und ging mit müden Beinen die Treppe hinauf in ihr Schlafzimmer.

Sie überlegte, ob sie sich für morgen besser den Wecker stellen sollte, um rechtzeitig aufzuwachen. Dann konnte sie gleich gutes Fleisch für die Katze einkaufen.

Am nächsten Morgen, viel früher als sonst, war sie bei dem kleinen Laden. Sie kaufte ein Kilo feinstes Rindfleisch und kam in die peinliche Situation, die Schokolade, die sie für sich gekauft hatte, zurücklegen zu müssen, da sie nicht genug Geld bei sich trug. Auch für Plaudereien fand sie an diesem Tag nicht die nötige Ruhe. Die Katze wartete doch auf sie. Schnell ging sie nach Hause.

Als die Katze das Fleisch sah, strahlten ihre Augen. Gerda Stracke war stolz, das Richtige gekauft zu haben.

Schon zwei Tage später war alles verbraucht, und sie musste sich erneut auf den Weg machen, um frisches Fleisch zu kaufen. Nach einer Woche stellte sie entsetzt fest, dass sie völlig über ihre Verhältnisse gelebt hatte. Es war erst Mitte des Monats und sie hatte schon fast soviel ausgegeben wie sonst in einem ganzen. Fieberhaft kramte sie zwischen ihrer Wäsche. Sie fand nur einen Fünfzig-Euro-Schein. Müde setzte sie sich auf die Bettkante. Alle zwei Tage brauchte sie ein Kilo Rindfleisch für die Katze, unglaublich diese Menge.

Für das Wochenende kaufte sie für sich nur das Allernötigste und ließ die Süßigkeiten ganz weg.

Die Anerkennung in den Augen der Katze, als sie ihr liebevoll gerichtetes Schälchen bekam, ließen sie ihren Verzicht sofort vergessen. Trotzdem beschlich sie gegen Abend wieder der unangenehme Gedanke, dass selbst bei der größtmöglichen Einschränkung ihrerseits, das Futter der Katze kaum zu bezahlen wäre.

In der nächsten Zeit reduzierte sie ihre Ausgaben weiter. Als es

Zeit wurde, den Rasen zu mähen, schickte sie Abdul nach Hause und holte selbst den Mäher aus dem Schuppen. Sie brauchte für das kleine Rasenstück den ganzen Nachmittag. Es strengte sie derart an, den alten Mäher über den Rasen zu schieben, daß sie sich die ganze Zeit einer Ohnmacht nahe fühlte. Mehrmals ging sie in die Küche, um sich ein Glas Wasser zu holen.

Die Katze lag währenddessen auf der alten Holzbank, die auf der Terrasse stand, und sah mit einem unergründlichen Ausdruck in ihren gelben Augen zu ihr herüber.

Die bequemen, gemütlichen Tage waren vorbei. Sie würde anfangen müssen, ihre Röcke enger zu nähen, denn sie hatte sehr stark abgenommen. Selbst ihre Freundin, die Besitzerin des kleinen Lebensmittelladens, hatte sie schon einige Male darauf angesprochen, und so versucht, ein Gespräch anzuknüpfen. Sie konnte es einfach nicht einsehen, dass es jetzt andere Inhalte in Gerda Strackes Leben gab.

Gerda Stracke nahm in Zukunft den längeren Weg zum Supermarkt in Kauf. Das Fleisch war dort billiger, und sie konnte so den zeitraubenden Fragen aus dem Weg gehen.

Abends, nachdem die Katze ihre Abendmahlzeit bekommen hatte, sah sie wie früher fern, allerdings besaß sie nicht mehr die gleiche Ausdauer. Sie war jetzt schneller erschöpft.

Die Katze war lieb und anschmiegsam, verlor jedoch nie die Aura von Arroganz und Eigenständigkeit, die sie umgab.

In der folgenden Zeit half ihr der eisern gehütete Notgroschen, ihr Banksparbuch, die Mehrausgaben zu überbrücken. Doch als dieses Geld verbraucht war, überwand Gerda Stracke ihren Stolz und schrieb ihren beiden Töchtern einen Brief mit der Bitte um Hilfe. Ihr Telefon war aufgrund der nötigen Einsparungen schon lange abgemeldet.

Beide Töchter kamen in der folgenden Woche. Jede gab ihr fünfzig Euro und sparte nicht mit Ermahnungen. Ihr Aussehen wäre undiskutabel. Sie sei kaum wiederzuerkennen. Völlig abgemagert und schlecht gekleidet. Wenn sie jetzt auch noch Schwierigkeiten hätte, mit ihrem Geld auszukommen, müsse sie wohl in ein Altenheim.

Gerda Stracke war tief gekränkt. Das Altenheim hätte eine Trennung von ihrer Katze bedeutet. Undenkbar. Völlig verzweifelt beschloss sie, keinen Kontakt mehr zu ihren Töchtern aufzunehmen. Von sich aus würde ohnehin keine von beiden etwas von sich hören lassen.

Hundert Euro, ihr letztes Geld – und noch drei Wochen bis die nächste Rentenzahlung kam. Sie würde sich kaum etwas zu essen kaufen können. Der Katze durfte es einfach an nichts fehlen.

Am Ende des Monats war sie nur mehr ein Schatten ihrer selbst. Wer sie lange nicht gesehen hatte, erkannte sie nicht mehr. Aber ihre Katze hatte auf keines ihrer Lieblingsgerichte verzichten müssen. Wie sie das geschafft hatte, konnte sie sich selbst nicht erklären, aber sie war sehr stolz auf ihre Leistung.

Ihr früheres Leben lag in weiter Ferne. Nie dachte sie daran zurück. Viel zu erfüllt war sie von ihrer Pflicht, bestmöglich für ihre Katze zu sorgen. Der Dank und die Anerkennung in den Augen der Katze erfüllte sie mit einem ungeheueren Glücksgefühl.

Sie war mittlerweile an manchen Tagen viel zu geschwächt, sich morgens anzuziehen. An solchen Tagen ging sie nur in die Küche, um das Futter und die Milch für die Katze bereitzustellen. Oft fehlte ihr dann die Kraft, sich selbst etwas zu essen zu kochen, aber abends rechnete sie sich zufrieden aus, wie viel Geld sie dadurch eingespart hatte.

Nach einiger Zeit stand sie nur mehr dann auf und zog sich an, wenn das Fleisch und die Milch für die Katze aufgebraucht war. Mit letzter Kraft schleppte sie die schweren Tüten den weiten Weg vom Supermarkt nach Hause.

Falls sich einer der Nachbarn über ihr schlechtes Aussehen wunderte, merkte man es nicht. Niemand sprach sie jemals an. Ihr Garten verwilderte langsam, doch das fiel in dieser Gegend nicht auf.

Wie sie immer öfter feststellte, kam sie inzwischen fast ganz ohne Nahrung aus, ohne dass ihr etwas gefehlt hätte. Der Hunger, der sie früher noch manchmal gequält hatte, war ganz weg.

Eines Abends kam die Katze an ihr Bett. Das hatte sie noch nie getan. Nie war sie zuvor die Treppe hinaufgestiegen.

Als sie die Katze auf ihrem Kopfkissen bemerkte, öffnete sie mühsam die Augen. Schwerfällig wendete sie ihren Kopf und sah die Katze an.

Die Augen der Katze waren übergroß. Sie strahlten. Nur sie verstand ihre Sprache. In den Augen der Katze las sie Trauer. Ihr Körper wurde immer schwerer. Ihre Arme und Hände waren so schwer, dass sie sie nicht mehr heben konnte, um die Katze zu streicheln.

Trotzdem war sie glücklich. Das Leuchten der Katzenaugen umfing sie. Plötzlich fühlte sie sich ganz leicht. Ihr war, als würde sie zu schweben beginnen.

Sie sah jetzt nur mehr die Augen der Katze. Nichts sonst. Und die Liebe in den Augen. Die Liebe für sie. Ganz allein für sie.

Sie hatte sich diese Liebe erarbeitet, und nichts konnte sie ihr mehr nehmen.

Josephine Kroetz

Warum?

Warum mischt sich das Gute und das Böse?
Warum kommt es mir vor, als würde ein Messer mein Gesicht zerschneiden, wenn mir eine Träne über die Wange läuft?
Warum wache ich nachts, und schlafe am Tag?
Warum weiß ich nicht, wo ich mich finden kann?
Warum habe ich Angst vor dem Tod, aber nicht vor dem Leben?
Warum sehe ich dich in meinem Schatten?
Warum weiß ich, dass du mich nicht vergessen hast?
Warum verbrenne ich mich am Feuer der Vergangenheit?
Warum verlöscht meine Liebe nicht?
Warum stelle ich so viele sinnlose Fragen?

Ich kann es dir sagen.

Es ist das Leben ... Das Leben schmerzt.
Es ist die Liebe ... Die Liebe schmerzt.
Es ist das Glück ... Das Glück schmerzt.
Aber wir müssen lernen, diesen Schmerz zu verbergen und uns von den Gefühlen dieses Schmerzes leiten zu lassen.

Ich spüre Liebe, wenn ich an dich denke ... Ich lasse mich von dieser starken Liebe leiten ...
Auch wenn es mir wehtut.

Schlusslicht

Marie Theres Kroetz-Relin

Zusammenhalten um zu verändern

Zum Schluss möchte ich all jenen danken, die mir ermöglicht haben, etwas Unmögliches zustande zu bringen: nämlich dieses Buch.

Besonders hervorheben möchte ich dabei:

Meinen Mann, Franz Xaver Kroetz, und meine Kinder Josephine, Magdalena und Ferdinand, ohne die dieses Buch undenkbar wäre.

Anja Quattlender für die gute Zusammenarbeit.

Allen Frauen und Männern der Hausfrauenrevolution für ihren Mut zur Offenheit und Kreativität, ihren unermüdlichen Einsatz, ihre Hilfsbereitschaft und Unterstützung, insbesondere auch denen, deren Beiträge nicht in diesem Buch enthalten sind.

Bettina Feldweg und dem Piper Verlag, dass sie auf mich zugekommen sind.

Erwin Brandl, der mich immer gut beraten hat.

Und Ihnen, liebe Leserin und lieber Leser.

Und sollte sich der Himmel über Ihnen verdunkeln und Sie

ein Rauschen vernehmen, dann sind es fliegende Schweine, die gelernt haben, zusammenzuhalten um zu verändern.

Sie sind auf dem Weg, das Unmögliche möglich zu machen.

Mehr nicht.

Die Beiträger

Marita Beckmann, geb. 1956, Hausfrau und Mutter von zwei Kindern.

Helga Braun (d. i. Helga Dürselen), geb. 1933, Hausfrau und Mutter von zwei erwachsenen Söhnen, freiberufliche Journalistin und Autorin.
»Schneewittchen lebte in bester Eintracht mit sieben Zwergen. Fragt sich nur, wie sie auf Dauer mit ihrem Prinzen auskam.«

Sibylle Dawson, Hausfrau, Marketing-Fachfrau (Merchandising) verheiratet, keine Kinder.

Barbara Fabricius-Exner, geb. 1959, Hausfrau und Mutter von zwei Söhnen, ehemalige Verlagskauffrau, die auf die »schreibende Seite« gewechselt ist.

Lisa Fitz, geb. 1951, Hausfrau, Kabarettistin, Schauspielerin, Autorin und Mutter eines Sohns, Nepomuk.
»Don't dream it – do it!«
Weitere Infos: *www.lisafitz.de*

Luisa Francia, geb. 1949, keine Hausfrau, Autorin, Mutter einer Tochter.
Weitere Infos: *www.salamandra.de*

Erich Fromm, geb. 1900, gest. 1980, Psychoanalytiker.

Angelika Golfidis-Laschai, geb. 1965, Kindergartenhelferin, Hausfrau und Mutter eines Sohns, Schwester von Elena Golfidis.

Elena Golfidis, geb. 1961, Hausfrau, in der Pressearbeit tätig, Mutter eines Sohns.

»Bayerische Griechin auf der Suche nach Freiheit – getreu ihrem Vorbild Nikos Kazantzakis: ›Ich glaube nicht, ich hoffe nicht, ich bin frei‹.«

Brigitte Hieronimus, geb. 1951, Hausfrau, Schriftstellerin, Wechseljahrberaterin, zweifache Mutter und Großmutter.
»Ich liebe mein Leben und habe genau die richtige Temperatur dafür!«
Weitere Infos: *www.brigitte-hieronimus.de*

Susan-Barbara Hofer, geb. 1958, Hausfrau, staatl. geprüfte Atem-, Sprech- und Stimmlehrerin, Stimm- und Klangpädagogin, Mutter von fünf Kindern.
»Ich versuche jeden Tag, meinem Wesen, meiner Verantwortung als Mutter und meiner geliebten Arbeit gerecht zu werden ...« nicht immer ein leichtes, aber ein wunderbar intensives und sinnvolles Unternehmen.«

Wolfgang Hoehn, Hausmann, geb. 1961, Word Usher (Wortplatzanweiser), Autor und Vater eines Sohns.
Persönliche Charakteristik: »Blue-eyed, self-centered and musing (not amusing); moreover quite disillusioned about (wo)men, sarcastic and a tough customer – handle with care!«
Weitere Infos: *www.montagskolumne.de*

Franz Xaver Kroetz, geb. 1946, Hausmann, Dramatiker, Regisseur, Schauspieler, Vater von fünf Kindern.
»Liebe Frau, ich war schon mal ein fliegendes Schwein, habe aber inzwischen meine Flügel verlegt (wie so vieles) und kann sie nicht mehr finden. Drum freue ich mich umso mehr, wenn ich mit einem meiner vielen leeren Tage dein schönes Buch füllen helfen kann, und wünsche dir bei allen deinen Flugaktionen toitoitoi. Dein Mann.«

Josephine Kroetz, geb. 1988, Schülerin, Tochter von (siehe oben und nächste Seite).
Motto: »Life ist today, tomorrow never comes!«

Marie Theres Kroetz-Relin, geb. 1966, Hausfrau und Mutter, drei Kinder: Josephine, Magdalena, Ferdinand, vormals Schauspielerin, Frau von F. X. Kroetz, 1. Initatorin der Hausfrauenrevolution.
»Ändere die Welt, sie braucht es.« (Bertolt Brecht)
Weitere Infos: *www.hausfrauenrevolution.com*

Olaf Leitner, geb. 1942, Hausmann, Autor, Journalist, Vater eines Zwillingspärchen.
»Habe in allen Medien herumgeschrieben, bin jetzt auch – dank Marie – ›Internet-Autor‹.«

Martin Meggle, geb.1964, Junggeselle, Journalist und Autor.

Christian Nürnberger, geb. 1951, Hausmann, Executive Coordinator of Family Synergies der Gerster-Nürnberger Wir AG, Friedensaktivist im Geschlechterkrieg (kocht zu Hause für den Frieden) und freier Autor, zwei Kinder.
»In der Ruhe liegt die Kraft. Aber auch: Ordnungssinn bringt Gewinn, Sauberkeit das Herz erfreut.«

Petra Plaum, geb. 1972, Hausfrau und Mutter von drei Töchtern.
»War zuletzt: TV-Journalistin – viel Stress, viel Spaß. Ist zur Zeit: Hausfrau – auch viel Stress, auch viel Spaß. Warum aber machen alle ›aaaah!‹, wenn frau sich mit ›TV-Journalistin‹ vorstellt, und alle nur ›och ...‹, wenn sie sich als Hausfrau bezeichnet?«

Brigitta Pucher, geb. 1954, Hausfrau und Mutter von zwei Kindern. »Ehemals Kinderkrankenschwester, dann Handelsdiplom. Beruf aufgegeben, da Mann in multinationaler Firma gearbeitet hat und in verschiedene Länder geschickt wurde. Mein Leben, das einer Ex-pat-Ehefrau.«

Anja Quattlender, geb. 1966, Hausfrau, Köchin, ehemalige Gastwirtin, Computerfachfrau, Bankangestellte, 2. Initatorin der Hausfrauenrevolution.

»Sollte mich mal einer fragen, welche Funktion ich bei der Hausfrauenrevolution hab, dann sage ich: Einer muss doch dieses verrückte Huhn am Boden halten!«
Weitere Infos: *www.hausfrauenrevolution.com*

Barbara de Raad, geb. 1962, Hausfrau, Diplom-Ökonomin, Bankangestellte und Mutter einer erwachsenen Tochter.
Weitere Infos: *www.bavarians-best.de*

Nicole Ray, Hausfrau, Journalistin und Autorin, keine Kinder.
»Nur wenn wir uns selbst eine Chance geben, werden uns auch die anderen eine geben.«

Louise Reuter (d. i. Elisabeth Reuter), geb. 1943, Hausfrau, Autorin, Illustratorin, Mutter von zwei Kindern.
»In meinen Büchern, Romanen und Bildern mache ich Gewalt von Menschen an Menschen sichtbar – in meinen Glossen lache ich über mich selbst und andere . . .«

Richard Rogler, geb. 1949, Hausmann, Kabarettist, Vater einer Tochter.
»Liebe Marie-Theres, ich genehmige blind.«
Weitere Infos: *www.richard-rogler.de*

Jutta Rotter, geb. 1964, Hausfrau und Mutter von drei Kindern.
»Pigs can fly!«
Weitere Infos: *www.members.aon.at/fam-rotter*

Bärbel Schermer, geb. 1966, Hausfrau, freie Journalistin, Mutter eines Kindes.

Gudrun Schilken, geb. 1960, Hausfrau und Mutter von drei Söhnen.
»Juchz! Hurra! Das Unmögliche wird möglich! Ich bin hin und weg! Aber ich bleib trotzdem da, wo ich hingehöre. Ähm, wo gehöre ich eigentlich hin?«

Simone S. geb. 1967, Hausfrau, Einzelhandelskauffrau, ärztliche Schreibkraft, Mutter eines Sohns.
»Schreibe gern, aber nicht immer autobiographisch.«

Wolfgang Sréter, geb. 1946, Hausmann, Dipl. Volkswirt, freier Autor und Vater von zwei Kindern.

Tina Wiegand, geb. 1959, Hausfrau, Hypnosetherapeutin, Sängerin, Komponistin, Schriftstellerin, Mutter von zwei Kindern.
»Freu mich über diesen Riesenerfolg für die HFR und werde dich, liebe Marie Theres, weiterhin nach bestem Wissen und Gewissen unterstützen! Vielen Dank für die große Anerkennung!«
Weitere Infos: *www.soulfit-factory,de, www.soulfit.de*

Monika Zemene, geb. 1963, Hausfrau, früher Historikerin, Mutter von zwei Töchtern.
»Ich hätt's nicht anders machen wollen!«

Neben den Beiträgern dankt der Verlag für folgende Abdruckgenehmigungen:

Definition »Hausmann« und »Hausfrau«, aus: Meyers Taschenlexikon in 24 Bänden,
© Bibliographisches Institut & F. A. Brockhaus, Mannheim 2003.

Erich Fromm, Mut zur Kreativität, aus: Der kreative Mensch, in: Erich Fromm, Gesamtausgabe, Bd. IX, Deutsche Verlags-Anstalt, © 1959 by Erich Fromm.

Christian Nürnberger, Frauen. Warum wir sie trotzdem lieben, © 2004 by Rowohlt Berlin Verlag GmbH, Berlin.

Maria Schnell, aus: Kostbarkeit des Augenblicks, © 1985 by Langen Müller in der F. A. Herbig Verlagsbuchhandlung GmbH, München.